衡水文化印象

冯石岗　贾建梅 ◎ 主编

上海三联书店

目　录

第一编　衡水市历史文化概览

第二编　衡水政治文化印象

第三编　衡水商业文化印象

第四编　衡水精神文化印象

第五编　衡水民俗文化印象

序　言

一　京津冀文化研究在路上

2014 年 2 月 26 日，习近平总书记在北京主持召开座谈会，专题听取京津冀协同发展工作汇报并作重要讲话，京津冀协同发展正式上升为重大国家战略。2014 年底，中央经济工作会议提出"优化经济发展空间格局"，重点实施"一带一路"、京津冀协同发展、长江经济带三大战略，拉开了我国经济社会跨越发展的序幕。

也正是 2014 年，河北省高等学校人文社会科学重点研究基地"河北工业大学京津冀文化融合与创新研究中心"（以下简称"中心"）批准成立。作为驻地天津市的河北省高校，作为省（河北省）市（天津市）部（教育部）共建的重点高校，作为和北京工业大学、天津工业大学建立京津冀协同创新平台的河北工业大学，具有研究京津冀协同发展得天独厚的条件，中心是时代的产物。

同时，机会为有准备的人而生，成功为有奋斗的人而来。我们的"中心"成立之前，河北工业大学马克思主义学院 2011—2012 年就组织学生开展冀文化研究的社会实践活动，并在马克思主义理论学科设立了冀文化研究方向，至今每年都有几名硕士研究生进行冀文化研究。2013 年 4 月正式成立了"河北工业大学冀文化研究所"。一定的研究基础,加上我校得天独厚的地理优势,成为成立"中心"的重要条件。

"中心"成立之初就提出了"立足京津冀协同发展前沿,锐意一体化文化融合创新"的中心建设理念。并确定了三个研究方向:(1)京津冀"元文化"研究;(2)京津冀文化比较研究;(3)京津冀文化融合与创新研究。

本人和贾建梅教授侧重于京津冀"元文化"研究。这几年培养了一批冀文化研究方向的研究生,并和王宝林、贾万森、许文婷等,组织带领研究生、本科生,利用暑期社会实践活动,分别于 2013 年深入冀州市,2014 年扩展到衡水市各县区;2015 年深入到张家口市,2016 年扩展到张家口市各县区,有目标、有计划、有任务地开展文化普查活动。四年下来,指导研究生发表了几十篇冀文化研究的学术论文,完成了 12 篇冀文化方向的硕士毕业论文。社会实践活动搜集了大量文化数据。本书《衡水文化印象》与正在出版的《和合统一,多元包容——京津冀文化基因探索》《坚韧担当,进取创新——京津冀文化特质探索》《燕文化研究》,和今年将要陆续出版的《张家口文化印象》《冀文化研究珠络》《京津冀军事文化研究》《京津冀科技文化研究》等,都是这几年的研究成果。

二 文化基因研究的学术动态

第一,国外文化基因研究率先兴起。"文化基因"假设 20 世纪 50 年代由美国人类学家克罗伯和克拉克洪提出。他们借用生物遗传这一概念,认为不同地方文化是否存在像"生物基因"一样的遗传因子,在一定地理隔离的条件下,逐渐累积形成,从而文化特征变得更加明显。20 世纪 70 年代,英国学者查理德·道金斯提出 Meme(模因)概念,并认识模因是文化传递的单位。英国学者苏珊·布莱克摩尔运用 Meme 思想在其专著《谜米机器》中具有先驱性地研究了文化基因的功能和作用。美国学者威尔逊 1998 年在"基因——文化协同进化"中提出了文化基因三种传递模式,即基因遗传传递、文化的传递、基因——文化螺旋交替方式传递。罗贝研究了新英格兰保存乡村居民性格特点的文化基因。国外学者对文化基因的研究具有开创性贡献,但文化基因比较研究至今没有进行。

第二,国内文化基因研究重点是重视地方文化基因及基因识别内容。一是文化基因学理研究。①关于文化基因概念。王东认为文化基因是决定文化系统传承与变化的基本因子、基本要素。毕文波认为文化基因是内在于各种文化现象中,并且具有在时间和空间上得以传承和展开能力的基本理念或基本精神,以及具有这种能力的文化表达或表现形式的基本风格。②关于文化基因内容。徐杰舜系统研究了"文化基因"。赵传海讨论了文化基因的特点和功能、作用。吴秋林研究了原始文化基因论。Zushi 和诗祖爷在博客论坛上讨论了"文化基因与中国"。赫永认为,中国文化的基因就是儒道佛家思想。二是对中华民族文化基因的研究。河北学刊(2003.5)以"中华文明的文化基因与现代传承"为题开专栏,以文化基因为核心概念,从不同视角分析了中华文明的起源特点和世界历史地位,并前瞻中华文明在新世纪如何实现现代传承和发展;胡星斗认为,中华文明的典型特征是相对主义、一元主义、仁性关怀、直觉和理性;邵培仁对中国文化基因的抽取与特征建模进行探索,从时空、社会结构层面上,将其分为农耕文明、儒家文化、图腾和符号、中国社会主义理论等四类;赵传海用文化基因说明中国文化遗产与中国特色社会主义理论体系之间的密切关系。三是对地方文化基因进行实证研究:赵鹤龄等以古滇国文化基因为例对文化基因的谱系图构建与传承路径进行了研究。章尚正从人口结构、社会结构、经济结构、精神结构四方面研究了徽州人与地、人与人、物质与精神的互动特性,概括了徽州文化新与旧二律背反而共存的特质。毕明岩以苏州市水文化、桥文化、古村落文化为例,提出了基于基因遗传学的乡村文化传承理论框架;刘沛林创造了传统聚落景观基因及其图谱研究的"基因识别"和"基因图谱"建构方法,从景观基因的视角,提出了景观基因的"点—线—网—面—体"等五个层次。曹婷围绕张谷英村聚落景观分析了文化基因、文化基因的组合与布局。

总之,国外重视文化基因的基础理论研究,国内研究更加全面,尤其重视中国地方特色文化基因研究,很多成果为京津冀文化基因研究奠定了基础。但是,在理论研究为现实服务方面,只是对聚落景观和地方建筑从文化基因角度提出了一些建议,鲜有从国家发展战略高度进行文化基因比较研究。

三　元文化研究任重道远

良性互动竞争是社会发展的主要动力之一。无论国际还是国内竞争从表层看是经济竞争,从深层看,很大程度上是文化的竞争。文化建设作为软实力对社会经济发展的作用至关重要。因此必须全方位多角度地开展文化建设,创造性地提升各自的文化内涵,从而取得经济效益、社会效益和生态保护相结合的共赢效应。京津冀健康协调发展,客观上是经济、政治的互补和共赢,主观上是文化认同和价值理念相近。通过文化基因比较研究,发现三者的基因特色和优势、弱势和缺陷,为京、津、冀各自定位及协同发展提供扬长避短、优势互补、基因修复的对策建议。

理顺京津冀的关系,探索其文化基因的异同是研究重点之一。元文化研究是基础,目的是为开展文化比较,提高差异文化间的认同,为文化融合与创新服务,为京津冀协同发展服务。进行文化基因研究的主旨,是从国家战略格局的宏大视角,探索文化基因描绘、提炼、建模、整合、创新的路径。京津冀古代、近代和现代具有地区代表性和典型意义的经济、政治和文化现象,可视为京文化、津文化、冀文化。各自物质环境中的文化基因(聚落形态——村镇市等、古代城市历史街区空间、客家传统村落及民居、水利、桥道、建筑、民族服饰首饰、饮食);政治组织中的文化基因(生产方式、组织形式、法律制度、政权、传统行业法规);精神成果中的文化基因(科学技术、道德艺术、风俗习惯、宗教信仰)等等,内容十分丰富,需要组织力量认真开展普查、登记、整理、分析、提炼工作。

京津冀各地的文化特色是在长期的历史发展进程中通过人为与自然的选择积淀形成的,是历史演变的浓缩。协同发展的内核是文化建设,是不同文化的互溶互通、求同存异、相互融合,在互补中创造适合当今时代特色的新文化。这种新文化既保留了各自的地域特色,又具有适合时代发展普遍规律的文化共性。京津冀协同发展应体现出差异化。要利用各自现有资源优势,认清文化品牌的核心价值并采取相应的发展策略。既要追求不同的发展目标,保留并发展各自的特色,又要遵循文化发展规律,维护协同发展中的共同原则。所以,因地制宜、结合实际、实事求是,通过确立文化基因找准各自定位,通过弘扬传统文化以确保自身的特色。

京津冀协同发展既要展示各自文化的魅力,通过一种引人注目的文化元素,提升自己的文化品位,带动地方经济的发展,又必须推陈出新,有所突破。唯有如此,才能实现竞争中的协同发展。京津冀政府和民间,既要正确认识自己的文化优势和特色,又要认识不同文化的长处和价值,自觉地进行客观比较、扬长避短、优势互补。进行文化建设,要通过文化自觉把政府的社会进步先导性、广大民众参与创造的主动性、社会管理模式的刚柔相济高效性结合起来;把保护文化传统、保护生态环境与拉动经济、建设社会主义新农村、新社区、新城镇结合起来,形成经济、社会、文化、生态等多方面的综合效益。

我们"中心"开展元文化研究的同时,也在开展文化比较研究、文化融合创新研究。力争站在国际化视野和国家经济、政治、文化协同发展的高度,开展京津冀协同发展和整个空间格局优化问题研究,为解决影响我国发展的区域一体化受阻、地方保护主义难禁、各种市场壁垒阻碍等难题提供一种研究思路。我们的研究对于中国各地文化比较,对于中西文化比较,对于开展世界文化比较研究或许具有一定的探索意义。

四 衡水文化印象

衡水文化总体印象:衡水历史悠久,历尽千古沧桑,留存大量名胜古迹,涌现大批著名人物。地处华夏中心,土地资源宜农,滨湖湿地珍贵,其他资源不富。文化传统优秀,人文精神凸显,文化元素缤彩纷呈。

衡水政治文化印象:多民族杂处共生,演绎了一幅竞争中融合、包容中共进的历史画卷。地处华夏中心地带,军事战略地位显要,军事文化源远流长。内圣外王传统深厚,润育众多廉官名吏,廉政文化与时俱进。

衡水商业文化印象:地缘造就经商传统,冀州商邦经营有道,儒商重德诚信立命。经商注重文化品位,年画开拓文化产业,钱庄经营以德立业。旅游资源丰富多彩,名胜古迹星罗棋布,红色记忆彰显时代精神。

衡水精神文化印象:古代科学天文出名,古老技术建筑显赫,科技文化不乏创新探索。衡水宗教文化多元,佛教文化树大根深,宗教进化内含多元包容。古代教育正规发达,教育传统笃守正道,衡中模式独领风骚,红色教育方兴未艾。

衡水民俗文化印象:衡水大地礼仪之邦,婚丧嫁娶过程有序,以人为本儒雅规范。生活方式随遇而安,好学好商好客好睦。风土人情反映民情,儒家精神世代传承,家风家训滋养后世。古迹建筑遍布各县,村落民居有待保护,新型城镇化建设保护文化元素任务繁重。

《衡水文化印象》是开展元文化研究的成果之一。是进行地方文化比较的基础工作,是开展比较研究的一个样本和单元。京津冀各市区文化普查研究将要有序开展。

我们的研究在路上。

冯石岗

2017 年 3 月 22 日

第一编　衡水市历史文化概览

衡水文化总体印象：衡水历史悠久，历尽千古沧桑，留存大量名胜古迹，涌现大批著名人物。地处华夏中心，土地资源宜农，滨湖湿地珍贵，其他资源不富。文化传统优秀，人文精神凸显，文化元素缤彩纷呈。

第1章　历史古老沧桑

衡水市是河北省下辖的一个地级市,位于河北省东南部。大禹治水划天下为九州,现衡水所辖冀州为九州之首。河北省称冀,也缘于此。深厚文化造就了一代代名人,涌现出儒学大师董仲舒、唐代经学家孔颖达、诗人高适、文学巨匠孙犁等。衡水属于环渤海经济圈和首都经济圈的"1＋9＋3"计划京南区。京九铁路、石德铁路、邯黄铁路、石济高铁、京九高铁、石津城际高速铁路、衡潢铁路、朔黄支线八条铁路或规划铁路途经衡水,被社会经济学家费孝通先生称为"黄金十字交叉处"。

1.1　历史悠久饱经沧桑

1.1.1　衡水地名的由来

"衡水"一词始见于北魏文成帝拓跋浚的《文成帝南巡碑》,文成帝曾在信都(今冀州市)"衡水之滨"举行过规模盛大的"禊礼"。"禊礼"指古代于每年的春秋两季在水边举行的涤除污垢、禳灾祈福的祭祀活动。"衡水之滨"中的"衡水"是何意? 据长期致力于衡水历史研究、曾担任过衡水市委党史办主任的刘宏勋考证,这里的"衡水"是河流的名字,也就是当时穿越今冀州市境内的漳水后一段的别称,又名

"横漳"或"衡漳"。后因漳、滏合流,这段河水即今日的滏阳河。滏阳河与滹沱河合汇为子牙河后入渤海。只因漳水从衡水县西南入境后,不是东流入海,而是折向北流,然后入海,县之名称取"漳水横流"之意,古人亦把这一段漳河水称为"衡水"。隋朝开皇十六年,由河北大使郎蔚之,分下博(包括桃园、北马庄等原桃县治所周围的土地和村庄)、信都和武邑三县地,新置衡水县,治所在今衡水市旧城村。

1.1.2 衡水市历史沿革

(1)古代衡水历史悠久。上古时代因地跨黄河,今辖区夏之时分属冀、兖二州。商周时期有饶、昌、武城、武罗等主要封邑方国。春秋时期多归晋国,战国时代为燕、赵之地。公元前221年秦始皇统一中国后属钜鹿郡。汉代属冀州刺史部,先后设有广川国、信都国和安平国,今辖县市区多为此时建置。三国时系魏国冀州域,冀州治自邺始移信都,境内分属安平、博陵、渤海三郡。晋代仍为冀州所辖。隋时,南部属冀州,北部属公元596年所置深州。唐代属河北道。宋初冀州属河北东路,深州属河北西路。元初,观州治所移至县城(今景县城),并于公元1265年复称景州。明、清,先后为中书省、京师、直隶省所辖,境内仍由冀、深、景三州分领。

(2)近代衡水曲折前进。中华民国初期,各州皆改为县,直隶于省。至1914年,今辖区分属大名道、保定道、津海道管理。1928年,直隶省改称河北省,同时废道,各县直接划归于省管辖。抗日战争爆发后,今辖区分属中国共产党领导的晋察冀边区之冀中区和晋冀鲁豫边区之冀南区。到了1946年3月,深、衡重勘县界时,两县协商将上述17个村划归深县,另有深县若干村划归衡水、信都和武邑三县地,新置衡水县,治所在今衡水市旧城村。1948年5月,两边区合并改称华北行政区。1949年8月1日始设衡水专区,辖原冀南、冀中两区之部分县域,包括衡水、冀县、枣强、武邑、深县、武强、清河、恩县、夏津、武城、故城、景县、阜城等 13 县，属新建立的河北省。

（3）现代衡水跨越发展。1952 年 11 月 7 日衡水专区奉华北行政委员会之命撤销，其辖区之夏津、恩县、武城 3 县划归山东省，衡水、深县、武强、武邑、枣强、冀县 6 县划归石家庄专区，景县、故城、阜城 3 县划归沧县专区，清河县划归邢台专区。1962 年 6 月 27 日，国务院批准衡水专区复置，下辖衡水、冀县、枣强、武邑、深县、武强、饶阳、安平、故城、景县、阜城计 11 县。1970 年，衡水专区改称衡水地区。1982 年 1 月，衡水镇升为衡水市。1993 年 9 月，冀县改建为冀州市。1994 年 7 月，深县改建为深州市。1996 年 5 月 31 日，国务院批准撤销衡水地区，改设地级衡水市，同时撤销原县级衡水市，改设桃城区。至 2013 年末，衡水市下辖 3 区、8 县和 2 个县级市。2016 年 7 月 5 日，衡水市召开部分行政区划调整动员大会。根据国务院批复，撤销县级冀州市，设立衡水市冀州区。衡水市辖 2 个区，1 个县级市，8 个县。共设 63 个镇，49 个乡，7 个街办，下辖 4994 个村委会，92 个居委会。

2010 年 12 月 24 日，大广高速京衡段正式通车，这意味着衡水由次干交通位置跃升至主干交通位置，该市真正成为"东出西联、南北通衢"的重要节点，成为河北省第二大交通枢纽。同时，也结束了衡水到北京没有直达高速公路的历史，衡水到北京的行程缩短至 2 个小时左右，使衡水开始融入京津两小时经济生活圈。大广高速公路是国家高速公路路网第 5 条南北总线，也是河北省高速公路网的第 3 条南北纵线，与北京、东北地区和中原地区形成高速公路网连接，结束了衡水市没有南北高速大通道的历史，大大缩短了衡水北上大庆、南下广州的时空距离。更为重要的是让衡水打通了快速的入京通道，与以北京为龙头的京津冀经济圈实现快速对接。

1.1.3 衡水市行政区划

名称	面积（平方公里）	邮编
桃城区	591	053000
冀州区	917.2	053200
深州市	1252	053800
枣强县	892.3	053100
武邑县	830.1	053400
武强县	445	053300
饶阳县	573	053900
安平县	493	053600
故城县	941	253800
阜城县	697	053700
景县	1183	053500

1.2 古迹犹在名胜尚存

衡水市名胜古迹资源丰富。国家级重点文物保护单位：景县"封氏墓群"和"开福寺舍利塔（景州塔）"。省重点文物保护单位：景县的"周亚夫墓""高氏墓群"，桃城区的"宝云塔""孔颖达墓"，故城县的"庆林寺塔"，深州市的"马君起造像碑""大冯营汉墓"（即李佐车墓）"深州盈亿义仓"，枣强县的"董仲舒石像"，安平县的"东汉壁画墓""圣姑庙""西寨子古墓""全国第一个农村党支部"，冀州区的"后冢墓""冀州旧城址""西元头汉墓""西堤北石塔"（即震雹塔）"双冢汉墓"，武邑县的"窦氏青山"和"中角汉墓"等。

1.2.1　古遗址

（1）古河道。禹贡时期,北流黄河穿越衡水地区。1975 年,原衡水县机井建设局,根据省地各级水文、水利、地质等部门提供的资料证明,在境内存有古代黄河流经的河道。县政府成立专业队伍开始勘测古河道工作,由地理学者蒋惠廉带队,开始勘测工程。测绘小组首先查阅《衡水县志》《水经注》《黄河变迁史》以及省水利局(厅)有关省内河流变迁的历史资料,以作为寻源线索。勘测设备"ＵＪ－18 型物探仪"为最先进的工具,配备附用的电线电极测绳望远镜标旗无线电对讲机等,自行车为交通工具。用"电测法"和"电剖面法"相结合的均衡布点法,现场操作。线距二百米,点距七十米,边测量、边记录、边计算、边制图。通过一年的野外作业,共布线 220 条,三台一起共测点 3000 多个。基本查清自远古时期至滏西地区前所未有的古河道普查任务。查清了自远古至近代不同年代埋藏在地下的古黄河、古滹沱河和所遗留下的古河道 6 条;在郑家河沿镇、谈家庄乡、北沼乡、郎子桥村乡、赵家圈镇、任家坑乡、大麻森乡、班曹店乡一带的78 个村庄发现地下古河道遗迹。查明古河道占地面积约 28860 亩。

勘测结果。禹黄河古道,是埋藏在衡水境内的最大的一条古河道,属于远古遗迹。它的走向是自西南部冀县境内入桃城区巨鹿镇的前韩庄、后韩庄一带,曲折绵延向东北经阎家庄村、贾家庄村、李家村,穿过滏阳河,沿焦汪村、刘高村、郑家河沿村、冯家庄村、魏庄村,进入谈家庄乡的英家庄村、韩家庄村、张家庄村,再向北流入南沼村、北沼村、旧城村、东团马村、青杨树村、里马村、南漳桥村、北漳桥村、刘善彰村、孙西营村,于耿家村和王家庄村之间出境入深县界。全长60 华里,河道最大宽度 500 米,平均宽度 200 米,埋藏深度最深度达40 米,一般深度达 20 至 30 米。禹黄河古道的前期或后期又常常为漳河行水之路。为此,古河道内沙层沉积厚,含水丰富,且水质好,为域内浅层淡水的最佳区域。成功测绘出《衡水市(县级)古河道埋藏示意图》。

古滹沱河,自西向东,从深县界内入境,大致经岳贡桥村、桥头村、郎子桥村,向东经北沼村一带注入禹黄河。因常泛滥成灾,历代成为一条害河。且河流反复滚动,改道频繁。故目前在赵家圈镇、郎子桥乡、郑家河沿镇、北沼乡、任家坑乡、谈家庄乡等6个乡的28个村庄的地域,都有滹沱河冲刷的痕迹。同时,在勘测工作中发现,黄河在晚期因常受滹沱河反复改道冲刷和东西方向切割,黄河故道的连续性受到不同程度的破坏。

古河道残迹。境内近古河道残迹,除仪器测量外,还从三个方面得到辨认证实。

地貌特征。①河道残迹。刘高村以南,焦旺村的东北,青杨树以北及麻森乡的中部一带,目前还保留着明显的河道残迹。②沙丘。在古河道流经的地方目前还残存着由于自然作用而形成的大小不等的沙丘。这也为辨认古河道提供了可靠的佐证,其余大部分地带虽然地势平坦,无明显的河床特征,但根据群众的反映,在雨季或浇地时,历来容易积水的大片低洼地带,也是古河道残影的依据。

地层特征。①从获取的大量砂样、贝壳、浆石等分析发现古河道。根据有关资料,禹黄河故道埋藏最深,淡水砂层厚度也较大。最深者埋深40米,一般20—35米。按时期分为两层,第一层在15—20米之间厚度约2米,为晚期古河道沉积,岩性为细砂或粉砂;第二层深度在25—35米之间,厚度为3—5米,岩性为中砂或中细砂。并残存有大量的古代贝类残骸。贝壳长约6—8厘米,多深棱纹。经河北省地理研究所转送北京大学用碳14测定,此种贝壳为古代水势汹涌的大河中等的生物,残留年代在2万年左右。②从形似卵石的浆石球发现古河道。砂层中还有磨圆度较好的形似卵石的浆石球,直径约 4—5 厘米,质硬,呈浅灰色,形状无规则。至于滹沱河故道,则埋藏较浅,一般 15—25 米,且砂层薄,岩性为粉砂或细砂。

水质特征。勘测小分队在古河道区域内,采集了 41 个水样,经化验室分析,表明这些浅层淡水有一个共性,即矿化度相似,水化学类型相同,一般矿化度在 1.4—1.7 克/升之间,其化学类型均为 $SO_4Cl—NaMg$ 型(硫酸根氯化物——钠镁型)。其次,PH 值也均在 7—7.5 之间。

以上三点,基本上对某一地区古河道的存在与否,有了较为可靠的依据。

古河道与浅层淡水的关系。为什么在古河道区域内埋藏有浅层淡水?据专家考证,古河道在不同的地质年代里,由于受自然条件的影响,河床中产生大量沉积物,洪水时期大量沉积砂石,平水时期则有巨厚的胶泥沉积。因此在河床底部及两侧,逐渐发育成蓄水层(砂石)和隔水层(胶泥)互相存在的地层现象。河床内的砂石层就自然形成了与两侧相隔离的淡水区,因此,外侧苦水受胶泥层的隔离而不易流入河槽内,保证了水质的相对稳定。在古河道内,淡水的补给,主要靠"立体补给"即大气降水补给和"纵向补给"即靠河道内砂层蓄水潜流补给,因此,在境内古河道区,越是河道连续性好,面积大的地区,淡水储量就相对地丰富。反之则容易枯竭。

依据"立体补给"的理论,古河道既是储存浅层淡水的"水库",又有防涝的重大作用。

文物记载,群众传说和地名考证。为了寻清古河道的来龙去脉,勘测小分队作了较为广泛的调查。

焦汪村东有一明代石碑,记载了当时当地河流情况。碑文曰:"治南三十里有村名焦冈,其地有漳漳二水合流,自西南来至村后,则弯环潺缓而东,抵村之东则南而下,至大堤头又弯环而东流,既三百余步,复东北而下矣。夫形此水胜极多,不能尽述……遇伏末秋初,漳水大发,则泛滥横流,坏民禾稼……"此则与文献记载的漳滏会流于焦汪相吻合。

从当地群众传说中寻觅线索,也给古河道的发现与定位提供了很大方便。谈庄乡张家庄群众说,该村古称"水围张家庄,四面环水,出村则乘船"。经勘测该村早期为黄河故道,后为漳、滏、滹三河汇流处。故该村周围浅层淡水分布很广,共有千余亩可资开采;麻森乡的南北漳桥两村,相距千米,传说古有大河流过,因设桥,两村各据一端,故称此村名。经查这里曾是古漳河故道,也埋藏有较丰富的浅层淡水。西野头村民传说,祖上因在村西以摆渡为生而落户于此,经查是滹沱河流经的地方;张家圈村南大片洼地,向称"金宝洼",浅层淡水又甜又旺,属于滹沱河多次改道的古河道遗址;南沼和北沼,固属水名,也属漳滹汇流之所。清乾隆县志载:"北沼在县治西南二十里许,夏秋水涨,通于衡漳。"由此可见,距今250年前的时候,北沼还处在湖沼状态。以上仅举几例,足可说明。在衡水古代河流经过的地名村很多,如南北谢漳、四个善漳、郎子桥、桥头、岳贡桥、戴家口、张家口以及河东的索水口、南北苏闸、速流村等等。这些村名都与历史上某一时期河流有关。

(2)冀州古城址。位于冀州旧城北部,自北关村西北500米处向西南方向延伸2000多米。据考证,古城建于西汉高帝年间(约公元前201年—前180年),距今已有两千多年的历史。汉时,该城城周十二里。北宋时,将城周扩大到二十五里。元、明、清各朝也曾增修。千百年来,由于风化和洪水侵袭,古城墙已残缺不全、起起伏伏、断断续续,给人以历史变迁的苍凉之感。现古城墙高三至五米,基底宽三十米,顶面宽四米。

(3)冀州竹林寺。竹林寺遗址位于北关村东北300米处。据传,古时在冀州城北有一座山,在此常出现海市蜃楼幻景,可以隐隐看见亭台楼阁悬于空中,被传为三个仙山之一的紫微山。明朝时冀州州守常命人将此云幻奇景绘图以传。嘉靖年间一位冀州官吏召集能工巧匠,依照海市蜃楼幻景,在州城东北修建竹林寺,后因洪水冲击等原因而毁废。清朝末年,当地百姓曾自行投资,在遗址上重新修建竹林寺,但也早已毁坏。遗址原来三面环水,南面有一狭长通道与岸连接,衡水湖蓄水后,通道没入水中,遗址成为湖中一岛。1993 年北关村在古遗址上建了一座殿。古寺内铜佛像原在冀县文化馆保藏,十年动乱期间被砸毁,现只存竹林寺碑,由冀州市文物所收藏。

(4)景州舍利塔。景州塔是一座历史悠久、保存较完整的古代建筑物,位于景县城内,原名"释迦文舍利宝塔",简称舍利塔。因今景县原为景州所在地,所以人们通常称为景州塔。传说建造此塔时,采用土屯法,塔垒多高,土堆多高,塔建成后,再将屯土运走。塔高十三层,外形为八面棱锥体,通高 63.85 米,底层周长 50.5 米,是一座砖石结构的密檐楼阁式的古塔。塔基由坚固的巨形清石筑成,塔基下有一深井,实际是地宫,供藏佛骨、佛经、佛像及金银珠宝之用。塔体由青砖砌成,塔内自下而上,砌有螺旋形阶梯数百阶,登阶盘旋而上,可达极顶。塔内各层东西南北均有洞户向外,且有拱形走廊,绕行于廊内,可通过洞户远眺四方。塔顶成葫芦形,由青铜铸就,高 2.05 米,葫芦下有铁丝网罩,高 3.3 米。每有风起,铁丝网罩与洞户被天风鼓荡,如惊涛澎湃之声,故有"古塔风涛"之称。须晴日,登至塔顶四望,近在脚下的县城全貌,远在三四十里的郊野村庄,均历历在目。前人曾有诗说:"绝顶静观真景象,却也身疑在蓬瀛。"景州塔在国内享有盛名,与沧州铁狮子、赵州大石桥、正定县隆兴寺大铜菩萨齐名,被誉为河北古代四宝之一,被国务院列为全国重点文物保护单位。

（5）枣强通明宫遗址。通明宫遗址位于枣强张秀屯乡。该遗址近似正方形，长、宽约各 300 米，占地面积近 9 万平方米。遗址由南向北依次为：山门遗址、前殿遗址、后殿遗址。据清嘉庆八年版《枣强县志》第三册卷八第二十三页记载："通明宫在东郭村开元至正元年建，明隆庆二年乡耆徐平等，建两廊十间，有邑人陈希南碑记，崇祯十一年重修。"原通明宫属元代寺庙建筑，建于 1341 年，几经增修，建有殿堂、阁楼、庙宇、亭台等建筑物共有七七四十九座，建筑群规模宏大壮丽、建筑精美宏伟。有数百株古柏，最粗者胸径一米余。通明宫中心有一铁碑，高二丈、宽五尺、厚三尺，上铸有"棘津圣会"四个大字。各代石碑、石刻不计其数，雕刻非常精美，特别是鸟兽形象逼真、栩栩如生。在西侧有一口大井，直径两米多，口上有"井"字形樘木，每年九月十五庙会，经数万人饮用十几天，仍水量不减。通明宫内建筑规模最大是玉帝大殿。大殿为金砖琉璃瓦斗拱结构，高约十一二丈，其外观和北京故宫太和殿、乾清宫相似。

（6）枣强董仲舒祠堂遗址。"董仲舒祠堂遗址"位于枣强县王常乡后旧县村村西，始于明代，对于我们研究和探讨董仲舒儒学文化和明代祠堂建筑风格等提供了重要依据。董仲舒，枣强人，西汉经学家、哲学家、教育家。他对《春秋》领悟深透。在继承发展传统儒学基础上，创立了新儒学。汉武帝采纳他的建议，"罢黜百家，独尊儒术"，并确立儒学为国家政治学说。从此开两千年封建社会奉儒学为正统思想之先河，历代封建帝王称他为"阐道醇儒"，世人称"董二圣"。明朝万历三十六年（1608），韩安甫及妻姚氏施财重修祠宇，明董仲舒祠堂遗址明三暗五。匾额"阐道醇儒"，门两侧木雕对联"才贯天人共仰廷陈三策，文兼敦化永传学富五车"，绿瓦盖顶，饰有脊兽，飞檐翼张，雕梁画栋。木雕阁内奉董仲舒石像。院落幽深，苍松参天，东西廊庑各二间，石碑一通。昂首怒目。歇山大门，门楣董子祠，门内一影壁，四周高墙围绕,祠前有一角亭,内立三策碑,左右一古井一池塘,正前方有长方平台,寓意属笔对策。历经风雨沧桑,天灾兵祸,民贫无力修缮而倾圮。1987 年省文物局出资在董仲舒祠堂遗址上重建董仲舒保护室一间,置石像于内。1998 年,村民捐资挖土筑台,栽松育桐,修善祠堂。现董仲舒祠堂遗址上,保存有董仲舒保护室一间,省级文物保护单位——董仲舒石像,置于内。保护室东西 8 米,南北 6 米,占地面积为 48 平方米。遗址,东西长 151 米,南北 150 米,占地面积为 22600 平方米。

（7）武邑县大谷口先商遗址。大谷口先商遗址位于大谷口村北100 米,于 2009 年 5 月在村民挖土时被发现。大谷口遗址是武邑县发现的最早的考古学文化,填补了河北东南部夏商时代考古学文化的空白,显示出一定的独特文化面貌,对于整个先商和早商考古学文化的研究,具有重大学术价值。

（8）武邑县观津书院。位于武邑县的观津书院于清道光二十三年（1843 年）始建。书院之名“观津”,古邑名,始于唐代,宋代尤盛,对学术思想发展有一家的影响。战国赵地,在今河北武邑东南。赵封乐毅于此。西汉置为县,景帝母窦太后乃本国人。北魏改名灌津,后复置观津,贞观元年（627）废。书院以古邑名取作“观津书院”,明清时多数成为准备科考的场所,清末废科举,书院改为学校。

1.2.2　古碑刻

（1）竹林寺碑。原在冀州镇北关村东北方向的竹林寺遗址上,现由市文保所收藏。碑长 1.16 米、宽 0.6 米、厚 0.22 米,只有半截可辨字迹。据旧志载,碑记为清乾隆十七年刻,其文为“冀为古郡城,内外不少名刹,东有泰宁,西有开元,南有南禅,而称为最盛者咸以此之竹林寺为首焉”。此碑为国家三级文物。

（2）南潭记碑。原在冀州小寨乡南尉迟村东南 300 米处,现由市文保所收藏。此碑为青石,长1.06米,宽0.55米,厚0.1米。历城范李撰文,谭杰刻石,楷书。碑文记载明嘉靖六年洪水情况:"滹沱、滏阳交会泛滥,遂东流于此,汇而为潭。厥后,诸水频固,而此潭益深。"碑文中还载有"村人谓其中有神物居之"等。此碑大部分保存完好。

(3)三友柏碑。三友柏碑原在冀州旧城文庙内,现存于冀州中学。据清康熙年间《冀州志》称:"柏偏于殿之右旁,一身三干,苍古异常,未考植于何代,知州陈素以三友命名,有文勒石,镌文浅,日久莫辨。"清顺治十二年(1655)冀州州守陈嘉会作《三友柏记》云:"侯欲惠柏之祥乎?柏之种植未考何代。昔侯淡仙陈公心异是木,勒石以记颜曰:'三友柏'。并称之为'柏瑞'。"此柏毁于兵火,但"三友柏"碑今仍存,阳面刻有"三友柏"三个行书大字,阴面刻有《三友柏碑记》楷书碑文,碑文清晰,碑高七尺二寸,宽二尺七寸,厚七寸四分。

(4)故城县子游碑刻。2006年故城县军屯镇关庙村发现五百四十多年前纪念孔子七十二弟子之一子游的碑刻,随同出土的还有祠堂门口顶立柱用的石墩、驮背龟等一批文物。该碑通高1.8米,宽0.7米,厚0.2米,上部雕刻二龙,中间用阳文刻载"重修丹阳公祠堂记"八个篆字。碑文清晰记载了子游的籍贯、著作及重修祠堂的事件经过。子游,姓言名偃,字子游,师从孔子,据说比孔子小四十八岁,由于勤奋好学,深得孔子赏识,被孔子列为文学第一。子游一系,又称为"弘道派",秉承孔子"天下为公"的思想,主张"君宜公举""民可废君",在早期的儒家之中,这一派的人民性、主体性、抗议精神最强,是早期儒家的嫡系和中坚。康有为说:著《礼运》者子游,子思出于子游,颜子之外,子游第一,就是说子游在礼乐方面的成就。子游曾任武城宰,也就是武城最高行政长官,他曾四处讲学,在关庙村连讲三天。唐朝时期被封为"丹阳公",后人修建丹阳公祠堂以作纪念。

到大明成化元年重修时,已历经七百多年风雨。

（5）孔颖达碑（北宋拓本）。本书叙述的孔颖达墓碑,坐落在陕西西安地区唐太宗昭陵墓区的孔颖达墓前,现移至博物馆。非衡水市桃城区前马庄孔颖达衣冠冢墓碑。孔颖达墓原在昭陵南偏东方向约七公里的袁家村西南约 800 米处,系昭陵陪葬墓之一。碑在墓东南 47 米处,螭首方趺,蟠首方趺,碑身首高 347 厘米,下宽 108 厘米,厚 35 厘米。现存昭陵碑林,碑圭篆书阳文 4 行,行 4 字《大唐故国子祭酒曲阜宪公孔公之碑铭》,前人称《孔祭酒碑》或《曲卒宪公碑》。孔颖达碑为唐贞观二十二年（648）刻。原立礼泉县烟霞乡袁家村西孔颖达墓前,1975 年移入昭陵博物馆。于志宁撰文,楷书,三十五行,行七十六字。碑趺榫口两侧均刻有字,其中左侧十八字,右侧二十二字,楷、草、行书相杂,似镌碑随意所刻。碑面凿损特甚,字多残缺。此碑世传为虞世南书,细检原石,首行"于志宁字仲谧撰"以下十八格全空,可知无书者姓名。但笔势遒美,盖善虞书者所为也。孔颖达两《唐书》均有传,碑中所记,可以补阙。孔颖达碑,碑体正面刻"大唐故太子右庶子银青光禄大夫国子祭酒上护军曲阜宪公孔公碑铭……"。〔碑文拓帖选自清代临川李宗翰藏本（北宋拓本）日本二玄社原色法帖选〕

1.2.3 古石雕

（1）冀州大石磨。石磨原在冀州北关竹林寺,两扇,每扇厚 43 厘米,直径 164 厘米,磨眼直径 23 厘米。相传袁绍坐镇冀州的时候,冀州城内一个名叫李三娘的仙女,每逢双日在城外海子里用此水磨磨面,每逢单日就趁着夜色骑着神牛给老百姓送面粉。据考证,此磨为汉代水碓磨。现于兵法城保存。

（2）冀州石井栏。原位于冀州镇刘家埝村东 300 米。经考证,此石刻为唐代开元年间造的井口。该石井栏外呈正方形,内呈圆形,

两面空白,两面有字,刻字右起竖写,每面有字 30 行,每行满格 14
字,共约 720 字,除标题、镌刻年代外,由序言、诗颂、井主和施主姓名
几部分组成。该石似为义井井口,义井颂碑文为楷书阴刻。现石刻
已移至冀州镇二铺竹林寺内,保存较完好,为国家三级文物。

(3)冀州边仙姑石像。位于冀州旧城文化馆原址院内。为明代
石雕,头部断裂并有磕伤。石像高 175 厘米、宽 48 厘米、厚 45 厘米,
面部端庄,神态和善,留有长发,胸部露铠甲,稳坐,两手置于膝部,右
手紧握宝剑,左手手心向上,食指指向下方,右脚踩龟、龙。造型逼
真,立体感强。

1.2.4 古墓葬

(1)冀州南门古墓。坐落在冀州旧城南门东侧 20 米处。据旧
志载:"南门内左有张耳祠,宋建隆中立,元末兵废,遗址尚存,下有张
耳墓。"张耳系西汉初王侯,封于冀州。1982 年 3 月,河北省文物局进
行了发掘,墓葬为一砖砌多室墓,墓室、墓道都用瓷砖砌筑,已被严重
破坏,墓室内仅残留陶器碎片。据专家分析,此墓年代为东汉晚期,
非张耳之墓。

(2)冀州西元古墓。坐落在冀州旧城西 1 公里,封土高 5 米,东
西长 40 米,南北长 31 米,占地面积 1240 平方米。据旧志记载:"西
元头村东北有元渤海郡吴泽世庆墓志,孙郑李村南有老娘墓、元东陆
先生冯复墓碑。"当地群众将此墓俗称为袁绍的"四女坟"。1968 年
有人于封土西南角挖出一道砖墙,后被有关部门制止,并将砖墙埋
好。1981 年上半年又有动土现象,但破坏不严重,封土基本完好。
现为省级重点文物保护单位。

(3)冀州前冢古墓。坐落在冀州旧城北七里,封土高 10 米,占
地面积 380 平方米。新中国成立之初,有人将前冢挖一洞,发现里面
有砖砌墓室,墓砖有 20 斤、24 斤、40 斤三种,墓道高 6 尺,宽 4 尺多,

弯曲不直,里面有很多墓室,后用土掩埋。冢上原有一座菩萨庙,庙内有一铁钟,钟上铸有"道光三年重修"字样。十年动乱期间,庙被拆除。1969 年此墓又遭人为破坏,出土文物有金镂玉衣片、铜器、陶器等,被鉴定为汉代文物。此墓虽遭部分破坏,但仍有一部分保存完好,现为县级文物保护单位。

（4）冀州后冢古墓。位于冀州前冢北二里,冢高 14 米,东西、南北各长 60 米,占地 3600 平方米,地下物尚未遭破坏。据分析,可能是汉墓。后冢封土比前冢高大得多,其埋藏文物应更为丰富。此冢现为省重点文物保护单位。在自然保护区内发现的文物较多,其中委托衡水市文物保管所代管的文物有:国家二级文物 4 件,均为汉代文物;国家三级文物 9 件,其中汉代文物 2 件,唐代文物 1 件,金代文物 3 件,明代文物 1 件;尚未确定年代的文物 2 件。在冀州市文保所保存的文物有:汉代文物 239 件(片),金代文物 1 件,尚未确定年代的文物 5 件,其中最珍贵的是汉代金镂玉衣片。冀州市旅游局受文保所委托,也保藏有许多文物,有自仰韶、半坡文化以后历代遗存文物,数量较多,由于未经文物部门鉴定,文物的具体年代尚未确定。

（5）安平壁画墓。1971 年,在安平县逯家庄发掘了一座东汉多室墓。在后室顶部有白粉书写的"憙熹平五年(176)"隶书题记,为该墓的确切年代提供了可靠的依据。在中室及其南耳室和前室南耳室内,均发现彩绘壁画,是这次发掘的重要收获。中室四壁绘的室墓主人"出行图",上下共四层,每层均有大量车、骑及伍佰(武官)、辟车(文官)之类的导从,和一辆主车。最下一层主车的乘者室墓主人,后面室墓主人的妻子。从壁画和文字等材料分析,这座墓的主人可能是东汉安平国的最高统治者。

（6）景县封氏墓群。封氏墓群(国家级重点保护文物)又名封家坟,位于河北省景县城东南 15 里处的高地上,原有十八座墓,俗称

"十八乱冢",是北朝门阀士族封氏"集族而葬"的族系墓群。现保存有封土的尚有15座,最大者高约7米,墓群占地面积2000余亩。景县封氏是南北朝时期北方名门望族之一,极盛时期在北魏,上可追溯至后汉及魏晋,下延续到北齐隋唐。据《魏书》《北齐书》《北史》《隋书》《新唐书》宰相系表和《景县志》记载,见于史传的,有官位者就达六七十人之多。其官位之高,人数之多,在当时实属罕见。1948年,墓群中有四座墓曾被发掘,取出许多随葬品,有陶器、瓷器、铜器和大量陶俑,共有文物三百余件,还有5合墓志和1方墓志盖,是北魏、北齐时期的珍贵实物资料,对研究当时的历史有重要参考价值。其中有一青瓷仰覆莲花大尊,一仰一覆两朵大莲花,上贴有浮雕的飞天和飞龙,制作异常精美,造型极其雄伟,为北朝时期青瓷的代表作。这座封氏墓群出土的青瓷器"莲花尊",个大、造型美、釉质光泽晶莹,为全国稀有文物,现保存在北京历史博物馆,并曾多次出国展出。它的出土,成为北方青瓷的重要实证,从而推翻了北方不出产青瓷的论断,为北方瓷器发展史提供了宝贵资料。另出土的封魔奴墓志是河北景县封氏墓群中年代最早的墓志,不仅可补正史书,而且对研究北朝历史,特别是渤海封氏家族的兴衰,有较高的参考价值,现中国历史博物馆馆藏。封氏墓群于1961年被国务院公布为全国重点文物保护单位。

(7)景县高氏墓群。高氏墓群(国家级重点保护文物)位于河北省景县城偏西15公里处王瞳镇、杜桥乡一带,时代为北朝(386—581)至隋朝(581—618)。墓群从东北往西南长约10余里,总面积约37万平方米。当地群众称之为"高氏祖坟"或"皇姑陵",是北魏至唐代的渤海高氏族墓。从前有墓近百座,现存有封土墓十六座,其中最大的封土高约30米。已发掘的三座墓,分别判定为北魏定州抚军长史高雅夫妇子女合葬墓、北齐雍州刺史高长命墓和北周阳安县令高谭夫妇合葬墓。三座墓分别为三室、两室和单室墓。出土的随葬品主要是陶俑以及青瓷器和少量的铜器、石案、墓志等。景县高氏是当时北方的名门望族之一，在《晋书》《三国志魏书》《北史》《魏书》《北齐书》《隋书》《新唐书》等史书的记载中，景县高氏有官位的就有一百三四十人之多，而多在北魏至北齐。因为此时的高氏，不仅是个望族，而且成了皇族。高欢先为北魏大丞相，后建立东魏。他的儿子高洋禅代东魏建立北齐。他们都对高氏兄弟大加封赏，其中封王拜相的就有三十多人。对高氏家族墓群内涵的了解，有助于对北魏至隋时期北方地区考古学文化的进一步研究。现为全国重点文保单位。

　　（8）景县周亚夫墓。西汉名将太尉条侯周亚夫之墓位于景县城城西，底周长 600 米，高约 16 米，占地面积 7 亩。1956 年 7 月 9 日定为河北省重点文物保护单位。周亚夫（？—前 143），沛县（今属江苏省）人，绛侯周勃之子。勃死，其子胜之袭封为绛侯，后因犯罪被削夺侯位。汉文帝在周勃众子之中选贤者以继侯位，皆推亚夫，于是封亚夫为条侯。公元前 158 年，匈奴大举进犯，文帝亲自劳军，见其军纪严整，赞誉其为"真将军"，遂被封为中尉。公元前 154 年，吴、楚等七国叛乱，景帝任命其代理太尉，率兵东进，三个月平定七国之乱。之后，亚夫被正式任命为太尉，公元前 150 年升为丞相。纵观周亚夫的一生，干了两件辉煌的大事：一是驻军细柳，严于治军，为保卫国都长安免遭匈奴铁骑的践踏做出了贡献。二是指挥平定七国之乱，粉碎了诸侯王企图分裂和割据的阴谋，维护了统一安定的政治局面。可以说没有七国之乱的平定，就不会有诸侯王国割据势力威胁中央政权问题的最终解决，同样也就难以出现汉武帝时的强盛局面。显然周亚夫为巩固西汉王朝的统治立下了汗马功劳。所以，史称周亚夫为汉代杰出的军事家。新中国成立后，周亚夫墓一直保护完好。1974 年，重新立了标志牌。墓周有树木围绕，远远望去青绿壮观。

现已建成亚夫公园,成为县城一道靓丽的风景。

(9)安平圣姑庙。圣姑庙位于河北省衡水市安平县,其庙宇位于安平县城。圣姑庙相传是汉光武帝刘秀降旨修建的。元代大德十年(1306)在原庙东侧筑高台重建,明、清两代多次扩建而成。据史料记载,"燕赵齐鲁之民,虽千百里之远,致香火者如织"。圣姑庙毁于1945年5月抗日战火之中,现仅存高大的台基,为河北省重点文物保护单位。

(10)武邑县窦氏青山墓。又名"安成侯墓",位于县城东14公里的青冢村南边。占地36582平方米,它是汉文帝皇后窦猗房的父亲窦青的坟墓,因窦青被汉室封为安成侯,故又称安成侯墓。窦氏青山墓今高22.9米,周长490米,1982年9月29日,被河北省政府确定为省级重点文物保护单位。窦太后,名窦漪房(前205—前135),汉初因避战乱,随其父祖徙居观津(今武邑县)。其母早逝,其父窦青打鱼时又落水身亡,遂与兄窦长君(窦健)、弟窦少君(窦广国)相依度命。汉高祖刘邦去世后,吕后专权,并在全国广征宫娥。窦漪房以良家女被选入宫侍候吕后。不久被吕后赐予代王刘恒为妃。因刘恒偏爱漪房,渐被称为窦姬。刘恒夫人去世后,被立为夫人。窦漪房为代王生育两男一女,长子刘启,次子刘武,女儿刘嫖。汉高后八年(前180)吕后死后,周勃、陈平等刘邦老臣尽除诸吕,迎立刘恒为帝,是为汉文帝。窦漪房同时晋封为皇后,长子刘启立为太子。汉文帝后元七年(前157)汉文帝刘恒死后,太子刘启继立为汉景帝,窦漪房随之受封为皇太后。汉景帝后元三年(前141),汉景帝刘启死后,窦漪房之孙刘彻即位,是为汉武帝,窦漪房进而成为太皇太后,直至汉建元六年(前135)去世。窦漪房出身贫寒,入宫后仍不忘记民间疾苦。其为姬时穿戴朴素大方,事事亲手劳作,且对子女教育有方,颇受众官拥戴。刘恒即位后,其经常劝谏刘恒节俭从政,使之在位二十三年"宫室园囿车乘服御无所增益"。为避免重蹈吕氏外戚作乱之覆辙，漪房兄弟虽相继入宫成为皇亲国戚，但在其赞许下既不过问朝政，也不以富贵权势欺人，史称窦氏兄弟为"退让君子"。她还信奉《老子》学说，以宽刑简政、无为而治、与民休息之主张协助丈夫刘恒、儿子刘启、孙子刘彻三代帝王平息战乱，发展生产，从而实现文景之治盛世局面。窦漪房为怀念苦命父母，奏请朝廷追尊其父窦青为安成侯，其母为安成夫人，在淹死窦青的池塘处筑起高大坟茔，并立"窦氏青山"墓碑一通。传说窦太后为表孝心，对主持修建工作的人说：我要在观津城里看见墓上的青松。后窦氏青山之碑刻及庙宇尽毁，仅存封土高 41.4 米、周长 600 余米的一座"青山"墓地。

（11）武邑县龙店墓群。龙店墓群位于武邑县城西北 10 公里的龙店村北。为宋代墓，其中一墓有墓室三个，绘有壁画、人物形象生动，出土有字砖、白陶碗、陶盘。宋墓西 300 米，有一汉墓，出土有铜马腿、铜镜、双耳环、香炉、龙火勺等。

（12）武邑县中角墓群。位于武邑县城南 5 公里的中角村西北 200 米处。1958 年发现，1991 年省地县文物部门发掘出土陶俑、陶禽、陶兽、陶器皿、人头骨等。

（13）武邑县乐毅墓。乐毅战国名将，颇负盛名的军事统帅，其先祖乐羊，居魏国，公元前 406 年，魏灭中山国，乐羊自封于灵寿，之后中山复国，乐氏后人居中山国，不久赵灭中山，乐毅成为赵国官员。公元前 295 年，赵发生沙丘之乱，乐毅又奔燕国，乐毅深得燕王厚爱。公元前 284 年，乐毅受命联系秦、韩、魏、赵、燕五国兵马进攻强齐，一举攻下七十个城池。立下战功，被封于昌国，号昌国君，后受陷害，又西入赵国，赵惠文王识才，封其为客卿。据清同治十一年（1872）武邑县志载：乐毅墓在县城东 30 里，距观津村约 2 公里。在"文革"中遭破坏。此外还有两个乐毅墓。一是京郊良乡乐毅墓。二是河北邯郸乐毅古墓。京郊良乡乐毅墓是房山区区级重点文物保护单位。良乡乐毅墓兴建年代据《魏书·卢玄传》记载,范阳涿人卢玄本是隐士,被朝廷任用伊始,便立即"表乐毅、霍原之墓,而为之立祠"。以此可知乐毅墓祠建于北魏时期,后历代皆有修葺。民国四年(1915)良乡知县王承毂立汉白玉石坊,上题"千秋敬仰"。民国十一年(1922)良乡知县周志中为石坊补联:"偏师下七十城,旷世奇勋,往迹空嗟昙影幻;崇祠亘三千载,而今遗爱,此邦独系枣花深。"上联回望历史赞颂乐毅的奇勋伟业,下联感叹乐毅将燕地的大枣带入齐国繁殖。2003年乐毅墓一带被规划为良乡工业开发区,为保护好乐毅墓,区政府自2004年5月至2007年11月期间投入资金40万元,对乐毅墓进行修缮。共铺设供水管350米、环墓甬道400米、培填土方500立方、栽植银杏树等494株,并设立石凳5处供人休息。登上乐毅墓可仰望良乡昊天塔,琉璃河商周遗址、豆店土城也与其相隔不远,开发文物旅游大有潜力。河北邯郸乐毅古墓俗称将军墓,位于邯郸县城东10公里处代召乡境内大乐堡村北,紧贴309国道,是邯郸市市级文物保护单位。乐毅剑法、枪法举世奇绝,其在家仍勤学苦练。他一方面报效赵国,多次征战,一方面在家将一身绝艺传给后一代,在大乐堡村的练剑房、磨剑石、磨剑池遗迹仍存,古赵十景之一的"剑池新月"更是一绝。乐毅死后,赵孝成王用玉匣作棺,厚葬他于现存的墓地,后人在墓前刻了石狮、石牌坊,墓地栽了数千株松柏,整个陵园占地30余亩。两千多年来,乐毅墓曾多次重修,唐、宋、元、明年年有小型修建,到清雍正十一年(1733)邯郸县知县郑方坤大修一次,重植松柏数百株,亲书石碑"战国望诸君乐毅之墓",并撰文"悼望诸君墓"词,到1933年县长孙振邦最后一次重修,植槐树数百余株。

历史的车轮已经碾过两千多年的历程,沧桑巨变,现代人在考证孰是孰非之余,或许更多地是纪念乐毅将军,缅怀这位战国名将,以激励来者。

参考文献

［1］康占营·衡水西门口的博客,http：//blog. sina. com. cn/u/1801229977.

［2］360 导航,https：//hao. 360. cn/? wd_xp1.

［3］衡水晚报,大周刊,各县区文化专刊,2016 年.

第 2 章　平原资源根深

衡水市地处华北大平原的中心地带,平原资源是衡水文化之根,是衡水社会政治、经济、文化发展之源。平原资源不仅造就了衡水典型的北方特色农业,而且对于形成传统的农业社会管理方式,农耕文明人与人的关系,以及由于缺乏矿产资源而外出学徒、经商的传统生活方式,农耕文明的天人关系观念等等,都是深厚的根源。

2.1　地理环境居中宜农

2.1.1　地域位置：黄金十字交叉处

衡水市从空间版图看在全国处于居中地位,从经济建设视角看属于环渤海经济圈和首都经济圈的"1+9+3"计划京南区。东部与沧州市和山东省德州市毗邻,西部与石家庄市接壤,南部与邢台市相连,北部同保定市和沧州市交界。市政府所在地桃城区北距首都北京 250 公里,西距省会石家庄 119 公里。京九铁路、石德铁路、邯黄铁路、石济高铁、京九高铁、石津城际高速铁路、衡潢铁路、朔黄支线八条铁路、大广高速等,地地道道已经成为著名社会经济学家费孝通先生断言的"黄金十字交叉处"。

2.1.2　地势地貌：缓岗向洼地过渡

作为九州之首的冀州,有着适宜农业发展的自然条件,其农业经济呈现出清晰的发展脉络:石器时代其原始农业经济即已起步,夏商西周时期得到持续的发展,春秋战国之际达到兴盛。文献和考古材料证明,黍、稷、稻、麦、菽等作物在《禹贡》冀州范围内均有种植。《周礼·职方氏》所列五种农作物中没有高粱,但高粱也是春秋战国之际冀州地区种植的重要粮食作物。

古代冀州以太行山为界,大致分为东西两部分。西部为山西高原,东部为河北平原。河北平原区的地貌类型主要分为三种:低山丘陵、山麓平原和低地平原。低山丘陵区内部也有不少山间盆地,如涉县、武安、井陉、平山等盆地。它们内部都有河流贯穿,形成一些冲积平地,边缘发育了洪积扇和冲积扇。这些地带,都是山中的农耕佳区。山麓平原区从北向南由大清河系冲积扇、滹沱河冲积扇、滏阳河冲积扇和漳河冲积扇相连而成。这些冲积扇多为黄土性物质组成,质细而均匀。因接受从山地化学剥蚀过程中输向平原的大量化学物质,矿物养分比母质略高。夏季高温多雨,有利于有机质的合成。据实测,在旱生草灌丛下的土壤有机质含量为3%—4%,是华北平原最好的耕作区。太行山山麓平原再向东,是地势低于50米的低地平原区,地下水位越来越浅,土壤含盐量越来越高,土壤条件不如山麓平原地区,称之为"白壤"应是恰如其分的。总之,冀州面积广大,各区域地形、土壤条件不尽相同,都是适宜农业发展的重要区域。

衡水市各区县地处河北冲积平原,属于低地平原区。地势自西南向东北缓慢倾斜,海拔高度12米—30米。地面坡降,滏阳河以东在1/8000—1/10000之间,以西为1/4000。境内河流较多,由于河流泛滥和改道,沉积物交错分布,形成许多缓岗、微斜平地和低洼地。缓岗为古河道遗留下来的自然堤,一般沿古河道呈带状分布,比附近地面相对高出1米—3.5米。饶阳、安平境内缓岗地貌十分普遍。微斜平地分布最广,是缓岗向洼地过渡的地貌单元。洼地分布也很多,仅万亩以上大型洼地就有46个,其中冀州市、桃城区界内的千顷洼为全市最大洼淀,总面积达75平方公里。

衡水市各区县发展农业,仅仅靠河流灌溉农田不能满足需要,长期实践中还学会了挖掘水井,利用地下水源。在我国,“凿井而灌”有着悠久的历史,始于我国原始社会时期距今五六千年左右。当时人们凿井是解决生活用水与农业灌溉兼而有之。春秋战国时期,井灌逐渐发展起来。《庄子·天地》载:“子贡南游于楚,反于晋,过汉阴,见一丈人方将为圃畦,凿隧而入井,抱瓮而出灌。”可见,井灌对当时农业发展有着重要的作用。衡水市各区县存在大量的古井,有的有2500多年历史。例如:

冀州八角井——古井涵星。遗址位于旧城北关村东北竹林寺古遗址东南100米,因衡水湖蓄水,遗址没入水中。据旧志载,冀州古城东北有一个八角井,此井建于北宋乾德年间(963—973),年久倾塞,明成化六年(1470)知州胡瑛重新修砌。明正德五年知州刘迫又重新修砌此井,在井上修建了一座亭子,周围筑起了围墙。此井直径为九尺五寸,井深二丈一尺,井壁呈八角形,井中有子井,此井久旱不竭,且井水格外清澈,如一面镜子可倒映星月等景物,被称为“古井涵星”。明杨旭写诗描述八角井的风光道:“成八角巧难如,争喜寒泉汲有余。看澈三竿能照物,围开一镜每涵虚。雨滋苔鲜珠痕润,月上梧桐倒影疏。乾德穿来遗世久,曾知利济与堪舆。”

阜城县发现古井群。2015年8月,在颍河西路与东城墙路交汇处一施工工地,发现两口古井,两口古井保存完好,井口沿位于现今地面以下约两米处,古井均使用陶制井圈和井砖围砌。出土有珍贵文物,主要有瓷器、铁器、青铜器及部分矿渣、动植物骨骼等。文物部门根据器物类型和出土钱币初步判断,一口为汉代古井,该井群均废弃于北宋晚期,另一口井为北宋晚期古井。该井群的发掘对研究阜城县乃至整个冀州地域宋代居民生活习俗、生产力水平和城市的兴衰演变,有着极其重要的参考作用,为研究本地居民生活、生产历史等提供了实物资料。

　　武强汉代古井。2009 年 5 月武强县西堤村北部的一片洼地中发现一口约 2000 年前的汉代古井。古井直径 1.1 米,残存部分深约1.5 米。考古人员在古井周围发现散落的汉代砖瓦残片,并有小面积砖铺地面,砖块排列整齐。文物部门据此推测,这里应是汉代的一个生活聚集区。考古发掘发现,井壁覆盖有约 5 厘米厚的陶制井圈。井圈正面印有漩涡纹,背面为绳纹。井底发现四个汉代陶罐,其中三个已破损。保存较为完整的一个陶罐高 26 厘米,口径 14 厘米,最大腹径 23 厘米,罐体外部饰以绳纹。

　　枣强绳耿古井。枣强县庞家绳耿村,有一口古井,人们称之为"义井",相传是元朝时期修建。元朝末年,朱元璋和陈友谅在山东博兴一带,经过了大大小小的数十次战斗。绳耿村的老百姓,在族人的带领下,协助朱元璋的军队,给他们送情报,送粮食,年轻人还参加了朱元璋的队伍。陈友谅知道后,大开杀戒,要把这一带的老百姓赶尽杀绝。他们除了大肆杀戮以外,还在河流水井里放上毒药。也在这口老井里下了毒。说来也奇怪,每逢他们在井里下毒以后,井里面的水就会慢慢的上升,一直沿着井台流出来。晚上,老百姓来取水,喝了以后安然无恙。大家除了自己喝还供给其他村里的人喝,朱元璋的军队也来这里取水,这口老井简直成了一口神井。朱元璋打败了陈友谅,建立了明朝,便叫人重修这口古井,并命名为"义井"。

　　另外,武邑县有古井镇、古井小学、古井站。古井各处都有,村镇的井主要满足人们的饮用水和日常生活用水,田野的井则是为了农田灌溉。

2.1.3　气候特点：四季分明宜农生态

衡水属大陆季风气候区，为温暖半干旱型。气候特点是四季分明，冷暖干湿差异较大。夏季受太平洋副高边缘的偏南气流影响，潮温闷热，降水集中，冬季受西北季风影响，气候干冷，雨雪稀少，春季干旱少雨多风增温快，秋季多秋高气爽天气，有时有连阴雨天气发生。农业气候资源较丰富，但是自然灾害也频频发生，干旱、冰雹、洪涝、低温、大风等，常给农业生产造成一定影响。总的来说属于适于农业经济，宜于生物生长的生态环境。

2.1.4　河流水系：海河水系流经辖区

流经衡水境内的较大河流有潴龙河、滹沱河、滏阳河、滏阳新河、滏东排河、索泸河——老盐河、清凉江、江江河、卫运河——南运河九条，分属海河水系的四个河系。其中潴龙河属大清河系，滹沱河、滏阳河、滏阳新河属子牙河系，滏东排河属南大排水河系，索泸河——老盐河、清凉江、江江河属南大排水河系，卫运河——南运河属漳卫南运河系。

2.2　自然资源优势不足

2.2.1　土壤适宜发展种植业

衡水市共有三个土纲，四个土类，七个亚类，二十六个土属，一百一十一个土种。面积最大为潮土土类。全市潮土亚类面积 43.4 万公顷，占土地总面积的 62.1%，广泛分布于各县市区，是农用土地主要土壤类型。其土层深厚，质地多变，但以轻壤土为主，部分为砂质和粘质。土壤矿质养分较为丰富，但有机质、速效氮、磷养份缺乏，易受旱、涝、盐碱化威胁，历年以种植业为主。脱潮土面积 14.33 万公顷，占全市土地总面积的 20.4%，广泛分布于古河道自然堤缓岗及高平地处。该土类地下水质好,无洪涝盐碱威胁,水利条件好的地段,多是粮、棉高产区。

2006 年衡水市土地总面积为 1325.7 万亩。其中耕地 856.3 万亩,占全市土地总面积的 64.6%,耕地中有旱地 296.7 万亩、水浇地 550.3 万亩、菜地 9.3 万亩,分别占耕地总面积 34.7%、64.3%、1.0%;园地 80.0 万亩,占土地总面积的 7.7%;林地 18.9 万亩,占土地总面积 1.8%;牧草地 1.2 万亩,占土地总面积 0.1%;居民点及工矿用地 181.3 万亩,占 13.7%;交通用地 10.3 万亩,占土地总面积 0.8%;未利用土地 47.3 万亩,占土地总面积 3.6%。

2.2.2　矿产资源单调欠丰富

至 2006 年衡水市已查明的矿产资源有油气、地热、矿泉水和砖瓦用粘土资源等 4 个矿种。

(1)油气——油气资源主要分布于深州市、饶阳县、武强县。至 2006 年,已有深南油田、深西油田、留楚油等。分布面积约 91 平方公里,查明的石油储量约 3000 多万吨,原油日产量约 1500 吨。油气藏类型属古潜山油气藏和第三系油气藏。1996 年在饶阳县与深州市交界处探明溪村油区,储量约 600 万吨。

(2)地热——11 个县市区均有地热异常显示,地热资源已被开发利用的有桃城区、深州市;衡水市平均地温梯度值 3.16℃/100 米,略高于大地梯度背景值(3℃/100 米),垂向上可分为三个热储层。一是上第三系中低温热水。开采深度为 300 米—1200 米,水温在 23℃—50℃,矿化度较低,水量较大。二是下第三系高矿化热水。开采深度在 1000 米—1500 米以上,水温可达 50℃—80℃,矿化度较高,由于综合利用条件限制,暂不宜开发。三是古潜山基岩高温热水及凹陷区上第三系高温热水。基岩高温热水埋深在 1500 米—2500 米以深,水温 60℃以上,矿化度较低,水量较大,水头高。

（3）砖瓦用黏土——砖瓦用黏土资源全市广泛分布,并已大量开采,资源的开发利用为全市经济建设发挥了积极作用。

（4）矿泉水——根据"衡水市京九沿线饮用天然矿泉水调查报告",衡水市存在矿泉水远景区五处:分别分布于深州市及以西北区域,面积 88.4 平方公里;深州市榆科乡一带,面积 27.6 平方公里;衡水市区北部及以西北区域,面积 214.2 平方公里;枣强县城至北部邢村一带,面积 90 平方公里;枣强县大营镇以南,面积 38.4 平方公里。

2.2.3 水资源供需矛盾突出

衡水市近些年来降水偏少,旱情越来越严重,春旱是衡水市的主要自然灾害,随着天气转暖,土壤失墒较快,春季旱情进一步加重,抗旱任务十分繁重。

每年春天,衡水市要通过十余条主要河、渠进行蓄水,增加地表水。2015 年河渠总蓄水量为 5000 万 m^3(不包括衡水湖蓄水量)。从各河渠蓄水情况看,滏东排河蓄水量最大为 900 万 m^3,其次为滏阳河蓄水量为 800 万 m^3。2015 年 3 月 1 日,衡水湖蓄水量为 9249 万 m^3,其中大库蓄水量为 7866 万 m^3。2014 年 1—2 月底全市过境水(不包括引黄过境水)2025 万 m^3,全部为滏阳新河过境水量。衡水湖水全部引黄而来。

石津渠引水:2014 年春季深州、冀州、桃城区三县市区引石津渠水灌溉,引水量约 1.2 亿 m^3。

地下水:各县、市深层地下水埋深普遍减小,全市平均减小 7.39m。

虽然有一定量的河渠蓄水,但由于蓄水面分布不均匀且水质较差,地下水的超采仍然不可避免,水资源的供需矛盾非常突出。水资源的合理开发、高效利用、全面节约、有效保护、综合治理,最大限度地缓解水资源的供需矛盾是衡水市水务工作的老大难问题。

2.2.4 生物资源具有中原特色

（1）典型中原粮食作物——小麦、玉米、谷子、高粱、甘薯、黍子、稻谷、荞麦等。

（2）主要经济作物——棉花、花生、芝麻、向日葵、食用菌、烟草等。

（3）大众水果蔬菜：白菜、菠菜、芹菜、茄子、西红柿、豆角、白萝卜、辣椒、茴香、葱、蒜、韭菜、笋、冬瓜、北瓜、西瓜、南瓜、西葫芦、甜瓜、黄瓜、土豆等。

（4）本地家畜——猪、羊、牛、驴、骡、马、兔、驼、鹿等。

（5）民间驯化饲养的野生经济动物——狐、貂、貉等。

（6）主要家禽——鸽子、鸡、鸭、鹅是百姓家养的经济家禽，主要收益肉和蛋。

（7）驯化饲养的野生禽类——山鸡、火鸡、珍珠鸡、鹧鸪、鹌鹑及观赏鸟类。

（8）水产——罗非鱼、河蟹、甲鱼、优质鲫鱼、白鲳、白鲨、黑鱼、鲶鱼、美国回鱼、青虾、鳝鱼、泥鳅、蚌类等。

2.3　珍贵的衡水湖湿地

2.3.1　生态旅游示范区

衡水湖湿地作为衡水市的独特资源，处在环京津、环渤海、沿京九铁路和大广高速公路的位置，是极具典型性和稀缺性的国家重要湿地、华北单体最大的淡水湖泊，有"京津冀最美湿地""京南第一湖""华北大地的绿明珠"等诸多佳誉。特别是大广高速开通后，衡水湖已融入京津两小时经济生活圈，吸引了世人关注的目光。

衡水湖位于衡水市区南 10 公里处，为华北平原第二大淡水湖。河北衡水湖国家级自然保护区坐落在河北省衡水市桃城、冀州两区境内,是国家 AAAA 级旅游景区,也是华北平原唯一保持沼泽、水域、滩涂、草甸和森林等完整湿地生态系统的自然保护区,占地面积283 平方公里,湖区水面积 75 平方公里。

河北衡水湖国家级自然保护区属第四基底构造,处于新华夏系衡—邢东隆起东侧的威县—武邑断裂带附近。湖区及东部以亚黏土和黏土为主,中隔堤以轻亚黏土为主。从地质时期的第四纪全新世以来,衡水湖经历了三个大的演变发展阶段,即早全新世温凉稍湿的湖泊形成阶段,中全新世温暖湿润的扩展阶段及晚全新世温凉偏干的收缩阶段。从环境演变的阶段来看,衡水湖形成今日的湿地生态环境,具有自然性、稀有性、典型性和生态脆弱等特点。衡水湖周边土壤为潮土,成土母质为河流沉积物,沙、壤、黏质俱全。

2016 年 1 月,国家旅游局和环保部拟认定河北省衡水市衡水湖景区为国家生态旅游示范区。

2.3.2　水生陆生植物繁荣

河北衡水湖国家级自然保护区植物有 75 科 235 属 382 种,其中苔藓植物 3 科 4 属 4 种,蕨类植物 3 科 3 属 5 种,裸子植物 1 科 1 属1 种,其他为被子植物 68 科 227 属 372 种。

(1)水生植物——河北衡水湖国家级自然保护区水生植物生长优良,其中常见的大型水生植物共有 27 属 37 种,其他浮游植物 201种。优势种主要为世界广布种,其次为温带种,区系植物出现明显的跨带现象,在不同的植被带内由许多相同的种类组成相似的群落,具有显著的隐域性特点。

(2)陆生植物——河北衡水湖国家级自然保护区陆生植物区系地理成分以温带为主,世界广布种、热带分布种等各种类型均有分布,也表现出其地理成分的多样性。本区草本类型占主要地位,温带特征显著。自然保护区植物中木本植物仅有柽柳科柽柳属、杨柳科柳属、豆科洋槐属等少量种类。

　　河北衡水湖国家级自然保护区地带性植被属于暖温带落叶阔叶林。群落结构一般比较简单,由乔木层、灌木层、草本层组成,很少见藤本植物和附生植物,林下灌木、草本植物较多。

2.3.3　野生动物资源宝地

　　河北衡水湖国家级自然保护区动物群带有明显的古北界动物特色,东洋界成分开始向北渗透。河北衡水湖国家级自然保护区已鉴定的各种野生动物有 549 种,其中:

　　(1)鸟类——310 种,分属于 17 目 48 科。河北衡水湖国家级自然保护区鸟类中保护种类较多,在《国家重点保护野生动物名录》中,属于国家一级重点保护的鸟类有 7 种,它们是黑鹳、东方白鹳、丹顶鹤、白鹤、金雕、白肩雕、大鸨;属于国家二级重点保护的鸟类有 46 种,有大天鹅、小天鹅、鸳鸯、灰鹤、白枕鹤、蓑羽鹤、黄嘴白鹭、白琵鹭、白额雁、花田鸡、斑嘴鹈鹕、[黑]鸢、凤头蜂鹰、苍鹰、雀鹰、松雀鹰、毛脚、灰脸鹰、乌雕、秃鹫、白尾鹞、草原鹞、鹊鹞、白腹鹞、鹗、猎隼、游隼、燕隼、灰背隼、红脚隼、黄爪隼、红隼、长耳、短耳等。

　　(2)鱼类——34 种,分属于 8 目 14 科 31 属,以鲫鱼、鲢鱼、鲤鱼、鲶鱼、草鱼等为主。

　　(3)哺乳类——20 种,分属于 5 目 10 科,以中、小型兽类为主。

　　(4)爬行类——22 种,分属于 2 目 4 科 4 属 7 种和爬行动物 2 目 5 科 10 属 15 种。

　　(5)昆虫——416 种,分属于 15 目 102 科。

　　(6)浮游动物——174 种:隶属于 3 门 5 纲 18 目 90 属,其中原生动物门共 3 纲 13 目 41 属 66 种,担轮动物门共 1 纲 1 目 19 属 49 种,节肢动物门 1 纲 4 目 30 属 59 种。

　　(7)底栖动物——23 种。隶属 3 门 4 纲 8 目 20 属,其中环节动物门 1 纲 3 属 3 种,软体动物门 1 纲 5 属 7 种,节肢动物门 2 纲 12 属 13 种。

衡水湖自然保护区是华北平原鸟类保护的重要基地,是开展鸟类及湿地生物多样性进行保护、科研和监测的理想场所,也是影响中国鸟类种群数量的重要地区之一。

参考资料

［1］衡水市,360 百科,http://baike. so. com/doc/5537208-5755317. html from＝2873257＆sid＝5755317＆redirect＝search.

［2］河北衡水湖国家级自然保护区网站,http://www. hshu. cn/.

［3］河北衡水湖国家级自然保护区,衡水湖,360 百科,http://baike. so. com/doc/6783573-7000160. html.

第3章 文化传统优秀

衡水市的宜家宜居地理位置,决定了居民杂多,流动性大。物质交流、信息交流速度快、内容丰富,从而造成这里的人见多识广,知识更新快,接受新事物快,社会进步快。其突出表现就是人才辈出,优秀文化传统流传深广。

3.1 人杰地灵彰显人文精神

在许多人眼里,衡水自古就是一个"一穷二白"的无名之地。可是如果追根溯源,衡水自建县至今,不但已有 1400 多年的历史,而且在中国封建社会的中兴时期,曾是龙蟠虎踞的地方,名贤俊杰不绝史书。西汉儒学大师董仲舒、农民领袖窦建德、"头悬梁"刻苦攻读的孙敬等皆为衡水人。

3.1.1 重要历史人物

(1)古代

姓名(称呼)	籍贯	事　迹
窦漪房	武邑	汉朝文帝刘恒皇后、景帝皇太后、武帝太皇太后。
冯太后	冀州	北魏文成帝皇后、献文帝太皇太后、孝文帝太皇太后。

续　表

姓名（称呼）	籍贯	事　　迹
窦婴	武邑	西汉大将军,是汉文帝皇后窦氏堂兄之子,以军功封魏其侯。
崔寔	安平	汉朝辽东太守。
邳彤	冀州	汉朝灵寿侯,宋朝以后尊为"药王"。
董仲舒	景县	汉代思想家、哲学家、政治家、教育家。
高允	景州	北魏中书监、中书令。
封隆之	景州	东魏侍中、吏部尚书。
孔颖达	桃城	隋唐时期经学家。
高欢	景县	北魏丞相,东魏大丞相,北齐献武帝。
高洋	景县	北齐开国皇帝。
李百药	安平	史学家、诗人,唐朝散骑常侍。
张载	安平	晋代辞赋家。
窦建德	故城	隋朝末年自称长乐王,后称夏王。
刘黑闼	故城	622年汉东王。
高适	景县	诗人,唐朝四川节度使,礼部尚书。
李义府	饶阳	唐代右相,中书令。
魏知古	深州	唐朝散骑常侍同中书门下三品。
刘幽求	武强	唐朝尚书右仆射同中书门下三品,封徐国公。
苏定方	武邑	唐代名将,封刑国公。
孔巢父	冀州	唐朝尚书左仆射。
刘挚	阜城	宋朝门下侍郎。
刘豫	阜城	1130年金朝立为齐帝,1137年废为蜀王,后改为曹王。
毛鹏	枣强	明朝都察院右副都御使。

续　表

姓名（称呼）	籍贯	事　　迹
马中锡	故城	明朝都察院左副都御使。
孙绪	故城	明朝太仆寺正卿。
刘谦	武强	明朝都察院左副都御使。
周世选	故城	明朝南京兵部尚书。
尚可喜	桃城	清朝智顺郡王，后改封平南郡王和平南亲王。
魏延珍	景州	清朝漕运总督，都察院左都御史。

（2）近现代

姓名（称呼）	籍贯	事　　迹
杨寿山	冀州	全聚德烤鸭店创始人。
李景林	枣强	中华民国直隶省督军兼省长。
张权	武强	中华民国中将。
王任重	景县	中共中央书记处书记、国务院副总理。
王玉坤	安平	全国劳模。
孙犁	安平	当代著名作家。
弓仲韬	安平	革命家。
耿长锁	饶阳	全国劳模，河北省革委会副主任，河北省政协副主席。
王东沧	安平	抗日英雄。
池峰城	景县	中华民国中将，台儿庄战役中守卫台儿庄之第 31 师师长。
冯治安	故城	中华民国中将。
曹福林	景州	中华民国中将。

姓名（称呼）	籍贯	事　迹
李锡九	安平	中央人民政府委员兼最高人民检察署委员、河北省人民政府副主席
侯玉田	深州	中国国务院农业部监察室主任。
法尊法师	深州	中国佛学院院长。
葛存壮	饶阳	表演艺术家。
宋欣茹	饶阳	河北省人大常委会常委。
高勃	阜城	中国国务院公安部组织部主任助理，中共山西医学院党委书记。
孙春兰	饶阳	中共中央政治局委员。
林秀贞	枣强	100位新中国成立以来感动中国人物之一。
谷文泽	枣强	第四届全国少儿国学文化节"最国学少年"、参加过中央电视台《我要上春晚》。
崔永元	武邑	著名主持人。

3.1.2　重要历史事件

（1）大禹治水。大禹治水的传说是发生在冀州的历史事件。远古时期，天地茫茫，宇宙洪荒，人民饱受海浸水淹之苦。在舜帝时代，黄河流域洪水泛滥，无边无际，淹没了庄稼，淹没了山陵，淹没了人民的房屋，人民流离失所，很多人只得背井离乡，水患给人民带来了无边的灾难，人们深受其害。舜帝派鲧治水不成，又派禹继父业治水。面对滔滔洪水，大禹从鲧治水的失败中汲取教训，改变了"堵"的办法，对洪水进行疏导。大禹治水，一去十三年，跋山涉水，禹迹茫茫。"三过家门而不入"：一过家门听骂声，二过家门闻笑声，三过家门捎口信，治好洪水转家门。大禹开山治水，根据山川地理情况，将中国分为九个州,就是:冀州、青州、徐州、兖州、扬州、梁州、豫州、雍州、荆州。后代人们感念他的功绩,为他修庙筑殿,尊他为"禹神",衡水是大禹曾经治理过的地方。

(2)冯太后改革。冯太后是北魏著名的人物,出身于北燕的皇族,由于国家灭亡被充宫为奴,幸被文成帝看重做了贵人,文成帝掌握政权以后做了太后。可惜文成帝 26 岁英年早逝,太子拓跋弘继位成为皇帝。为了避免大将军乙浑想要谋朝篡位,经过长期的隐忍铲除了乙浑。后来她将朝政交给了自己的儿子和孙子。内部矛盾爆发,冯太后重新掌握政权,开始了长达十四年的统治。

冯太后临政期间,对朝廷进行了多项改革,这些改革对北魏的发展起到了很大的作用。对政治方面进行一系列的改革,始称大和新制。关于政治方面的改革,冯太后效仿两汉时期的"班禄俸",对朝中官员的俸禄来历记录清楚,全国各地都贯彻实施了班禄制,大大地减少了官员中饱私囊的现象,最大可能地平衡了社会财富的差距。关于社会经济方面的改革,冯太后颁布了"均田令",让百姓能够按人头领到相应的土地,让没有土地的百姓能够重拾农业,极大地提高了农民的积极性,也奠定了北魏的经济基础。关于百姓生活方面的改革,促进了鲜卑族和汉族以及周边一些少数民族的大融合,鼓励相互学习,种族不歧视,民族之间相互团结。改变了落后的生产方式,实现民族之间的融合,消除了落后的奴隶占有制。冯太后知人善任,使得北魏迅速安定下来。冯太后的改革对北魏后世影响深远。

(3)刘秀依托冀州成就霸业。更始帝元年十月(公元 23 年),刘秀以破虏大将军行大司马事的身份奉节巡抚河北。他带领冯异、邓禹等随从将领于正月初四到达蓟城(今北京),不料邯郸人王郎在众人的拥戴下建立了与更始帝对立的政权。河北大部包括蓟城的地方都归附了王郎。蓟城的刘接等人接到了除掉刘秀的密令。刘秀等人闻讯从蓟城仓皇出逃,没有目的地向南疾驰。一路上饥寒交迫、孤立无援、险象环生。刘秀到了下博城西(今深州市康王城村),得到一位白衣老人的指点,知道了信都太守任光没有依附王郎,便一口气到了信都(今冀州市),他在那里受到任光的热情接纳和拥护,和成(今晋州)太守邳彤也率军来归附。刘秀在信都招兵买马、积蓄力量,半个月后兴兵讨伐王郎。他以冀州为根据地,用一年的时间,扫平了河北的大大小小的地方武装,于公元 25 年在河北高邑附近称帝,建立了东汉政权,之后又以河北为根据地统一了全国。

(4)窦建德农民起义。隋末大业年间,朝廷无道,灾害频仍,民不聊生。611 年,山东(今河北景县)农民高士达率千余人在清河(今属河北)起义。时任二百人长的清河郡漳南县(今衡水故城)人窦建德,因全家被杀率二百人愤而投奔高士达。在窦建德的辅佐下,高士达连打胜仗,队伍很快发展到一万多人。616 年冬,高士达、窦建德计杀征讨大将郭绚,威名远扬,朝野震动。隋廷又派精兵反扑,经过五天激战,高士达兵败身亡。窦建德招集散部复起,于次年正月称长乐王于河间乐寿县(今河北献县),攻克河间。618 年定都乐寿,国号大夏,自称夏王。河北起义军队皆来归附。次年,窦建德在聊城击败宇文化及。8 月,迁都洺州(今河北永年县东南),至 619 年,大夏政权已拥有黄河以北大部分地区。621 年 3 月,窦建德率军十余万增援义军王世充,与唐李世民军决战于虎牢(今河南荥阳汜水镇)一带。窦建德兵败被俘后遭杀害,时年 49 岁。

3.2 传统技艺传承文明基因

衡水物华天宝,人杰地灵。近年依托丰厚的文化底蕴,做大做强文化产业,文化软实力不断提升。

3.2.1 著名传统制品

(1)冀派内画鼻烟壶。中国内画界主要分为四大派系,即京派、冀派、鲁派和粤派。衡水内画也称之为冀派内画,开山鼻祖为王习三先生。王习三先生在继承京城叶派画技的基础上,广取博采,从绘画工具到绘画技法及绘画形式搞了三项创新:金属杆钩毛笔、油彩内画、系列烟壶,逐步形成了自己独特的绘画风格。冀派内画所使用的工具是金属杆钩小毛笔,颜料为中国画颜料和油画颜料以及丙烯颜料等,其工艺在继承京派厚朴古雅的基础上,糅进鲁派细腻流畅的传统画法,又将国画皴、擦、染、点、勾、丝等技法引入内画,后来又将油彩加入内画技法,打破了传统单一的水彩作画的局限,使内画的图、形、神达到炉火纯青的地步,被称为"中西合璧"的壮举。冀派内画已被列入"国家级非物质文化遗产名录"和"联合国杰出手工勋章认证"。衡水一壶斋工艺品有限公司(原衡水市特种工艺厂)是"冀派"内画鼻烟壶之发祥地,现有中青年艺师百余名,技艺精湛,艺品高超。作品书画并茂,雅俗共赏,畅销国内外,在国际市场上享有盛誉。有30多人分别获省级工艺美术大师、联合国教科文组织授予的民间工艺美术家称号,其作品多次获省和国家级奖励,五十多人次应邀赴美、日、法、韩等几十个国家献艺表演。中央电视台、凤凰卫视、韩国电视台、《人民日报》《光明日报》《纽约时报》等国内外多家媒体报道过公司的内画艺绩。

冀派内画现在已发展成为拥有四万从业人员,年产值约八亿元的特色知名文化产业,无论从艺术风格、工艺技法、从业人员、花色品种、市场销售还是海内外影响等方面,在中国四大内画流派中均居领先地位。

(2)深州黑陶。深州古陶艺是流传于深州地方的古代陶器制作技艺,其源头可上溯到四千多年前。现在仅传承于付家庄村少数人手上,是濒临失传的传统陶瓷制作工艺。新时期以来,付家庄村人付顺府经过努力挖掘,大胆开发,使深州古陶艺重现世间。深州古陶艺的工艺流程,从采土、滤泥、拉坯、渗碳、雕刻到烧制,都是手工制作,要求严格,独具技巧。所制黑陶"黑如漆,亮如镜,薄如纸,硬如瓷(一说声如磬)",而新开发的绞胎陶瓷则是"质地如玉,色彩斑斓,造型生动,浑然天成"。深州古陶艺能再现中国古代陶艺的风貌,作品代表中华传统的"知白守黑"审美观念,有很高的收藏和保存价值,深受国内外各界人士的青睐,党和国家领导人曾多次题词褒奖,并将其作为国礼赠送外国首脑及朋友。村中建有黑陶博物馆。

(3)侯店毛笔。侯店毛笔产于衡水市南郊侯店村。侯店制笔业始于明朝永乐二年,盛于清代。相传,清光绪年间,侯店有个叫李文魁的制笔艺人在北京城开笔庄,因毛笔制作精良,被一个爱好书法的太监看中。后经推荐被光绪封之为"宫廷御笔",随之名声大振,京城的文人、仕宦争相购买李文魁的"侯店毛笔",笔庄也日益兴旺。从此,侯店独具一格的制笔工艺便世代流传下来。

侯店毛笔的笔尖选取黄狼尾、香狐尾、南山羊毛、羊须、白马毛、牛耳毛等各种动物毫毛为原料,笔杆采用毛竹、紫竹、斑竹、湘妃竹、凤眼竹为材料,笔杆上嵌装牙、骨、角、竹、硬木等多种样式口顶。生产工艺精细,样式新颖,造型美观。尤其配上用红木、黄杨木和象牙等材料精心雕刻镶嵌的二龙戏珠、龙凤呈祥、双凤展翅、凤凰戏牡丹以及古装人物、山水花木等图案的高档笔杆,更是锦上添花,成为一件件既有实用价值,又精致高雅的工艺美术品。原国家主席李先念为其题字"笔乡"。侯店毛笔被天津口岸定为"信得过的免检产品",畅销日本、新加坡等十多个国家和地区,年出口量达三百多万支。品种有270余种,其中"风云""水月""小狼毫"为最佳。

（4）衡水湖苇草工艺品。利用麦杆制作工艺画，历史记载隋朝就已有之。衡水湖管委会通过借鉴、挖掘古老民间工艺，借助现代技术，推陈出新，使苇草制作工艺绽放异彩。他们利用当地盛产的芦苇、蒲草、麦杆等，通过选料、烫平、制片、烙烫、剪、裁、编、刻、拼贴等工序制作而成的工艺画，可表现各种花鸟鱼虫、字画人物、山水风景，画面既有苇草的自然光泽和质感，又有工笔书画的精细逼真，具有独特的艺术效果，被人们称为绿色工艺品，是家居、宾馆、办公场所装饰的首选，也是馈赠亲友、收藏保值的佳品。产品畅销国内，并出口美国和西欧等国家和地区。衡水湖国家级自然保护区环境优美，百鸟栖息，芦蒲千顷，人杰地灵。前来保护区游览的国内外朋友把苇草工艺画作为纪念品带回去，使衡水湖苇草工艺画走向了四面八方。

（5）"田园棉"粗布。冀州"田园棉"粗布以纯棉质地、手工织造、图案、古老民间工艺、手感极佳、透气吸汗、无静电、冬暖夏凉、保养肌肤等特点，深得社会各阶层人士的青睐。冀州市田园棉被服有限责任公司就坐落在风景秀丽的衡水湖畔，是一家集设计、研发、生产、销售于一体，专门从事手织纯棉服装、床上用品的专业厂家。公司在国家工商总局注册了"田园棉"和"宗杰"两个商标，申请了国家专利，把手织粗布做成了品牌，并通过了国家纺织行业标准检测。目前，公司月产手织粗布 14 万米，150 多款产品，500 多个花色，产品畅销国内各大城市。田园棉公司继承东方纺织文化之精髓，倡导绿色健康自然之时尚，运用现代科学管理及营销手段，走"公司＋农户"的发展模式，力争打造世界最大的纯棉手工织布基地。

3.2.2 经典传统武术

（1）冀州三皇炮锤。三皇炮锤起源于河南嵩山少林寺，河北冀县武术名家乔之秀师承于嵩山少林寺普照和尚习成光大。三皇炮锤是中国古代的拳种之一。三皇炮锤门历史源远流长。据古谱记载：

"自盘古之皇治世,实为创业之祖。是以有济世之才者,必有文武之道。习文必有武备,练武必有文备。文武兼备,可谓全矣。"自盘古之皇治世,人皇氏战胜虫蛇禽兽,又战胜蚩尤部落,肇造了中华民族赖以生活的广阔疆域。本门奉人文初祖轩辕黄帝(即人皇氏)为祖,故又称"人祖门""人宗门""三皇门",有天皇、地皇和人皇,三种不同境界的拳法,故而得名"三皇炮锤"。这门拳术的操练强调以气为主,以理为先,上步有情理,脚下有圈劲。动作特点是快猛巧捷,飘忽轻灵,气劲合一,刚柔相济,技击性很强,具有朴实无华、气势勇猛的风格。动作中常以利斧破硬柴的劲力表现出勇往直前、所向无敌的气势,给人一种清新爽快、朴雅大方之感。其特点是:内刚外柔,快猛,猝变,朴实无华。故有"气如火药拳如弹,发在行气一瞬间"之说。随着历史的变迁,三皇炮锤拳不断地发展完善。繁衍传递至明末清初年间,河北冀县武术名家乔之秀传授此艺,始有文字记载和文物可考。

(2)深州形意拳。深州形意拳主要流传于衡水深州市的王家井镇、深州镇、穆村乡和兵曹乡一带民间。清朝末年深州窦王庄村人李老能在所学山西祁县戴氏心意拳的基础上创造了形意拳,并传授了很多弟子。清末民初,此拳传到东北三省、京津、山西、江南和日本,一时使形意拳跻身中国四大传统名拳之列。深州被尊为"武术第一乡"。至今,深州仍是国内外武术爱好者心目中的"圣地",经常有人来访拳。深州每年都举办国际形意拳交流大会。深州形意拳以三体势为基本桩步,以五行拳为基本训练,以十二形拳为应用,有进退连环、安身炮、杂式捶等套路和刀、枪、剑、棍等器械,还有内功、散手等套路、技法。理论技法完备,有鲜明的个性特点。清末李存义在天津率义和团抗击八国联军,声震朝野;民国时,王芗斋、韩慕侠、孙禄堂等多次打败外国力士、东洋武士,为争光。

（3）武强梅花拳。武强梅花拳始于宋代元年，师承梅花拳祖师丘处机，经过历代大师的反复实践，潜心钻研，形成了闪、展、腾、挪、跃、滚、打、扭身切步、偎身靠打、见手使手、借劲使劲、巧力破千斤等一整套科学拳术。1934 年，山东摆擂台，武强梅花拳出代表前去打擂，力挫群雄荣获第一名、第二名，捧回银盾两个、宝剑两口。近一百多年来，武强梅花拳在冀中声名远扬，成为对敌斗争的护身符、杀手铜，留下了许多可歌可泣的故事。解放以后，每年的正月十一都在大王庄村举办大规模梅花拳比武活动。1991 年 5 月，武强县成立了梅花拳协会，西张庄等村也建起村梅花拳协会。现在冀中练梅花拳的已扩展到四十多个村庄，人数达几千人。近年来，有十余个省市的梅花拳爱好者来武强学习，切磋技艺。还有美国、加拿大、瑞士、法国、奥地利、比利时、俄罗斯等国家的五十多位梅花拳爱好者前来考察梅花拳。

3.2.3　传统民间节日

（1）冀州"老鼠节"。冀州正月十二过"老鼠节"这一奇特的民俗由来已久，近年来，电视片《正月十二老鼠节》在中央电视台及包括台湾地区在内的多家电视台反复播放后，引起强烈反响。农历正月十二早晨人们要拿棍子敲各屋旮旯，诅咒老鼠。早饭过后，妇女要用红绳或红布把剪子捆包起来，不能听到类似老鼠咬东西的咔嚓声。中午家家都要包饺子，谓之"捏老鼠嘴"。下午举办热闹的给老鼠娶亲活动。晚饭熬棒子面或小米面粥，意思是迷住老鼠眼睛，让它看不清东西。在晚饭之后，家家户户还要炒花生，意思是炒（吵）聋老鼠的耳朵。吃过晚饭，伴随着震耳的锣鼓声，人们在村边把从家家户户收来的旧鞋（邪）垒成的一个个"老鼠洞"点燃，意为"抄老鼠窝、烧邪"，中间还要插上芝麻秸秆，寓意"芝麻开花节节高"。同时燃放鞭炮，意为把没有被烧死的老鼠吓得屁滚尿流！在火上烤手，据说可以防治冻伤。吃在火焰上烤的干粮,据说能祛邪。最后孩子们把点燃的火把向村外扔去,寓意把结了婚的老鼠娶(驱)到村外。

(2)民间舞蹈《打花膀》。打花膀是衡水武强县一带流传久远的充满农耕社会气息的民间舞蹈。这一种古老的汉族传统艺术形式来源于打短工拔麦子的青年农民,他们白天拔麦子,夜晚就集体露宿在麦场上,贫乏的文化生活使他们对打蚊蝇时拍在身上的声音发生了兴趣,于是你拍我也拍,拍蚊蝇变成了拍花点儿。后又站起来,舞蹈起来,不仅比谁拍的点儿多好听,还比谁跳得优美,慢慢形成了颇受打短工的青年农民欢迎的舞蹈,并很快流行开来。打花膀模仿农民夏秋在场院看场时拍打蚊子的动作和声响,是一种农民自娱自乐的原始文化形式。舞蹈演员全部为赤臂赤足穿短裤的男性,用拍、打、捻、揪、甩、卡等动作使身体各部位摩擦撞击,发出清脆的声响,四肢和躯体随节奏舞动,表演者还由内心发出"嗨——嗨——"的呐喊,其艺术风格欢快热烈,剽悍粗犷,稚拙古朴。这种堪称舞蹈活化石的舞蹈,产生年代至少在 2000 年以上。上世纪 80 年代,经过艺术家的挖掘整理,《打花膀》被搬上了舞台,引起国内外舞蹈界的强烈反响和关注,曾应邀参加省春节联欢晚会、省第二届舞蹈艺术节、天津国际友好城市艺术节,每每获奖。

3.2.4　古老民间艺术

(1)阎家庄法帖。所谓法帖,是指写毛笔字时为遵循章法而临摹的样本。它的制作程序是,先将硬木板磨平,然后将要刻的字的轮廓涂上胭脂,压印在木板上,再用锋利的刻刀刻字,刻去四周成凸形的叫凸刻,将字迹刻去成凹形的叫凹刻(字帖大多为凹刻)。尔后在木板上均匀涂墨,铺上纸张,用布托或软木槌柔刷轻捶,揭开就成了白字黑底的字帖。最后把这些拓印纸折叠、裁订,就成了法帖书。衡水湖西岸阎家庄,早在清末民初,全村五十多户人家就有三四十户拓印法帖,村民大多都会刻板拓印技术。所印法帖除在本地销售外,还销往天津、北京、山东、山西,成为远近闻名的法帖村。宝云寺内建有"阎家庄法帖博物馆",使人们得以窥见法帖村那段辉煌宝贵的历史。

(2)武强年画。武强素有"年画之乡"的美称。武强年画经过历代艺人的苦心经营,形成了自己的独特风格和流派,与天津杨柳青年画、山东潍坊年画、江苏桃花坞年画、四川绵竹年画、河南朱仙镇年画相媲美。武强年画是我国民间艺术宝库中的一颗璀璨的明珠,曾被人们誉为河北艺术的象征,以其深厚的民间民俗、独特的民族艺术风格而享誉国内,驰名海外。武强年画的祖版产于宋元时期,范氏家谱中曾有"范迎龙经画务"的记载,范迎龙为明永乐年间人氏,由此可见,明永乐年间,武强年画业已初具规模。武强年画因出于民间艺人之手,所以富有民间生活情趣和民间艺术色彩,背景简括,不拘细节,主题突出,选材大都与民间习俗和生活有密切联系。武强年画的题材丰富多彩,通过各种各样的形象反映劳动人民的思想感情和愿望,以满足不同地区人们的不同欣赏习惯和要求,所以它在民间有着深刻的影响和雄厚的群众基础,数百年来一直为广大群众所喜爱。

武强年画主要是木版套色水印。武强年画艺人在多年的施色套印中,总结了丰富的用色经验,或以不同颜色的块面大小,或以深浅浓淡,或以近似排列,达到对比鲜明而统一的效果。要求用色少而变化多,使平面色块增加层次感和立体感。用同一种或两种以上颜色复印重点部位,使色彩饱满丰富,变化万千。图案花纹有明有暗,米黄争盛,兰紫相同,每件作品都有一个主调,形成单纯明快,强烈响亮的旋律,给人以闪跃跳动的感觉。由于工艺制作和刻印方法的特殊效果,形成了独特的艺术风格;构图匀称饱满,装饰性很强,线条粗犷简练,挺拔疏落,遒劲健美,直朴稚拙;色彩强烈,浓烈而不凝滞,单纯而有变化,常以大红大绿等明快舒畅的色调,形成一种喜气洋洋的热烈气氛,来装点节日。还有一种淡洁素雅、清秀爽目的山水墨画,也颇受欢迎。

武强年画的造型突出重点,刻画人物为五段身材,着重表现头部和眼睛,着笔不多而仪表生动。"鱼钩鼻子单框眼,淡施脂粉懒画眉",而内在的情感却表现得很充分。

武强年画在刻版技法上变化多样,有的精雕细刻,表现入微,有的粗细相兼,适得其妙。但以大刀阔斧、粗犷自然的刻法见长,以阳刻为主,兼施阴刻,运用黑白对比的表现方法,充分发挥分味木趣的特点,始终保持着版画风格。

(3)陈集剪纸。衡水阜城县陈集剪纸以陈集为中心,包括小息村、大息村、普城寺村在内的四个剪纸专业村,辐射到周边两市三县十几个乡镇四十多个村,从业人员达五千多人,是华北最大的民间剪纸集散地。陈集剪纸以她迷人的艺术风采,受到中外各阶层人士的深爱。现在陈集剪纸已远销到北京、天津、广州等全国各地和美国、新加坡、韩国、墨西哥、香港等二十八个国家和地区。陈集剪纸有独特的艺术风格,一是阴阳相间,线条流畅。二是色彩单纯,形象鲜明。三是构图严谨,造型优美。四是技法讲究,刀功巧妙,"圆如秋月、尖如麦芒、方如青砖、缺如锯齿、线如胡须"。目前,又成功地创造出表现人物肖像的剪纸新品种。剪纸作品经过塑封、制框、装裱,强烈的艺术效果更上一层楼,成为中外人士争相购买的民间艺术精品。

3.3　特色饮食文化缤彩纷呈

几千年历史文化的积淀,冀中大平原丰富的物产,形成了独具特色的饮食文化,培育了经久不衰的美食品牌——鞋底烧饼外酥里香,霍家跑兔肉质鲜美,王集灌汤包汤鲜肉嫩,落锅烧鸡唇齿留香,景县馓子金黄亮润,武邑扣碗色味俱佳……来到衡水旅游,不品尝一下衡水的地方名吃,那算白来一趟。

民以食为天。人生在世要解决的第一个问题就是填饱肚子,这是人最基本的生理需要。在解决了温饱之后,人还需要"解馋",还需要聚会、宴请,还需要排场,还需要境界。在大鱼大肉都不稀罕了之后,人们发现还要讲究营养,讲究食补养生。饮食文化就是在社会进步中不断得到升华。

一方水土养一方人,一方水土养育一方饮食文化。几千年的历史文化积淀,冀中大平原的丰富物产,养育了衡水独具特色的饮食文化。

3.3.1　肉类食品

(1)冀州曹记驴肉。冀州曹记驴肉发端于咸丰年间北京鲜鱼口,发扬于第三代传人曹建功。曹建功(1878—1962),冀州小王庄人,他通过探索,加入数味中药,除去了驴肉性中的寒凉,做得肉质酥烂、肥而不腻、瘦而不柴、味道醇厚、咸香可口,食后对身体有滋补功效。他先后在烟家雾村和千户营定居,在冀州码头李镇打出了"和顺号驴肉"的招牌。上世纪30年代中期,他的二子曹福堂和三子曹立海去天津发展,开了一家"冀州荣祥曹记饭店"(俗称冀州馆),主营曹记驴肉、冀州焖饼和炒菜。50年代中期到60年代中期,天津中立园饭店的"曹记驴肉"享誉津门,许多文艺界人士和社会知名人士经常光顾。1983年,"曹记驴肉"在天津举办的"食品展销会"上被评为最佳食品。同年,注册了"冀州曹记驴肉"商标。80年代"冀州曹记驴肉"被收录进《天津名吃》及《中国名吃大辞典》等书中。在冀州宾馆能吃到"曹记驴肉"。

(2)衡水湖霍家跑兔。衡水湖东岸北田村的传统特色美食——"霍家跑兔"久负盛名。霍家跑兔的特点有四,一是净,各道工序都特别干净;二是香,用料讲究,香达百米开外;三是干,加工好的成品是干的,独特;四是鲜,肉质鲜美,且能较长时间保鲜。霍家跑兔创始于清末。因这里地处衡水湖,湖边荒野无际,荆蒿过膝,野兔繁多,村民每年秋后都有打野兔的习惯。清末北田村有位霍老朋,其人会武术,又懂些中药知识,他遍访开肉坊的行家,淘换煮肉的材料配方,然后根据煮兔肉的需要研制出了自己的配方,他制作的霍家兔肉渐渐就有了名声。霍老朋干了近四十年,直到去世。他的二子霍兰顺又一直干到九十多岁,人称"兔子二"。改革开放后,霍家跑兔又兴盛起来,霍兰顺的儿、孙、侄不断有人加入这个行业,使这一美食有了较大发展。

(3)巨鹿香肠。巨鹿香肠产于衡水桃城区巨鹿村,它肉团分明,浓香醇正,风味独特,有上百年的生产历史。制作巨鹿香肠,要经过选、挦、切、筛、调、捆、灌、煮、熏九道工序二十多个环节,历时一天才能完成,每个环节都有严格的要求和独特的讲究。如:煮时要用十七种中药配制的调料,要煮成柳子开(小开);调肠馅时多用绿豆团粉,其次是山药团粉;熏肠时用杨柳木锯末,冬天熏成枣红色,夏天熏成金黄色。经上百年代代传承,一方名吃经久不衰。

(4)武邑扣碗。武邑扣碗,又名家常席、农家席。这里所说的扣碗不是一道菜而是一桌蒸碗。据说从宋代开始,武邑农村就有了用扣碗设宴的习俗,每逢结婚生子、老人丧葬、朋友聚会等大事,都用扣碗招待宾朋。至明清两代武邑扣碗已负盛名,康熙三十九年(1700),康熙皇帝巡正定府冀州,路过此地,偶尔尝之,失声叫绝,赐名"武邑十大碗",并钦定为宫廷膳食之一。自此,名声更噪,品尝者络绎不绝。扣碗以"净碗"(即肉碗)多少区分"席"的质量和穷富之别。分肥方、肥片、五花、纯瘦、排骨、鱼肉、鸡肉、海带等。净碗制作过程分为煮、熏、改刀、蒸、加汤等,再配以时令蔬菜,组成八个或十个碗席,有肥有瘦,有荤有素,肥而不腻,素而可口。如今的武邑扣碗在保持原来色、香、味俱全的基础上,又推出了二十多种特色扣碗,深受广大群众喜爱,吸引外地美食专家前来品尝。去武邑吃扣碗请到新乐扣碗或凯祥大酒店。

(5) 故城熏肉。故城熏肉历史悠久,它以鲜猪牛肉为原料,加入几十种药材和调味品精心加工而成。做出的熏肉色泽棕红,皮烂肉嫩,表里一致,肥而不腻,瘦不塞牙,味道醇香,具有开胃驱寒、消食保健作用。熏鸽选用优质肉鸽,成品色泽金红,熏香味浓,入口醇香,营养丰富。故城熏肉不但在县内享有盛名,还畅销衡水、石家庄等周围城市,成为宴席、礼品之首选。张印雪根据祖传肉食加工秘方,同时借鉴其他肉食的加工优点,加进了一些滋补中药,经过十二道工序,形成了独特风味,并注册了"张印雪"肉制品商标。目前张印雪加工的猪肉、牛肉、禽肉都十分畅销。

(6) 阜城落锅烧鸡。"落锅烧鸡"创始人是阜城县王集村的张运起,因其驼背,人们便把他做的烧鸡称为"罗锅烧鸡"。1992 年,第二代传人为尊重老人,为产品注册了"落锅烧鸡"。"落锅烧鸡"有独特的制作工艺,要经过多道工序历经二十四小时才能完成。在浸味、煮、焖时用一种由十五种中药和香料配制的祖传秘方,烧鸡出锅时有一种混合而成的独特清香。二代传人张子杰和李俊珍秉承传统,精益求精。在经营上,以诚信为本,准斤准两,绝不卖陈货,保证了这一传统品牌的独特品质。现在许多阜城人都把"落锅烧鸡"作为家乡特产馈赠亲友。同时也被天南海北的客人带到外地。

3.3.2　特色面食

(1) 冀州焖饼。做冀州焖饼需有一个特制的铁锅,厚 5 到 8cm,头盔状,重二十余斤。这种铁锅传热稳定而均匀,汤易吃进去而不粘锅。所用饼条也需特殊烙制,俗称"包袱饼",不超过三层,烙熟后手工切条，粗细均匀。制作工艺讲究"老汤香油，先炒后焖，盖锅回味，翻勺出锅"。老汤是用排骨和鸡骨混合熬制的高汤。汤和饼条的比例也有严格要求，一般是一斤饼三两汤。火候也挺关键，要大火炒，文火焖。时间过长，则饼条发干；过短，则显得粘软，均影响口味。按照传统工艺做的冀州焖饼色泽黄亮，筋道松软，不粘不连，滋味香醇。焖饼的种类有素焖、肉焖（肥肉为大炒焖、瘦肉为小炒焖）、黄菜焖饼（即鸡蛋焖饼）、鸳鸯焖饼（一盘中有两个花样）等几种。冀州焖饼有证可考的正宗传人为傅官村的刘立平。在冀州宾馆、冀州码头李镇能吃到"冀州焖饼"。

（2）枣强鞋底烧饼。枣强鞋底烧饼的历史最早可追溯到民国初年一个叫宋善庄的人。上世纪80年代初，他的侄媳张淑霞把祖传的熏肉手艺与鞋底烧饼融为一体，发明了深受顾客欢迎的夹肉鞋底烧饼。鞋底烧饼所需的主要原料有精粉、麻酱、香油、小茴香、煮肉汤。煮肉需要七种中药配制的调料。所用烤炉是特制的，分上下二层。把面团做成鞋底儿状后，先放在上层的铛上烙，待至七八成熟时便放在密闭的下层烤，使其外皮酥脆。烤好后取出，切开一个口，把已煮好熏制后放在老汤中的肉取出剁碎，放进鞋底烧饼里。趁热吃，口感外酥里嫩，唇齿留香，别有一番滋味。枣强县城东环南头的馄饨楼饭庄，专门经营地方风味小吃——鞋底烧饼和各种炒菜。从馄饨楼走出的几十位弟子，把这一地方名吃推广到了许多城市。

（3）故城县郭庄食旋饼。郭庄食旋饼产于故城县郭庄，是一种具有浓郁农家风味的地方小吃。郭庄旋饼，汉族名点，相传起源于明朝初年，创始人为郭庄人面点师刘汉帛和沙国才。郭庄食旋饼由精细加工并烤制而成，圆形，碗口大小，烧饼一般厚薄。白面包皮焦黄酥脆，荤素饼馅鲜嫩透熟，外焦里嫩，味香不腻，老幼适口，百吃不厌，易于保存。故城县志和山东武城县志记载，闯王李自成带领义军转战南北,路经故城,食此饼后,连续称赞,扬手一挥言道:可为义军将士随行食用。此饼何以因闯王食用而改名为旋饼,成为闻名全国的名吃?传说李自成吃过此饼后连声说好,并在记账的纸上写了一个"食"字,然后拿纸在嘴边转一周,做擦嘴状,随后大步离去。为了纪念这件事,他们把"食"字和"旋"字合在一起,组成一个"食旋"字,从此郭庄馅饼改名郭庄食旋饼,名声大振。制作郭庄食旋饼需要一个用砖砌成的特殊锅灶,铛子上摆放着数百块球状瓦砾,俗称"百座山"。饼先放到鏊子上烙到七八成熟,然后放到铛子上的瓦砾上烘烤,随烤随翻随擦油,使外皮酥脆。饼熟后放在圆形案板上切成四瓣摆于碟子上趁热食用。

(4)阜城全卤面。阜城特色手擀全卤面 1985 年由阜城宾馆厨师李庆雨潜心研制发明,三十多年来,声誉不断提升,成为当地一大特色主食。该面条加工制作工艺流程考究,要经过手工和面、醒面、机揉面、手擀等多道工序加工而成。十八种全卤调料采用科学营养配方,分别通过炒、烹、炸、煮等多种烹饪技术制成,既保留了固有元素的品质,又调出了各自的特色味道,不仅口感细腻、筋道,而且色、香、味俱全,营养丰富,还可补充人体必须的各种维生素。

(5)王集灌汤包。王集灌汤包创始人为清末民初的阜城县王集村人刘文通。包子面皮采用发杠面,馅料讲究,并把用特殊配方熬制的肉汤揉进馅里,捏包子时讲究最少捏三十个褶以上,使包子外形状如花朵,每笼五十个,急火快蒸,包子蒸熟后馅汤分离,汤鲜肉嫩,皮薄流油,食后唇齿留香。王集灌汤包汲取了天津狗不理包子的先进制作工艺,但又有不同于天津狗不理包子和开封灌汤包的独特风味。上世纪 80 年代初,刘文通之孙刘如海重操祖业,后来一百多王集人学成后走出家门,进入周边的大中城市,把"王集灌汤包"这散发着乡土气息的阜城地方名吃推荐给了更多的消费者。

（6）景县"粉生达"。"粉生达"是衡水景县人的一种传统食品。它是把绿豆面和成糊状，在平底锅上摊成饼，烙一面，待熟后折叠成三角状或四角状，然后采用凉拌、炒、炖等方式食用。景县人做粉生达的习俗始于明永乐初年的山西移民，他们住的村也被叫做生达庄。数百年来，做粉生达的技术由生达庄逐渐流传至邻近村庄。相传，旧时京津地区出售粉生达的也都是景县人。在景县民间，经常会看到骑着自行车或摩托车卖粉生达的生意人。城里的蔬菜门市部也兼卖这种小吃。景县的一些酒店，针对当地消费群体的饮食特点，采用现代烹饪方式，把传统的粉生达做成许多颇具现代气息的地方特色菜，如糖醋粉生达、醋溜粉生达、生达汤等。景县人在衡水开的酒店也有这种地方特色菜，颇受顾客青睐。

（7）景县馓子。馓子是一种传统的油炸面食，始于南北朝时期，在我国分布较广。景县馓子历史悠久，是"馓子家族"中的佼佼者，它以"股条细匀、金黄亮润、轻巧美观"著称。相传，旧时京城中所售的馓子大多由景县人制作。运河边上的安陵一带至今还流传着景县馓子曾作为贡品经运河北上向皇宫进贡的故事。制作馓子所需原料为上等面粉、盐和食用油。其制作工艺包括和面、杠面、醒面、搓条、泡条、缠条、铺（摆）条、成型、出锅几个环节。景县的馓子艺人们恪守着传统工艺，制作馓子时不放味精、色素及其他添加剂，使馓子基本上保持了古时的风味，同时也使馓子具有了天然、无污染和时尚的气息。景县不一定是馓子的发源地，但可以肯定的是，景县是"制作和食用馓子"这一古老风俗的保留地。景县民间自古流传着看望产妇送馓子和红糖的习俗。

（8）饶阳豆腐脑。饶阳豆腐脑的创始人韩玉在饶阳城关以卖豆腐脑为生。早在清代光绪年间，因他投料考究，已成为饶阳地区远近驰名的风味食品。韩玉的操作方法是用鸡和猪肉熬汤，然后放入桂皮、丁香、茴香、大料,再加入炸酱。一直煮到鸡肉酥烂,汤味醇厚不腻为度。食用时碗内盛上鲜嫩的豆腐脑之后再浇上熬好的卤汤,加上点辣椒油、香油、芫荽。

3.3.3　土特产品

白干醉倒李白酒仙,苇草变作花鸟虫鱼,饶阳杂面形如金丝,故城贡面空心神奇,深州蜜桃引人流涎,马莲小枣拉丝如蜜,红红的是周村辣椒,白白的是漳淮蘑菇,故城三豆让您品尝小杂粮的滚圆,冀州粗布使您感受田园棉的温馨,再买上一包深州酥糖,回去叫全家人咂摸衡水的香甜。

(1)冀州周村老醋。周村老醋始于 19 世纪末的周村王氏家族。周村美味酿造厂建于 1972 年,继承王氏传统工艺,吸取众家之长,并运用现代科学技术,生产的"摩天塔"牌老醋酸、甜、绵,色香味俱佳,风味独特。曾获中国首届食品博览会银奖、第三届中国国际专利与名牌博览会金奖。产品畅销省内外。该厂地处冀州市南 10 公里,占地面积 1.5 万平方米,建筑面积 3599 平方米,固定资产 300 万元,流动资金 150 万元,员工 60 人,其中技术人员 25 人,是生产、包装、销售、运输为一体的具有一定规模的生产厂家。

(2)冀州周村辣椒。周村镇位于衡水冀州市西南 13 公里处,是冀州市辣椒生产的发源地和基地中心,1998 年被国家农业部命名为"中国辣椒之乡"。镇域内生产的冀州小椒以其色泽鲜艳、椒形好、辣度大、香味浓著称。1997 年该镇的天鹰椒在国家工商局注册了"冀周"牌商标,被评为"河北省优质名牌产品"。周村镇适宜的气候、丰富的水源和肥沃的土地为冀州小椒的种植提供了良好的条件。自1988 年种植天鹰椒以来,辣椒种植面积常年保持在三万亩以上,亩产量稳定在 300 公斤左右,并辐射带动了全市十一个乡镇的辣椒种植,全市种植面积已发展到 15 万亩,总产 4500 万公斤,产值 3.6 亿

元。种植区域现已扩展到周边邢台、石家庄、沧州、廊坊及山东省的
10多个市县,种植面积达到30万亩。位于镇区的辣椒专业批发市场
占地205亩,有门店500多间,2004年被农业部命名为"鲜活农产品
定点市场"。

（3）冀州北漳淮食用菌。衡水冀州市北漳淮乡从1986年开始
栽培姬菇,经过三十多年的发展,现已形成以北漳淮为中心,辐射带
动全市十一个乡镇及南宫、新河、威县等周边市县的全国最大的姬菇
生产基地。1999年被国家农业部命名为"中国食用菌之乡",2000年
被中国食用菌协会评为"全国食用菌商品基地县","玉姬"牌姬菇被
评为全国"十佳名牌"产品。到2007年全乡食用菌种植户达到3000
户,食用菌大棚发展到3200个,年产量达到1.6万吨。在品种上先
后开发了鸡腿菇、双孢菇、杏鲍菇、白平菇、灵芝等十几个食用菌新品
种。中日合资冀州华鑫农副产品有限公司引进先进的生产设备,进
行食用菌精细加工,生产速冻食用菌系列产品,直销日本、韩国、新加
坡及欧美国家。

（4）枣强县脱毒甘薯。衡水枣强县肖张镇位于黑龙港流域中部
冲积平原,地势平坦,土层深厚,约有近10000亩沙河地,是种植红薯
的最佳地理位置。目前已建成以东坊村为中心,辐射周围8个村的
河北省脱毒甘薯推广示范基地,发展脱毒甘薯"北京553""泰薯2号"
"冀薯4号"等种植面积6000余亩,平均亩产6000斤。注册商标"东
方"牌。脱毒甘薯是生物技术与病毒学技术相结合的产物。根据病
毒在植物体内的运转及分布的特点和规律,而采取生物技术措施脱
除了病毒。脱毒甘薯薯型光滑、均匀、口感甜滑。内含蛋白质、脂肪、
碳水化合物、粗纤维、胡萝卜素、硫胺素、核黄素、尼克酸、抗坏血酸、
灰分、钙、磷、铁,能补脾益气、生津止渴、宽肠通便,具有抗癌、防癌、
降低血浆胆固醇含量、预防动脉硬化、抗衰老、保护视力、提高人体免

疫力等功效。故医学界将其列为抗癌果蔬之首,营养学家称其为"长寿食品"。

(5)深州酥糖。深州酥糖始于清文宗咸丰元年(1851),距今已有一百六十多年的历史了,创始人为深州市王家井镇大徐家村的支贵智(1891—1953),由其子支恒良(1911—1986)发扬光大。深州酥糖以花生、芝麻、白糖为主要原料,层次分明,纹理清晰,香甜酥脆,宛若工艺品般精致纤巧。一封红纸商标,一张草纸小包装,保持着传统的点心风格。2006 年,第四代传人支杰、支哲将自家的酥糖作坊正式注册为"支恒良酥糖庄",其产品也有了新的包装。

(6)饶阳县金丝杂面。金丝杂面是衡水饶阳县的传统特产。相传在清道光年间,饶阳县东关有一位叫仇发生的农民,以卖杂面为生。他为了使自己的杂面具有独特的风味,历经十年苦心钻研,800多次试验,终于制成了清香适口、风味独具的金丝杂面。清朝末年,有个老家是肃宁县(与饶阳县毗邻)的太监,每次回家省亲都把金丝杂面作为礼品带回皇宫,从而使金丝杂面成为宫面。民国时期,仇家金丝杂面曾荣获孙中山先生颁发的奖状。1929 年,金丝杂面荣获天津国货展览会二等奖。金丝杂面系用绿豆粉、精白面、芝麻面、鲜蛋清、白糖、香油六种原料制成。因为条细如丝,呈金黄色,故名"金丝杂面"。金丝杂面不仅味美适口,营养丰富,而且食用方便。先在锅里配好汤,汤开下面,即可捞出食用,故又称"速食面""方便面"。二百五十多年来,金丝杂面作为饶阳特产一直畅销不衰。如今,金丝杂面已拥有"仇氏金丝""沱阳""滹阳""阳特"等多个品牌。

(7)故城龙凤贡面。故城龙凤贡面分圆条和扁条形两种,圆条细而长,中间有孔,称"龙须面";扁条平而直,薄如纸,称"凤尾面"。此面起源于明朝,为衡水故城镇齐氏始创,迄今已有五百年的生产历史。明朝宣德年间进入御膳房,后被清乾隆帝御封为"上用龙须凤尾贡面"。1900年在天津"九国博览会"上获铜牌奖。1988年在全国食品行评中荣获银质奖,被农牧渔业部评为优质产品。2006年被河北省政府列为第一批省级非物质文化遗产名录。故城贡面选料严格、工艺细致,它白如雪,细如丝,空如竹,韧如藤。入口细腻柔软,清香可口,有筋骨,不发粘,易消化。且一煮即熟,长煮不烂,冷后加热仍保持原样、原味。因条细心空,吸水力强,食时,汤面各半,但将面挑起,却不见碗中有汤;放回碗中,汤水又复析出,是该面最为独特之处。

(8)故城三豆。故城三豆系指故城地方特产红小豆、绿豆、黑豆三种小杂粮。当地生产生态环境极其适合杂粮生产,现有生产基地五万亩,年销售产品5000吨。故城三豆产业化经营合作社的主导产品"甘珠"牌红小豆,连续六届被评为"河北省名优产品",2004年被国家认证为A级绿色食品,2006年荣获"中国名牌农产品"称号。畅销日本、韩国、东南亚等国家和地区,内销北京、上海、石家庄等大城市超市。2007年以来,合作社与中国农科院农产品加工研究所合作开发的"红豆沙全粉"深加工项目已由国家批复立项,与河北省农科院杂粮杂豆研究室合作开发的"红小豆、绿豆新品种繁育示范"项目已列入国家"十一五"科技支撑计划。

3.3.4 优质果品

(1)深州蜜桃。深州蜜桃产于衡水深州市,其主要特点是个头大(每个重约250克左右),果型秀美,色泽淡黄中又衬有鲜红色,皮薄肉细,汁多甜美,香气四溢,令人馋涎欲滴。用刀一划,桃汁溢出,似晶莹之珍珠挂在果面上,咬上一口滴蜜流糖,沁人肺腑。古时就有"北国之桃,深州最佳"之说。明清两代,作为"贡桃"送到北京。深州蜜桃有十几个品种,最好的品种有红蜜和白蜜两种。深州蜜桃是河北省名贵特产,也是中国出口鲜果中的名贵佳品,在国内外享有盛誉。远销日本、欧、美、东南亚、香港、澳门等国家和地区。每年8月中下旬,深州都举办盛大的蜜桃节,届时客商如云,游人如织,盛况空前。

（2）枣强县马莲小枣。马莲小枣是枣强县的特产,已有3000余年的栽培历史。据史料记载:枣强农林业生产发达,果品资源丰富,尤以红枣栽培多。据《史记·游侠列传》记载,枣强有"棘津城"之称,汉朝时期已成为盛产红枣的地方,故因枣木强盛而得名"枣强"。马莲小枣是河北省名优特果树之一。1992年全省红枣鉴评会上被评为第一名;1997年河北省首届农业博览会获优质果品称号,省政府颁发证书;1998—2003年连续荣获河北省名优农业产品称号,并颁发认定证书;2000年荣获全国红枣交易会金奖。

马莲小枣个头介于大枣和小枣中间,呈圆柱型,大小整齐,成熟期一致,平均单果重8.35克。鲜果果肉白绿色,肉质致密酥脆,汁液中等,甜酸适口,含糖量为38.9%。干果深红色,含糖量为68.8%,用手掰开时,可拉出黄色金丝。它含有丰富的VC和人体所必需的矿物质营养元素铁、钙、磷等,有很高的营养价值。同时也有很高的医药价值,对消化系统、心脑血管病、贫血病、癌症等都有良好疗效,是人们保健的极佳食品。马莲小枣除生食外,还可做成许多食品,如枣糕、枣卷、棕子等,另外,还可加工制作枣酒、枣醋、枣酱、枣泥、枣面、蜜枣、乌枣等多种食品。马莲小枣树体稍大,长势偏旺,适应性强、耐旱、耐瘠薄、耐盐碱、抗涝。结果较早,稳产高产。

（3）阜城县漫河西瓜。西瓜是衡水阜城县漫河乡传统种植作物,据记载,清朝乾隆年间就有种植,至今已有几百年历史。漫河的沙质土壤使西瓜种植具备得天独厚的优势,漫河西瓜沙瓤、薄皮、甜度高,口味独特。漫河乡1998年注册了"漫河牌"西瓜商标;2002年漫河乡被省农业厅认定为"河北西瓜之乡"。连续六年被评为河北省名优农产品。漫河西瓜有春秋棚、小拱棚、露地种植三种种植模式，上市时间由 5 月上旬一直到 9 月份。全乡西瓜种植面积三万亩，占全乡土地面积的 60%，产量达到 2.5 亿公斤，农民实现收入 1 亿元。在漫河的辐射带动下，周边乡镇和县市的西瓜种植面积也在不断发展扩大。2005 年，漫河乡建立了三百亩的育苗基地，2006 年又建成了衡德瓜菜批发市场，还牵头成立了漫河瓜菜服务中心、漫河乡西瓜协会和衡德瓜菜批发市场管委会等组织，2007 年建成了十公里的瓜菜环线，并成功举办了第一届漫河西瓜节。

（4）阜城杏梅。杏梅为杏、李的偶然杂交种。据县志记载，在衡水阜城县栽培已有 500 余年的历史。现有栽培面积 2.185 万亩，产量 200 万公斤，阜城县被誉为"中国杏梅之乡"。阜城杏梅果个大，单果重一般 70 克—80 克，最大单果重 139.8 克；果实卵圆形，缝合线浅而明显，一侧稍扁；果皮一般橙黄色，完熟果实有的具红晕；果皮较杏、李厚且有韧性；果皮光滑洁净，有透明感；果肉黄色，细腻多汁，具有杏的芳香味且极浓；含可溶性固形物 16%，酸 1.8%，酸甜可口；每 100 克果肉中含抗癌物 VB170.87mg；80% 的种仁胚胎败育，果仁中含苦杏仁甙 2.9%，是杏的 3 倍，具有一定的药用价值。阜城杏梅因皮有韧性，极耐贮运。室温下可存放 7—15 天，冷藏条件下可存放 30—40 天。杏梅目前主要用于鲜食，可加工成果脯、果酱、果汁、罐头等，其加工品晶莹剔透，颇具开发价值。

3.3.5　衡水老白干酒

（1）老白干酒的酿造历史源远流长。据文字记载可追溯到汉代，知名天下于唐代，正式定名于明代。衡水老白干酒传统的酿造工艺世代流传，以优质高粱为原料，以纯小麦曲为糖化发酵剂，采用传统的老五甑工艺和两排清工艺，地缸发酵，精心酿制而成，造就了芳香秀雅、醇厚丰柔、甘洌爽净、回味悠长的典型风格。1915 年荣获巴拿马万国博览会甲等金质大奖章；1992 年 67°老白干酒荣获香港首届食品博览会金奖,同年 47°精制老白干酒获中国名优酒博览会金奖；2002 年 67°衡水老白干酒荣获国家级典型风格金杯奖。2000 年开发的"十八酒坊"系列酒,更是赢得了消费者的厚爱。2002 年公司股票在上海证券交易所成功上市。2004 年被国家工商总局认定为中国驰名商标,同年以衡水老白干为代表的"老白干香型"被国家标准委员会批准和认定。2005 年被国家旅游总局批准为全国第一批工业旅游示范点。2006 年国家商务部正式认定衡水老白干酒为首批"中华老字号"。

(2) 衡水老白干酒彰显中国酒文化。中国酒文化是农业文明的象征。中国自古以来,农业是立国之本,农业的丰欠直接影响到酿酒业的发展,粮食丰收则酒业兴盛,农业遭灾则酒业衰减。

衡水地处冀中平原,作为滏阳河边的重镇,自古就是中华文明的发祥地,发达的农业、四通八达的交通以及衡水人豪爽好客的性格,给衡水的酿酒业和衡水的酒文化造就了坚实的基础。衡水的酿酒业究竟始于何时,已无从查考,但从东汉和帝刘肇永元十六年(104)"诏禁冀州沽酒"(理由是该地酒好,买卖量甚巨,用粮过多),即可见当时衡水一带酿酒业的盛况。虽然历代朝廷因政治或经济原因多次颁发禁酒令,衡水的酿酒业几经兴衰,但还是顽强地流传下来。到唐代酒业仍盛,衡水酒名声更响。据古典十大名著《镜花缘》描述,武四思大摆"酉水阵","阵中"列了天下 55 种名酒,种种皆为上品,其中就有"冀州衡水酒"。唐代诗人王之涣在衡水任主簿时也甚爱衡酿,并留有佳话。直到宋代,衡水的酿造业依然兴旺不衰,传有"开坛十里香,飞芳千家醉"的美誉。明代衡水酒的质量更高,有了"古桃城,虽不大,烧锅却有十八家"、"隔壁三家醉,开坛十里香"、"闻香下马,知味停车"、"名驰冀北三千里,味压江南第一家"等赞美衡水酒的佳谣。

明朝嘉靖年间,衡水酒定名"老白干"。"老"指其生产悠久,"白"是说酒体无色透明,"干"指的是纯,用火燃烧后不出水分。这三个字准确地概括了衡水酒的特点。清末民初之后,衡水酒更以"闻着清香,入口甜香,饮后余香"这三香著称扬名。

据《衡水县志》记载,明清时期的衡水,民间饮酒已成风俗,"过年时,除夕三十,兴饮守岁酒;年初须备待客酒;清明节,要具酒肴祭先茔;端午日,则食角黍,饮菖蒲酒;中元时,也用酒祭祀;过中秋,馈送月饼瓜果酒肴于亲友;到重阳,又登高会饮……"衡水人文明好客,讲究礼仪,性格豪爽,讲究无酒不成礼,无酒不成席,无酒不成敬,无酒不成交,无酒不成欢,无酒不成诗,来到衡水,不让你喝点衡水老白干总觉得不够意思,喝就喝最高度的67!临走让你带的,还是67。

参考文献资料

［1］360 百科,衡水市,http://baike. so. com/doc/5537208-5755317. html.

［2］大广高速京衡段通车,衡水成第二大交通枢纽,来源:河北日报,长城网,河北新闻,http://news. hebei. com. cn/system/2011/01/04/010230718. shtml.

［3］尹俊岭. 衡水市 2015 年春季水资源现状分析,衡水水文资源信息网2015 - 3 - 6.

［4］醉龙入海. 长城论坛,〈燕赵荟萃·衡水〉源远流长的衡水历史文化,http://bbs. hebei. com. cn/thread-10714-1-1. html.

第二编　衡水政治文化印象

衡水政治文化印象：多民族杂处共生，演绎竞争中融合，包容中共进的历史画卷。地处华夏中心地带，军事战略地位显要，军事文化源远流长。内圣外王传统深厚，润育众多廉官名吏，廉政文化与时俱进。

第4章 民族关系错综复杂

衡水早在远古时期就有人类居住,至今已有五千多年文明史。在不断的军事战争、民族交往、政治制度等因素的影响下,衡水历史上存在过多个少数民族,漫长的历史变迁过程中,这些民族有些汉化成普通汉人,有些再次迁移,甚至消亡。正因为此,衡水市形成了以汉族为主的多民族杂居生活的民族结构。千百年来各民族人民在这方土地上繁衍生息,和睦相处,共同创造了悠久的历史文化。

4.1 多民族杂处共生共荣

4.1.1 华夏族

汉族在先秦以前自称华夏,从汉朝开始才逐渐出现"汉"的自称,因此汉族也称为华夏族。华夏族起源于上古时期。当时存在黄帝、炎帝、蚩尤三个部落。黄帝和炎帝在中原为争夺部落联盟首领而爆发了阪泉之战,炎帝部落战败,并入黄帝部落,炎黄联盟初具雏形。后来又在涿鹿之战中打败了东夷集团的九黎族首领蚩尤,把联盟势力扩大至今日的山东境内。于是以炎帝部落和黄帝部落为主体,与山东境内的部分东夷部落组成了更庞大的华夏部落联盟,华夏族源基本固定。公元前2100—前770年黄河中下游华夏族后裔先后建立了夏朝、商朝、周朝三个奴隶制国家。夏朝由于考据资料不全,历史比较模糊,尚待深入研究。商朝,其实不是今天意义上的国家,它只是一个大的部落联盟。当时天下是由分布在广袤土地上的无数大大小小的部落——所谓"天下万国"组成的共同体,也叫"部落天下"。周朝建立之初,即打破旧有的格局和体制,把从传说中的尧舜禹到夏、商以来一直延续的"部落天下"打碎重铸,建立"家天下",实行分封制。获封之人,除了少数襄助灭商的功臣、部落首领以及古代先王圣贤的后代,主要乃是武王、周公的自家血脉。《左传》昭公二十八年:"兄弟之国十有五人,姬姓之国者四十人。"《荀子·儒效》:"周公兼制天下,立七十一国,姬姓独居五十三人",以一家血脉涵盖天下,变"部落天下"为"家天下",周天子作为诸侯国国君权力的来源,成为"天下共主",这是中华文明史上的一次伟大革命,不仅彻底解决了部落战争问题,而且让国家权力中心得以确认,家国认同得以强化,诸侯国之间的互相认同自然实现,民族共同体逐渐显形。因此可以说从周朝开始真正的华夏族才得以初步形成。

春秋战国时期虽然天下动荡,但是汉族的主体地位并没有动摇,少数民族与华夏族诸国的战争不断。到秦朝统一天下以后,开疆扩土,开始管辖中国的东部和南部。当时,东北的扶余、北部的匈奴、西北的月氏与西部的羌都是拥有较大势力的少数民族。两汉时期,华北北部主要由鲜卑和匈奴统治。西汉时,匈奴是汉朝北方最大的威胁。秦、汉王朝与北方少数民族的关系是影响当时社会发展的重大问题,双方或征战、或和谈,都表现出少数民族在中华民族形成过程中的地位越加重要。正是在不断地与少数民族的试错过程中,汉族特征更加鲜明,真正的汉族族群最终确立。

纵观汉族从初步形成到稳步发展,华北地区是周、秦、汉朝和北方少数民族相邻、往来最密切的地区,也是维护汉族稳定延续的重要地点。周王室建立初已在衡水设置饶、昌、武罗、武城等方国,可见衡水地区当时在周朝地位举足轻重。这就奠基了衡水市以华夏族(汉族)为主体的民族基调。衡水地区春秋时期多归于晋,战国时期处于燕、赵、齐三国的交界之地。燕赵多受少数民族侵扰,不断发生的民族战争也促进了民族融合。赵武灵王进行军事改革,推行"胡服骑射",不仅军事上增强了国力,也减弱了赵国从官员到百姓鄙视胡人的心理,拉近了民族间的距离。

4.1.2　鲜虞族

西周时期,鲜虞已经在河北中南部活动。《国语·郑语》:"当成周者,南有荆蛮、申、吕、应、邓、陈、蔡、隋、唐;北有卫、燕、狄、鲜虞、潞、洛、泉、徐、蒲,是非王之支子母弟甥舅,则皆蛮、夷、戎、狄之人也。"这是目前所见关于鲜虞最早的记载,鲜虞当在此之前即在当地出现。[1]

山西省五台山西南,有一条源于五台山、流入滹沱河的清水河,古称鲜虞水。白狄族在鲜虞水沿岸发展起来,所以叫鲜虞族。约在西周中后期就聚居到现石家庄一带,逐渐占据原邢国之地。他们以新市(今正定县新城铺)为中心,建立了鲜虞国。鲜虞国之南是西周的诸侯国邢国,是周公庶子的封地,地域在今邢台一带,北至今太平河(古斯洨水)。周昭王时期,邢国同鲜虞的战事越来越多,邢侯令其叔父率兵抵御鲜虞。[2]

公元前 770 年西周灭亡,东周初立,王室日微。鲜虞国乘机南下灭掉軝国。公元前 662 年(周惠王十五年)和前 661 年,三国连续伐邢,使邢国危在旦夕。多亏齐国救邢,鲜虞才引军北撤。相传鲜虞国

---

〔1〕鲜虞、中山族姓及渊源问题之再探。
〔2〕善战能守的鲜虞国,《当代人》,2009 年 1 期。

的遗民后代建立了中山国。据《衡水市志》记载,春秋时期冀州、深州、安平属于鲜虞国,春秋中后期冀州、深州属于晋,安平属于中山。

4.1.3　鲜卑族

鲜卑族是继匈奴之后在蒙古高原崛起的古代游牧民族,属阿尔泰语系蒙古语族,兴起于大兴安岭。为魏晋南北朝对中国影响最大的游牧民族,起源于东胡族,分布在中国北方。秦汉之际,东胡被匈奴冒顿单于打败,分为两部,分别退保乌桓山和鲜卑山,均以山名作为族名,形成乌桓族和鲜卑族,受匈奴奴役。所以鲜卑族的风俗习惯同乌桓、匈奴相似。

公元 45 年鲜卑跟随匈奴侵扰边境,鲜卑才作为民族实体被中原王朝所知。匈奴分裂后,鲜卑族逐渐摆脱其控制。85 年和 87 年,鲜卑两次攻打匈奴,反抗压迫。91 年,受到东汉和南匈奴打击的北匈奴被迫迁往中亚,鲜卑族趁机占据蒙古草原。2 世纪中叶,檀石槐率部统一鲜卑各部,檀石槐死后,鲜卑陷入分裂。3 世纪前叶,轲比能重新统一东部和中部鲜卑,但轲比能死后,各部落又开始独立发展。在此期间,鲜卑同中央王朝时和时战。十六国时期,鲜卑各部落趁中原混乱不堪,先后建立国家。385 年,拓跋部建立北魏,并在 439 年统一北方。拓跋宏即位时年纪太小,由祖母冯皇太后执政。公元 490 年(太和十七年),24 岁的拓跋宏开始亲政。由于拓跋宏深受祖母冀州人冯皇太后汉化改革的影响,亲政后继续推行汉化改革。他先整顿吏治,颁布俸禄制,立三长法,实行均田制;然后于 494 年,以“南征”为名从山西大同迁都到河南洛阳,全面改革鲜卑旧俗:规定以汉服代替鲜卑服,以汉语代替鲜卑语,迁洛鲜卑人以洛阳为籍贯,改鲜卑姓为汉姓,自己也改姓“元”。并鼓励鲜卑贵族与汉士族联姻,又参照南朝典章,修改北魏政治制度,并严厉镇压反对改革的守旧贵族,处死太子元恂。汉化改革使鲜卑经济、文化、社会、政治、军事等方面

得到大发展,缓解了民族隔阂,史称"孝文帝中兴"。534 年,北魏分
裂为东魏和西魏。557 年,北周取代西魏。鲜卑族共建立十个国家。
另外在青海、甘肃一带,还有由鲜卑慕容部分化出来的吐谷浑政权,
直到 663 年才被吐蕃吞并。鲜卑族建立政权后,部落大都解体,人民
多转向定居农业生产,随着封建化进程的加深,同各民族的融合加
快。到了隋唐时期,鲜卑作为民族实体和政权实体融入到其他民族
中,逐渐消亡。

4.1.4　契丹族

《衡水市志》记载"周万岁通天元年(696),十月,契丹大举南下。
攻陷冀州",后晋开运元年(944)"三月,冀州刺史与契丹军战于
衡水"。

契丹族为中国古代游牧民族,发源于中国东北地区,采取半农半
牧生活。契丹早期分八部。唐朝初年契丹中形成了统一的大贺氏联
盟。当时契丹酋长辗转臣服于唐朝和突厥之间。唐太宗贞观以后,
唐置松漠都督府,赐姓李。大贺氏联盟瓦解后,契丹人又建立了遥辇
氏部落联盟,依附于后突厥汗国。天宝四年(745),后突厥为回纥所
灭,此后百年间,契丹人一直为回纥所统治。唐末,契丹首领耶律阿
保机统一各部,日渐强大,于后梁开平元年(907)即可汗位,神册元年
(916)称皇帝,国号契丹。大同元年(947)辽太宗改国号为辽,统和二
年(984)又改称大契丹;咸雍二年(1066)复号大辽。人们习惯上把契
丹人建立的王朝统称为辽朝。辽天显十一年(936)河东节度使石敬
瑭以向萧太后自称儿皇帝、割让燕云十六州为条件,请求辽太宗耶律
德光支援攻打后唐。辽太宗遂亲率 5 万骑兵协助石敬瑭攻灭后唐,
石敬瑭得以建国后晋。契丹获得燕云十六州后,将燕云十六州建设
成为进一步南下的基地。辽会同七年(944)石重贵不愿向契丹臣服。
辽太宗趁机率军南下,意图一统中国。辽大同元年(947)正月十日,

契丹军攻克后晋首都开封,后晋亡,契丹国占领大部分的中原地区。二月,辽太宗改国号为大辽,表明了辽太宗直接统治中原的意图。契丹族在北魏时于辽河流域过着游牧、渔猎的生活,同中原各族相互往来。10世纪初耶律阿保机统一契丹,916年建立契丹国。控制了东到大海,北达蒙古大漠,西至阿尔泰山,南至河北、山西一带。1125年为金所灭,契丹人归附于金,后来又投附于蒙古并参加了南征,大多与汉族或蒙古族融合。

4.1.5 女真族

女真族,别称女贞与女直,源自3000多年前的肃慎,汉至晋时期称挹娄,南北朝时期称勿吉,隋至唐时期称黑水靺鞨,辽朝时期称"女真""女直"(避辽兴宗耶律宗真讳)。基本形成民族形态的时期大约是在唐朝时。"女真"一名最早见于唐初,11世纪女真向契丹称臣。辽朝女真有生女真、熟女真之分,生女真分为几十个部落,其中完颜部较大。11世纪初,完颜绥可定居在今黑龙江,其子完颜石鲁作酋长后征服了附近部落,成立了部落联盟,其子继位后又合并了许多部落。1113年,乌古乃之孙完颜阿骨打继位,1115年,完颜阿骨打统一女真各部,并驱逐契丹的统治,建立金朝。国号为"大金"。起先,女真人保持着在现代中国的东北的狩猎的生活方式,兼有渔猎、农耕和畜牧。除此之外,在都市里保持着军队的生活方式。最后被准许和其他种族通婚。而金朝的统治者也受到了儒家文化的影响。1234年,蒙古人摧毁了金朝。元朝政府在松花江下游和黑龙江设斡朵里、胡里改、桃温、脱斡怜、孛苦江五万户府,管辖当地女真人和水达达。女真在明朝初期分为建州女真、海西女真、东海女真三大部。后又按地域分为建州、长白、东海、虎伦四大部分。1615年,建州女真首领努尔哈赤在新宾县二道河子畔的赫图阿拉城称汗建国,国号称为"大金",史称后金。1635年皇太极改为满洲族。1644年,满族建立的清朝入主中原,成为中国历史上第二个少数民族统治的王朝。

女真建立了金,衡水属于其统治区域。进入中原后,抢劫到大批汉族图书,一批汉族文人前来归附,使女真文化发展起来。女真贵族自幼学习汉族语文和各种文化知识,朝廷还采用骈体文写诏谕和奏章。唐、宋诗词,也是金朝宫廷文学的主要形式。女真贵族完颜踌,能诗善画,他在《思归诗》中有"新诗淡似鹅黄酒,归思浓如鸭绿江"这样颇为风趣的诗句。

4.1.6　蒙古族

元朝是蒙古族建立的一个统一国家。衡水在元朝属于中书省,是中央直属管辖的行政区域,也是蒙古族人进入中原最早的区域之一。

关于蒙古族的起源,学术界存在多种说法,当代多数学者认为蒙古族出自东胡。东胡是包括同一族源、操有不同方言、各有名号的大小部落的总称。据《史记》记载:"在匈奴东,故曰东胡。"公元前 5 至前 3 世纪,东胡各部还处于原始氏族社会发展阶段,各部落过着"俗随水草,居无常处"的生活。蒙古最初只是蒙古诸部落中的一个以东胡为族源的部落所使用的名称,后来逐渐吸收和融合了聚居于漠北地区的森林狩猎和草原游牧部落,发展成为这些部落的共同名称。蒙古人属于多图腾崇拜的民族,所崇拜的图腾有狼、鹿、熊、牦牛、鹰、天鹅、树木等等。萨满教是蒙古人古老的原始宗教,萨满教崇拜多种自然神灵和祖先神灵。蒙古族早期的社会经济主要是狩猎与游牧,直到 13 世纪,蒙古族仍然有"围猎"的习俗,在相当长的时期里,畜牧经济是蒙古族主要的社会经济门类。直到 16 世纪,在河流两岸有条件可供耕作的平川上,蒙古族人民才发展了畜牧饲养与农业混合的农耕经济。蒙古族人民早期,由于生产力低下,对自然现象的不理解,受到大自然的支配,又不理解。因此崇拜自然物,对杭爱山、阿尔泰山、伊犁河、额尔齐斯河等山川拜祭,并赋予人一样的生命、意志,加以人格化,超越自然,而成为神。从各种崇拜开始中,并没有形成清楚的概念,随着社会的发展,活动领域扩大,万物有灵观念的形成,从具体的认识产生联想,不仅有感性认识,而且还有理性认识,思维能力的发展,形成早期的蒙古社会思想。

4.1.7 回族

衡水市是以汉族为主的少数民族杂散居地区。到 2008 年末,共有 37 个少数民族成份,5711 人。主要居住在桃城区、深州市、故城县、景县等地,呈大分散小聚居特点。其中,回族人口最多,是主体少数民族。全市有景县西营村、大枫林村和故城县太兴镇村、南镇村、赵鲁屯村 5 个回族聚居村,现有 2 所回民小学即景县西营回民小学和故城县赵鲁屯回民小学。对于衡水市穆斯林的考察可以借鉴河北省回族族源的研究。从回族迁入衡水的时间来看,大约可分成三个时期。

第一个时期是在 13 世纪蒙古人统治中国时期,一部分西亚回回人跟随蒙古军队来到衡水,衡水在元代属于中书省,邻近大都(今北京),自然成为北方一个重要的穆斯林聚居区。第二个时期是在明朝,洪武元年,明朝军队攻克大都,元朝灭亡。为巩固国防,明廷在北部边境驻扎了大批军队,在北方地区实行屯田。有些回回军士因为屯田而在衡水安家。朱棣称帝后,迁都北京,一些官员、士兵随之来到北京,其中不乏穆斯林;为填补华北一带的空旷,朝廷从山西、江南等地方迁民衡水,移民中有大批穆斯林。第三个时期在清朝,清朝前期,军队中有大批回民将领与满军一起入关,这些穆斯林因为屯军或屯垦而定居在衡水。清朝后期,爆发了太平天国运动,云南和西北等地也爆发了大规模的回民起义。清政府对各地回民起义军采取了残酷镇压、野蛮屠杀的政策。有些回民为了逃避战乱或官府的迫害、便流落到衡水各地。当时民族资本主义萌芽崛起,一部分回民商人经商在此,也是落居衡水的原因之一。

　　回族人信仰伊斯兰教。据伊斯兰教经典规定,信教者要坚持"六大信仰"和"五种功课"。六大信仰即:信安拉(真主)是唯一的主,信天使,信经典(《古兰经》),信使者(穆罕默德是安拉的使者),信前定(世间一切事物均由安拉前定),信后世(死后复活和末日审判);五种功课为念、礼、斋、课、朝。即口诵"清真言",面向圣地麦加礼拜,每年按伊斯兰教历 9 月封斋一个月,按财产比例交纳天课,有条件一生要去麦加圣地朝觐一次。回族称信教者为穆斯林。平日宗教生活主要有礼拜、念经、把斋。到目前,共有伊斯兰教徒上千余人,建有清真寺四座。

4.2　民族关系改革中进步

4.2.1　拓跋宏改革

　　北魏孝文帝拓跋宏是鲜卑族人,南北朝时期北魏第六位皇帝,杰出的政治家、改革家。即位时仅 5 岁,公元 490 年亲政,从小受其祖母冯皇太后影响至深,亲政后,大力推行民族融合的改革。公元 495 年(太和十九年)孝文帝从平城迁都洛阳;后又改鲜卑姓氏为汉姓,藉以改变鲜卑风俗、语言、服饰。此外,鼓励鲜卑和汉族通婚;评定士族门第,加强鲜卑贵族和汉人士族的联合统治;参照南朝典章制度,制定官制朝仪。孝文帝的改革,对各族人民的融合和各族的发展,起了积极作用。公元 499 年(太和二十三年),拓跋宏病逝,谥孝文皇帝,庙号高祖。拓跋部在道武帝拓跋珪建立北魏后,逐步由放牧经济转变为农业经济,社会制度也由奴隶制转变为封建制,但仍然保留了大量的奴隶制残余。特别是在北魏统一北方后,广大汉族臣服于北魏,各少数民族与汉族生产方式上的差距日益明显。为了更好地进行统治,改变落后的统治制度,吸纳接受汉人先进的文明,向汉人学习,成为必然选择。自道武帝拓跋珪以来,历来的北魏统治者都非常注重学习汉族文明。特别是孝文帝从小就由汉人冯太后抚养,自幼深受儒家思想的熏陶,更加倾向于汉化改革。另外在民族征服的过程中,北魏统治者对各族人民实行了民族歧视和残酷的民族压迫政策,民族矛盾不断加剧。为了缓和阶级矛盾,巩固统治,孝文帝登基后,在冯太后的辅佐下,进行了改革,史称"孝文帝改革"。

4.2.2 鲜卑族汉化

《魏书》评价孝文帝:"有魏始基代朔,廓平南夏,辟壤经世,咸以威武为业,文教之事,所未遑也。高祖幼承洪绪,早著睿圣之风。时以文明摄事,优游恭己,玄览独得,著自不言,神契所标,固以符于冥化。及躬总大政,一日万机,十许年间,曾不暇给;殊途同归,百虑一致。至夫生民所难行,人伦之高迹,虽尊居黄屋,尽蹈之矣。若乃钦明稽古,协御天人,帝王制作,朝野轨度,斟酌用舍,焕乎其有文章,海内生民咸受耳目之赐。加以雄才大略,爱奇好士,视下如伤,役己利物,亦无得而称之。其经纬天地,岂虚谥也!"

唐代名臣虞世南在《论略》评价孝文帝:"后魏代居朔野,声教之所不及,且其习夫土俗,遵彼要荒,孝文卓尔不群,迁都山解辫发而袭冕旒,祛毡裘而被龙衮,衣冠号令,华夏同风,自非命代之才,岂能至此?比夫武灵胡服,不亦优乎!然经国之道有馀,防闲之礼不足,臣主俱失,斯风遂远。若其威仪技艺,鲁庄公之匹也,亏损盛德,吁可惜哉!"

4.3 民族关系斗争中发展

衡水地区历史上曾多次受少数民族政权的统治,少数民族政权的制度也成为研究衡水地区民族制度的重要参考。曾在衡水地区进行过统治的政权包括：鲜卑族建立的北魏、契丹建立的辽、女真建立的金、蒙古族建立的元朝、满族建立的清朝,汉族和少数民族的关系在这里逐渐向着多民族相互学习并趋向汉化的方向演绎。

4.3.1　民族包容学习的经典"胡服骑射"

战国时赵武灵王即位的时候,赵国正处在国势衰落时期,就连中山那样的邻界小国也经常来侵扰。而在和一些大国的战争中,赵国常吃败仗,大将被擒,城邑被占。赵国眼看着被别国兼并。特别是赵国在地理位置上,东北同东胡相接,北边与匈奴为邻,西北与林胡、楼烦为界。这些部落都是以游牧为生,长于骑马射箭,他们常以骑兵进犯赵国边境。

赵武灵王看到胡人在军事服饰方面有一些特别的长处:穿窄袖短袄,生活起居和狩猎作战都比较方便;作战时用骑兵、弓箭,与中原的兵车、长矛相比,具有更大的灵活机动性。他对手下说:"北方游牧民族的骑兵来如飞鸟,去如绝弦,是当今之快速反应部队,带着这样的部队驰骋疆场哪有不取胜的道理。"胸有使赵国强盛大志的武灵王,对胡人骑兵的优越性,认识真切。他认为以骑射改装军队是强兵的道路,就对将军楼缓说:我国处在强敌包围之中,怎么办?"吾欲胡服"。因此,为了富国强兵,赵武灵王在邯郸城提出"着胡服""习骑射"的主张,决心取胡人之长补中原之短。"胡服骑射"之"胡服"首先是为便"骑射",也便利了人们的生产劳动与其他社会活动,这就强化了服饰的实用功能,同时,因其打破了服饰的民族界限,弱化了身份界限,使君臣、官民服饰的差别大大减小,自然弱化了服饰的身份标示功能。赵武灵王虽并没有强制百姓改穿胡服,只在官吏、军队中强制推行,但上行下效,自古皆然,加上胡服的便利性,赵国百姓纷纷效仿。貉服、胡服之冠、爪牙帽子、带钩等胡人风格的服饰开始在赵国百姓中流行。"胡服骑射"导致了中原华夏民族与北方游牧民族的服饰融合,也缩短了赵人、胡人心理上的胡、汉差异。从而减弱了华夏民族鄙视胡人的心理,增强了胡人对华夏民族的归依心理,缩短了二者之间的心理距离,奠定了中原华夏民族与北方游牧民族服饰融合的基础,进而推进了民族融合,促进了秦汉时期全国各民族大一统局面的形成。

4.3.2 包容差异的"因俗而治"与"藩汉分治"

自辽朝建立之初,国内便存在以游牧渔猎为生的契丹族及其他少数民族以及以农耕为生的汉族两种不同生产方式的民族,同时两大类型民族由于生产方式的不同导致了生活习惯、社会制度、宗教信仰等的差异。因此,为了缓和两种不同生产方式民族之间的矛盾并对两大类型民族进行有效的管理,辽朝统治者在职官制度、政区建置、法律制度、选官制度、礼仪与服制制度等方面都采取了针对契丹等少数民族和汉族等民族不同的管理政策,"以国制治契丹,以汉制待汉人"。辽朝"因俗而治"政策的具体体现。

(1)藩汉分治的职官制度。辽朝皇帝集双重身份于一身,即对汉人和渤海人行使皇权,对契丹等游牧民族则具有可汗的权威。因此,辽朝在职官制度方面也应充分照顾到境内藩汉杂处的局面。辽圣宗以后,辽朝在中央形成了四时"捺钵"制度,即大辽皇帝在渔猎地区所设的行宫,一年四季往返于四个"捺钵"之间,辽朝的一些重要官员也会随着"捺钵"活动,"捺钵"成为了流动的朝廷。

(2)双轨制的政区建置。辽朝在地方实行双轨制的政区建置,即在北部边疆少数民族地区实行部族制政区,在汉人聚居的地区实行州县制政区。在边疆少数民族地区,辽朝依据各部落的大小强弱情况将其分为大小不等的部族,设置小部落首领为节度使,进行部落管辖。双轨制的政区建置由于尊重了不同民族的生活习惯,因而发展良好,形成了"总京五,府六,州、军、城百五十有六,县二百有九",

"部族五十有二,属国六十"。

(3)藩汉并行的法律制度。辽朝针对以汉族和契丹等其他民族生活习惯存在差异的现状,针对各民族的实际生活习惯采取了不同的法律制度进行管理。用契丹固有的法律制度来治理契丹及其他少数民族;用唐律、唐令,后用宋律来治理汉人和渤海人。辽太祖神册六年(921)起,太祖阿保机命僚臣"定治契丹及诸夷之法,汉人则断以律令。仍置钟院以达民冤。至太宗时,治渤海人一依汉法。余无改焉"。自此在契丹、奚等民族内实施新制定的成文法,汉人及渤海人沿用由汉官参考唐律拟订的汉法,以契丹法治契丹及诸夷,以汉法治汉民,两种法律并行。契丹人犯法,由警巡院使审理;汉人犯法,由所在州县官审理。

(4)二元的选官制度。辽朝随着社会经济的发展,其汉化的程度也在加深,这一点也体现在了其选官制度方面。辽朝的选官制度分为两类,北面官通过世选进行选拔,即从具有才能的世家子弟中择优任用官吏的一种制度;南面官则通过科举考试来选拔。在世选制中,不同等级的官员要从不同等级的世家中来选用,所有的官职都要经过世选产生。辽朝起初设科举的办法为"限制以三岁,有乡、府、省三试之设。程文分两科,日诗赋,日经义"。

(5)包容差异的礼仪与服制制度。辽朝在礼仪与服制制度上,充分尊重了各民族的差异,保留了各民族的传统。首先,在祭奠礼仪方面,辽朝保留了契丹族传统了"柴册礼",专门适用于契丹族的祭奠仪式;此外还模仿汉人的礼仪在"五京"地区实行汉族的"大册礼"。其次,在服饰方面,辽朝政府并没有在国内强行推行契丹的服饰和发饰,而是坚持了契丹和汉人的服饰和发饰并存,采用"北班国制,南班汉制,从其便焉"的原则,"皇帝与南班汉官用汉服,太后与北班契丹臣僚用国服"。第三,在仪仗方面,辽朝也有国仗、汉仗和渤海仗之分。国仗,"其制甚简,太宗伐唐、晋以前,所用皆是物也";汉仗,"太宗兼制中国,秦皇汉武之仪文日至,后嗣因之";渤海仗,"天显四年,太宗幸辽阳府,人皇王备乘羽卫以迎"。

这些"藩汉分治"的政策,充分遵循了"因俗而治"的原则,为辽朝社会生产力及文化的发展、各民族文化的相互交流与融合、民族关系的维护及社会的稳定奠定了基础。辽朝"因俗而治"政策的积极因素对于后世乃至今日我国的民族政策的完善仍然具有一定的启示意义。

4.3.3 金朝"南迁北徙"与"猛安谋克制"的失败

女真人建立政权后,反过来又剥削压迫其他民族,比辽朝有过之无不及。金在向南推进的过程中,一路攻城掠地,抢劫财物,直到占领淮河以北广大地区,给广大汉族人民的生命财产,造成巨大的损失。而且,金统治下的民族除汉族外,还有契丹、室韦、达鲁古、兀惹、铁骊、渤海、糟靼等。金初即将来附的各族人民编入猛安谋克,由女真贵族进行统领,并对各族采取南迁北徙的政策,例如把契丹人、渤海等人南迁,将汉人大批北徙,使各族人民饱尝了迁徙和改变生活、生产方式的痛苦。

金朝无休止的战争,也给各族人民带来沉重的负担,特别是海陵王南征表现更为突出。正隆四年(1159)二月,海陵王下令征调各路的猛安谋克"年二十以上,五十以下者,皆籍之,虽亲老丁多亦不许留待"(《金史·海陵纪》)。猛安谋克军虽以女真族为主,但也有不少契丹人和奚人。五年(1160)"弹民力如马牛,费财用如土直"以造战舰。同时,以"一殿之费以亿万计"之资,大肆营造宫室于南京。这些钱财无不由各族人民来负担,各族人民在忍无可忍的情况下,纷纷起来反抗,顿时"天下骚动"。契丹人爆发的撒八、窝斡起义,就是金朝实行民族压迫政策的必然结果。金世宗镇压这次起义后,废契丹猛安谋克制,将其编入女真猛安谋克中,受女真官吏的直接统治,甚至将契丹人迁到"上京之地"(《金史·兵志》),进行分化瓦解。由于金朝的民族压迫政策,契丹人、汉人等的民族斗争,一直没有停止过,沉重地动摇了金的统治。很显然,金朝推行民族压迫的政策,不仅给各族人民造成灾难,也使自己的统治处于风雨飘摇之中。

4.3.4　元朝的民族歧视政策和制度

元朝从建立之初就存在民族压迫和民族歧视问题,并表现在民族政策上。在政策上,全国实行四等人制,即蒙古人、色目人[1]、汉人、南人四等。元朝政府采取各种方法来固定这些民族的等级。在统治机构中:长官和掌权的官吏都是蒙古人或色目人,其次才是汉人,而南人在宋亡后的一个长时期内,几乎很少人在中央做官。在军队组织上:有蒙古军、探马赤军、汉军和新附军的区别。出兵时各军参差调用,而以蒙古军为主力,军权都掌握在蒙古军帅的手中。在刑法上:规定蒙古人、色目人和汉人分属不同的机关审理,蒙古人殴打汉人,汉人不得还手,蒙古人打死汉人只流放北边充军。又规定汉人、南人不得聚众狩猎和迎神赛会,不得执弓矢,甚至连养狗养鹊鸟都不许可。在征敛方面:蒙古人不取,色目人取三分之一,汉人、南人则全取。此外,在《元典章》中记录的很多法令,都是针对汉人、南人制定的,并且指出蒙古人不受这些法令的约束。

元朝统治者对汉人、南人在政治上实行多方面的防范和控制。中央或地方官吏,无一汉人担任。路、府、州、县执掌实际权力的达鲁花赤,唯蒙古人、色目人才能担任,而条件艰苦,气候恶劣,蒙古人不愿去和不敢去赴任地方一职时,才让汉人去充当。元朝统一中国后,

---

[1] 色目人,包括钦察、唐兀、阿速、图八、康里、畏兀儿、回回、乃蛮、乞失迷儿等周边少数民族。

罢废科举,基本堵塞了汉族地主知识分子入仕之途,直到仁宗皇庆二年(1313),科举才开始恢复。但蒙古统治者在考选人才上又制造了种种民族不平等:考试科目中,蒙古、色目人仅考两场,汉人、南人则需考三场;录取名额,四种人的录取名额虽然数目相同,但从人口比例上差距相当悬殊。元朝统治者的军事震慑更是明显。早在元朝建立之前,蒙古统治者于诸要冲之地,设兵镇戍,至于那些在统治者心目中认为特别重要的地方,更是派重兵驻守,为了维持镇戍军的给养,元朝在全国范围内实行屯田,"以资军饷"。尤其在元朝末期,为防止各族人民的反抗,元朝统治者大肆搜刮民间兵器。禁止汉人持有兵器;汉人、南人民户所有的铁尺、铁骨朵、带刀子的铁柱杖,概皆没收。在法律上,其条文亦渗透着民族压迫的内容。

4.3.5 清朝向着民族关系融合方向发展

清朝定鼎中原,最大的障碍是民族矛盾,主要是满汉之间的矛盾。在中国的众多民族之中,汉族人口占了全国人口的绝大多数,分布地区广阔,且经济和文化发达,在国内外有广泛的影响,所以,解决满汉之间的矛盾,就成为当时清朝政府民族事务的重中之重。另外,中原地区是汉族的主要聚居区,也是汉文化的发源地,汉族官僚和知识分子对清朝政治认同的程度是衡量满汉矛盾缓和程度的尺度。清朝统治者有针对性地采取一系列政策和措施调整满汉之间的关系,从总体上将满汉关系调整到相对稳定状态。

(1)利用阶级矛盾缓和民族矛盾。当时清朝政府打出了与流寇争天下、为明帝复仇讨贼、褒扬死难明臣和为崇祯皇帝举哀发丧的旗号。这表面上是一种宣传清朝统治合理性的政治策略,实际上也是一项重要的民族政策。因为这项政策主要是针对为数众多的汉族官僚知识分子和汉族民众的,既要缓解满汉之间的矛盾,又要宣告清军入关出师有名,并为其他政策的陆续出台奠定基础。这项政策的实施在曾经遭受农民军沉重打击的河北、河南、山东、山西等北方省份的汉族地主中取得了较好的效果,清朝统治的合法性逐步得到初步承认,并促使上述省份在短时间内归附。

(2)招揽人才,从优录用。清朝对各衙门官员采取其避贼回籍,隐居山林者亦具以闻,仍以原官录用,剃发归顺者,地方官各升一级的政策。文武官员军民人等,不论原属流贼,或为流贼逼勒投降者,若能归服我朝,仍准录用的政策。这项政策的高明之处是给汉族官僚知识分子以政治和生活出路,大量录用汉族官僚知识分子,一方面可以有效扩大清朝统治的社会基础,另一方面又使这部分人不为政治对手所利用。这项政策的实施收到了很好的效果,河北、山东、山西等地的官僚士绅和知识分子纷纷归附清朝,在官吏任用方面形成满汉共用的局面。

(3)实行田产归原主、劝民垦荒等政策。清朝宣布凡是被农民军剥夺的田产皆归还本主,明确保护官民的私有财产,把大顺农民军不加区别地追赃索饷的政治错误,巧妙地转变为巩固统治的政治资源,发挥了安抚人心的作用。此外,清朝政府还实行了劝民垦荒、招抚流亡、整顿漕运、清理盐法等政策和措施,务期积弊一清,民生永久,有力地促进了社会经济的恢复,扩大了政治权力的基础。

(4)尊孔取士。把儒家学说作为统治思想和社会主导意识形态,在这方面大幅度减少了满汉文化冲突,有利于缓和满汉矛盾。顺治皇帝袭封孔子后裔孔允植为衍圣公,清朝统治者特别是康熙皇帝还推崇程朱理学,既保留和弘扬了汉族的主要文化传统,又减少了满汉之间的对立情绪。此外,还全面恢复科举制度,广泛吸纳汉族知识分子参政。因为这部分人既是社会精英,也是民族精英,在社会上具有非常广泛的影响,他们的政治取向对广大民众具有示范和导向作用,在汉族聚居区形成了满汉共治的局面。

（5）停止圈地。清朝入主中原之初，在京畿及周边地区进行圈地，此举进一步激化了满汉之间的矛盾，也是清初的弊政之一。康熙八年（1669）就下诏停止圈地，到康熙二十四年（1685）彻底革除了弊政，缓和了满汉民族矛盾。

（6）满汉一家与满汉联姻。清朝诸帝皆强调满汉一家，具体动机姑且不论，但是，主要目的无疑是协调满汉关系，缓和满汉矛盾。在清朝入主中原以前，满汉之间就存在广泛的交往，在清朝入主中原以后，满汉之间的交往更加密切，联姻是满汉联系交往的必然结果。

总之，上述政策和措施在不同方面都取得了不同程度的成效，使满汉关系趋于稳定，这对清朝统治的巩固是非常重要的。

4.4　影响民族关系的因素

衡水地域古代民族变迁的主要原因与战争有关，战争决定着该区域存在过哪些少数民族，长期的军事、政治变动，导致该地汉族和少数民族交流频繁，是少数民族汉化的重要地区之一。明朝的两次大规模移民对衡水历史上的民族人口变迁产生另一个重要影响，进一步丰富了衡水民众的族源。

4.4.1　战争与民族融合

衡水地区是各文化融合交汇的地方，古代战争的频发地区。春秋时期，衡水处于燕、晋、鲜虞、齐的交界地，战国时期处于燕、赵、中山的交界地。诸国交界之地往往是战争的频发之地。据《衡水市志》，冀州春秋时期属鲜虞国，后属晋，再后属赵；深州战国初属魏，后并于赵；枣强先属齐，后属晋，战国属赵；安平春秋属鲜虞，战国属中山，后归赵；故城春秋时期先后属晋、齐、燕、赵。根据记载，鲜虞族和鲜卑族建立的中山族的消失都与战争相关。区域是民族融合的前沿，民族融合是不同民族间在政治、经济、文化以至血缘上互相学习、吸收、融合。它有多种形式,在中国古代,民族融合经常是伴随战争而来,或通过武力来实现。中国古代的战争有两种,一种是不同生产方式的战争,一种是统一兼并战争。其中第一种战争具有持续性和频发性,更具有影响力。据记载,秦朝时期,衡水地区曾经多次与山戎、匈奴发生战争;西汉时期,华北地区常有匈奴侵袭;东汉时,北部边地又有乌桓、鲜卑、高句丽等少数民族的侵袭;北宋时期辽金、契丹南下,元朝时期蒙古族进入中原,这些少数民族战争过程均是民族融合的过程。

战争是民族融合的众多手段中的关键性一种,除战争的军事需要导致民族碰撞以外,战争过后往往会由于驻守屯田的需要,或者由于建立政权的需要进行民族迁徙融合。鲜卑族、契丹族、女真族、蒙古族在攻占河北以后建立政权,用行政命令要求少数民族与汉族融合,加速本民族的南迁,令本族人们散居在汉族村落,鼓励他们说汉话、写汉字和汉族通婚。各民族频繁碰撞、交流,不断吸收新鲜血液,有利保证了统一的多民族国家的形成。众多少数民族迁居衡水地域后与汉族共同生产生活,逐渐对汉族先进的生产方式和博大精深的文化产生了内心的认同,加速了北方各少数民族封建化的进程。民族融合的过程并非一个单向过程,而是相互影响相互渗透的双向运动。民族融合的核心是汉族,但是少数民族的人民也为汉族文化带来新的元素,开阔了当地居民的文化视野,丰富了人们的精神生活。衡水的汉族居民在婚姻、家庭、饮食方式上发生明显变化。各族人民在经济生活中互相影响,采长补短,逐步形成独特的农、牧、副、猎并举的经济格局。

4.4.2　移民与人口迁移

衡水是一个有移民文化特色的地区,其特色在于,不仅是人口迁出地,也是人口迁入地。两次历史上举足轻重的移民事件,均与衡水有密切关系。

（1）山西洪洞县移民。衡水以南地区流传着一种说法："要问祖先来何处,山西洪洞大槐树。"其原因与"靖难之役"有直接关系。燕王是明太祖朱元璋的四子,名棣,领重兵镇守北平(即今北京)。朱元璋长子朱标早死,朱元璋死后,根据传长不传嫡的传统,朱标的大儿子朱允炆继皇帝位,年号建文。建文帝听从齐泰、黄子澄等大臣建议,大力削藩,剥夺分封全国各地的叔父们的兵权。燕王以讨齐、黄为名,起兵反抗,号称"靖难"。建文帝派兵平叛。于是在河北和山东一带进行了长达三四年之久的大战。史称"靖难之战",即民间流传的"燕王扫北"。史书记载:"惠帝(即建文帝)承太祖(朱元璋)遗威余烈,因势初张,仁闻昭宣,众心悦服,成祖(即燕王)奋起方隅冒不韪以争天下"。可见当时百姓在思想上倾向建文帝,而不倾向燕王。其实燕王在发动"靖难"战争之前早就看出这一问题了。当僧道衍密劝燕王发动战争时,燕王曾忧虑地说:"民心向彼,奈何!"(《明通鉴卷十一》)。不出燕王所料,当他发动"靖难"战争后,各地官民对他进行了顽强抵抗,燕王的军队连受挫折,引起了燕王的极大愤怒。于是每攻一地,便屠其城,赤其地,惨无人道地屠杀百姓,即所谓"燕王愤甚,燕京以南,所过为墟,屠戮无遗"(《南宫县志·兵事篇》)。

另外战争期间人民大量外逃,也造成河北人口急剧减少。史书上记载"青燐白骨,怵惊心目","长淮以北则鞠为草莽"。当时景状之惨,可想而知。"靖难"之役,以燕王的胜利告终,公元1403年,燕王军攻占南京,建文帝于乱军中失踪。燕王即皇帝位,改年号永乐,是为明成祖。明成祖在历史上是一位雄才大略的皇帝。他大力发展生产,极力恢复河北一带经济。永乐初年,山西民申处山等上言:"请分丁于真定、南宫一带占籍为民"。于是便在山西洪洞县建立一个移民机关,专门办理移民事宜。相传此处有一棵老槐树,故河北老百姓中有"要问祖先来何处,洪洞县里老槐树"的说法。

（2）枣强县移民。枣强县是明初三大移民重要发源地之一,其移民时间要早于洪洞县移民四五年。枣强在元代隶属于冀州,冀州又隶属于真定路。洪武元年,明朝北伐军占领大都后迅速南下,占领真定,并将其作为进攻山西的前沿阵地。大批明军云集到这里,为躲避大战,当地百姓外逃到邻近的山东或河南地区居住。另外为了保证明军的后方补给,明政府曾于洪武年间把真定府划归基本稳定的山东省管辖,几个月后,战事平定才复归其旧。虽然时间短暂,山东省方面出于保护人口的需要,也主动迁移战区百姓到济南等地居住。在几百年间,先后从枣强迁出的人众几乎遍布山东的各市县。章丘、历城的一些碑刻和家谱记载,不少家庭的祖先是从河北枣强来,其时间多数是明朝初期。嘉靖才子李开先在《闲居集》说,"章人由枣强徙居者,十常有九"。

枣强县移民表现出极为丰富的内涵。大量移民的聚集,为建设新的家园不断开疆扩土,辛勤劳作,想方设法克服困难重建家园。同时相比较而言,移民更容易接受新鲜事物,具有人口高度流动性和融合性,从而促进了社会文化的开放、多元。移民精神的开放性、包容性等特征必然孕育着勇于探索、敢为天下先的精神气质,率先形成新的思维方式和生活方式,提出新的思想观念。

参考文献

[1] 陆芸.河北的伊斯兰文化与穆斯林历史[A].中国中外关系史学会、河北师范大学历史文化学院.中国中外关系史学会 2013 年学术研讨会论文集[C].中国中外关系史学会、河北师范大学历史文化学院:2013:13.

[2] 申红星.明清时期豫北地区移民问题探析——以山西洪洞大槐树移民传说为中心[J].求是学刊,2010,02:132—137.

[3] 赵明信.石家庄五万年——善战能守的鲜虞国[J].当代人,2009,01:

70—71.

[4] 余梓东.论清代民族关系格局的形成与发展[J].中央民族大学学报(哲学社会科学版),2007,06：60—67.

[5] 周竞红.中国民族问题提出的历史轨迹[J].中央民族大学学报(哲学社会科学版),2014,01：24—29.

[6] 史金波.历史上华北地区的民族变迁[J].河北学刊,2011,04：75—81.

[7] 孙政.辽金民族关系思想研究[D].兰州大学,2013.

[8] 王宇.清末十年满汉关系研究[D].中央民族大学,2013.

[9] 沙勇.再论女真文化与汉文化的冲突[J].长安大学学报(社会科学版),2012,03：101—106.

[10] 范恩实.论女真族群的形成与演变[J].黑龙江社会科学,2013,03：134—141.

[11] 刘浦江.金朝的民族政策与民族歧视[J].历史研究,1996,03：54—69.

[12] 李玉瑞、李生平.再谈鲜虞人来自何方[J].文物春秋,1996,02：26—31.

[13] 杨玉彬.金朝中期各民族地位问题研究[D].辽宁师范大学,2009.

[14] 刘英.鲜虞中山族属问题研究[D].河北师范大学,2004.

[15] 曾文芳.战国民族思想与民族统一[J].管子学刊,2008,01：78—84,114.

[16] 曾文芳.先秦民族思想与民族政策[D].陕西师范大学,2007.

[17] 周用宜.中国北方民族关系史[M].北京：中国社会科学出版社,1987.

[18] 林幹.中国古代北方民族通论[M],内蒙古：内蒙古人民出版社,2007.

[19] 高路加.中国北方民族史[M],内蒙古：内蒙古文化出版社,1994.

第 5 章　军事战略地位显要

　　作为中国古代以汉民族为核心的民族文化的重要组成部分,军事文化是中国人民在古代军事活动过程中所创造出的物质文明成果和精神文明成果的总和,在人类文明的发展演变过程中,军事文化在其中扮演了十分关键的作用,据统计,中国从西周至清代灭亡,有记载的战争 3790 次,年均 1. 12 次。[1] 庞大的军事活动数量代表了我国古代人民军事实践的丰富程度,因此蕴育繁衍出来的军事文化也源远流长、博大精深。

　　衡水地区作为古代九州之首——冀州所在地核心区域,历经了从远古时期到近代以来丰富的古代军事实践活动,其衍生出的军事文化对于衡水地区古冀州文化的形成、发展产生了不容忽视的作用。衡水地区古代军事活动的考察、古代军事文化的挖掘对于深入研究衡水地区文化特色探索、衡水地区人文气质精神养成、衡水地区文化产业发展有着特殊的意义。

---

　　〔1〕Alastair Iain Johnston. *Culture Realism*:*Stategic Culture and Grand Strategy in Chinese History*. Princeton:Princeton University Press,1998.

5.1　军事文化相关概念

5.1.1　军事文化概念

军事文化是广义的文化定义下重要的组成部分,通过军事文化的发展演变对区域整体文化产生反应和影响,二者为包含与被包含、整体与部分的关系,既相互促进又相生相长。

对军事文化的概念界定,需要对军事和文化两个概念进行理解和分析,首先,应该明确的是军事文化并不属于单一的军事学、历史学或文化学,严格意义上说,在文化组成部分层面上考虑,军事文化应该隶属于军事学、历史学、文化学三者结合之统一学科。不难理解,考量在军事活动的基础上衍生出的文化的作用为军事文化研究之要义,那么军事文化的概念也就自然明晰。

军事文化应该界定为在人类军事历史实践过程中创造的军事物质文明与军事精神文明的总和,其包含范围不能仅仅停留在军事战争、武器、战具等物质层面,应该包含在军事实践中衍生出的精神层面的文化要素。在不同的历史时期,不同国家受社会条件如经济条件、历史传统、地理环境、文化氛围等因素的影响,所形成的军事文化也不尽相同,其一个国家或民族历史传统带来的影响的连续性,通常会在一个相当长的时期内制约着一个国家或民族军事文化的基本倾向,使其保持相对稳定的特征,反过来对人们现实的军事活动产生潜移默化的影响。

5.1.2　军事文化要素

军事文化是在人类军事历史实践过程中创造的军事物质文明与军事精神文明的总和,即军事文化包含物质文化层面与精神文化层面两方面,结合军事历史构架,军事文化的主要构成要素应为历史战争、军事人物、武器装备、军事制度、军事思想、军事精神、军事文学艺术及传说、军事战略兵法等方面。

5.2　衡水的军事战略地位

衡水地区即古冀州核心地带，上起先秦，下至明清，有着悠久的历史，其军事实践活动在历史文化发展进程中也扮演了十分重要的角色，衍生出丰富的军事文化，是古冀州文化的重要组成部分。

5.2.1　古冀州的核心战略地位

历史上的古冀州，泛指黄河中下游以东、以北的大片地域。华夏分九州，冀州列首位。可见冀州在古代中国的影响。为什么将冀州列为九州之首，古代学者论点有四：

（1）古冀州疆域最大。"冀，大也"。三代之冀囊括大河（指黄河）东北。《尔雅·释地》中记载："两河间曰冀。"所谓两河间，指清河（辽河）和西河（黄河）之间的辽阔地带。

（2）古冀州为帝都之地。相传唐尧的都城在平阳（今山西临汾县南）、虞舜的都城在蒲坂（今山西省永济县东南）、夏禹的都城在安邑（今山西解县），都在古冀州境内。因此，《谷梁传·杨士勋疏》称："冀州者，天下之中州也。自唐虞及夏殷皆都焉，则冀州是天子之常居"；《尔雅·释州国》指出：冀州"其地有险易，帝王所都"。冀州因是"王畿所在"，故而称九州之首。

（3）大禹治水首从冀起。《尚书·正义》中解释，"九州之次，以治水先后，以水性下流，当从下而泄故治水皆从下为始。冀州帝都，于九州近北。故首从冀起。"《汉书》中说："冀州，尧所都，故禹治水从冀州始。"

（4）冀州是古中国的中心地带，古中国的别称。宋人罗泌所撰《路史》中称："中国总谓之冀州"；明末顾炎武注《正义》曰："冀州者，天下之中州，唐、虞、夏、殷皆都焉。以郑近王畿，故举冀州以为说"；顾炎武《日知录·集释卷二》中称："古之天子常居冀州，后人因之，遂以冀州为中国之号"。

从古代学者的研究成果看,因古冀州疆域广阔、是古帝王都城所在地,是中华民族的最初发祥地,具有政治、地理优势,故被称为九州之首。

5.2.2　古冀州的军事争夺经历

冀州东临渤海,西有太行屏障,山高谷深,沟壑纵横,实天造巨防;东南临黄河故道,地势平坦,沃野千里,是屯兵储资理想之场地。因而,冀州历来为控南制北的军事要区、立国兴邦必争之战场。

公元前 26 世纪,黄帝与炎帝"阪泉之战",黄帝夺取了对古冀州的绝对控制权,奠定了被尊为中华民族始祖的地位。在中原地区崛起的殷商,因为拥有冀州之地,得以南下兼并各部族而定国。西周则以商冀州侯苏护归周,使战局发生重大转折,从而底定大局。此后,晋文公踞冀州,称霸于春秋。赵武灵王得冀州,并雄于战国。汉光武帝主冀州,奠中兴之本。

曹操破冀州,自领冀州牧,统一北方,开创魏之大业。

后唐河东节度使石敬瑭割让"燕云十六州",北方门户洞开,契丹、女真、蒙古等族相继南下,得以进取中原。

历代帝王都把冀州作为龙兴之地,千方百计将其纳入版图。

5.2.3　古冀州的政治战略地位

(1)拥有冀州之地是得到天下的基本标志。北方冀州之地向来被奉为正朔,拥有冀州是政权取得合法性的重要标志。没有冀州这块中州之地,帝王们自己都会怀疑自己政权的合法性。而在冀州之外建立的政权,只能算是地方割据政权。而统一的王朝一旦失去冀州,就会沦为偏安一隅的小朝廷。公元 907 年,大唐王朝被朱温灭掉后,中国进入五代十国军阀割据的时期。尽管在北地相继而起的梁、唐、晋、汉、周都没有实现国土统一,却因为据有冀州、中原之地,而被称为五代。而其他在冀州、中原地区以外建立的十个国家,尽管国土面积很大、存续时间很长,也只能称作十国,无法进入正史中的朝代更替序列。于 960 年建国、定都开封的赵宋王国,则因为衍有冀州、中原之地,而被称为大宋朝。而经过靖康之乱,失去对黄河中下游土地统治权、被金军赶到淮河以南的南宋,就只能被称为偏安王朝了。

(2) 拥有冀州之地是王朝兴旺发达、实现国家统一的重要资本。东汉光武帝刘秀得以创立东汉、延续汉室,就因为起于冀州。史载:"冀州为九州之首,光武皇帝赖之得天下。"刘秀本是西汉的远支皇族,开始时只是绿林起义军中的小首领。公元 24 年,因奉更始帝刘玄之命巡历河北,与信都(今冀州市)太守任光会合,在镇压铜马起义军后,势力迅速壮大,遂将冀州作为起兵根据地。因为平定冀州,刘秀得以与刘玄分庭抗礼,于建武元年(25)在信都称帝。后因冀州人才众多、兵精粮足,很快削平各地割据势力,统一全国。

群雄争霸的三国时期,冀州更是多股军事势力角逐的中心。史称,东汉末年韩馥为冀州牧时,冀州带甲百万,谷支十年。可以说,谁得了冀州,谁就拥有强大的军事实力,谁就有了问鼎皇位的根基。先是公孙瓒从韩馥手里夺了冀州,为一时之勇。后袁绍用田丰谋略,消灭公孙瓒,再夺冀州,从而虎踞四州,成为北方最强大的军阀。谋士田丰曾对袁绍说:"冀州常山、魏郡、巨鹿诸郡肥田尚多,燕赵之地多壮士,慷慨豪迈,有足够的军粮军资,又有燕赵壮士为部曲,主公还怕不成大事吗?"从事沮授也曾说绍曰:"振一郡之卒,撮冀州之众,威震河朔,名重天下。虽黄巾猾乱,黑山跋扈,举军东向,则青州可定;还讨黑山,则张燕可灭;回众北首,则公孙必丧;震胁戎狄,则匈奴必从。横大河之北,合四州之地,收英雄之才,拥百万之众,迎大驾於西京,复宗庙於洛邑,号令天下,以讨未复,以此争锋,谁能敌之? 比及数年,此功不难。"可见,冀州在当时国内的重要地位。

一代枭雄、雄心勃勃的曹操当然不会放过冀州。建安年间,曹操尽管领有兖州,掌握了汉献帝,"挟天子而令诸侯",但军事实力并不强大。其真正强大之时,还是因为从袁绍手中夺取冀州之后。建安五年,经过官渡之战,曹操巧用计谋,击溃了数倍于己的强敌袁绍。建安九年攻破袁氏老巢邺城,袁绍的儿子袁尚溃逃,曹操遂让还兖州,自领冀州牧。其后,曹操采纳郭嘉的建议,长期居留邺城,多辟四州名士充实冀州府,广为屯田、开垦荒地,冀州成为曹操实施封藩建国的重要根据地。建安十八年正月,曹操以献帝名义"并十四州,复为九州",通过恢复古时的大冀州,"割司州之河东、河内、冯翊、扶风及幽、并二州皆入冀州。"(见《资治通鉴》卷66),进一步扩大了自己直接控制区域。同年五月,汉献帝以冀州十郡策封曹操为魏公,加九锡殊礼,后晋魏王,使得曹操完成了以魏代汉的全部准备工作。建安二十五年(220),曹操去世,曹丕代汉称帝,国号魏,中国历史进入了魏、蜀、吴三国并立时期。同为汉室宗亲的刘备,却没有光武帝刘秀那样幸运,因为未能据有冀州,只能割据益州,做了偏安西南一隅的蜀汉皇帝。其后,诸葛亮明知不可为而为之,先后七出岐山、北伐中原,莫不与试图夺取冀州、恢复中原有关。

此后,历朝历代都把加强对冀州黄河中下流地区的统治,作为巩固王朝政权的基本国策。元明清三代,冀州作为陪辅京都的"畿内巨州",一直为路(元)、府(明)、布政司(清)直辖,故称为"直隶冀州"。元朝在北京设立大都,明朝从南京迁都到北京,清朝设直隶总督,由信臣重吏担任,为疆臣之首,都是为了加强对黄河中下游地区的统治。

5.3　衡水的古代军事文化

5.3.1　衡水古代军事历史战争

(1)窦建德、刘黑闼反隋、反唐农民起义。隋朝末年,隋炀帝上台后,荒淫残暴,倒行逆施,农民赋税杂役负担沉重,广大农村"耕稼失时,田畴多荒",无数贫苦农民流离失所,家破人亡。窦建德聚集贫困农民和拒绝东征的士兵几百人,占据漳南县东境方圆数百里的高鸡泊(今河北衡水故城西南),举兵抗隋。

当时,清河鄃县(今山东夏津)人张金称纠集百余人,渤海蓓县(今河北衡水景县)人高士达率千余人称高士达义军。大业十二年(616)十二月,隋涿郡通守郭绚率兵万余人攻打高士达。高士达以窦建德为军司马,让其指挥作战。窦建德掌管兵权后,提议由高士达留下看守辎重,自率精兵七千人前去抵抗郭绚。大破郭绚军,杀略数千人,获马千余匹,并将逃跑的郭绚斩首。自此,窦建德所率义军兵威大振。

郭绚兵败后,隋炀帝又派太仆卿杨义臣率兵万余前来围剿起义军。窦建德寡不敌众,不能再战,只得率百余人突围而去。窦建德撤至饶阳(今属河北衡水),见饶阳守军没有防备,遂攻占饶阳。窦建德遂得以回到平原,在此收编余部,抚循士众,多数人表示愿意跟随窦建德,因此窦建德又得 3000 余兵,实力有所增强,军威得以重振,窦建德开始自称将军,部队很快发展到 10 余万人。

大业十三年(617)正月,窦建德在河间郡乐寿(今河北献县)筑坛,自立为长乐王,年号丁丑,开始设置百官,分治郡县。同年,窦建德与隋军在河间有一次正面交锋。是年七月,隋炀帝为解瓦岗军急攻东都之围,命左御卫大将军涿郡留守薛世雄领 3 万幽、蓟精兵南下,会同王世充等驰援洛阳,世充等诸将皆受世雄节度。薛世雄部队进占七里井准备进攻刚刚在乐寿称王的窦建德。当时,窦建德军在乐寿周围各县分散收麦。窦建德本人在武强(今河北衡水武强西南)征粮,闻世雄前来,遂撤出诸城,扬言还回豆子航,以麻痹敌人。薛世雄以为义军怕自己,放松了警惕和戒备;窦建德距薛世雄营寨 140

里,建德率敢死队 280 人先行,命令后续部队跟进于后,星夜奔袭世雄。建德乘夜进抵薛营前,正巧大雾迷漫,咫尺莫辨,突然发起冲击,世雄士卒大乱,纷纷离帐逃命,自相践踏,不可收拾。世雄率亲兵数十骑逃归涿郡,惭恚发病,未几而卒。窦建德乘胜进攻河间城,围困城池一年多,隋河间郡丞王琮闻炀帝被杀,派使者请降。

七月,窦建德定都乐寿,并将所居之处命名为金城宫,备置百官,准备称王。618 年,窦建德见时机成熟,便听从了孔德绍之言.建国号为夏,改元五凤,自称夏王。窦建德建立政权后,便开始对河北其他义军进行兼并战争,他将首战定在了魏刀儿部。当时上谷(郡治今河北易县)人王须拔、魏刀儿聚众起义。为发展义军势力,窦建德亲自领兵攻取冀州城。窦建德攻克冀州后,声威更盛,十二月,窦建德率 10 万人进攻幽州(治蓟县,今北京城西南)。双方对峙百余日,窦建德终未得手,遂撤回乐寿。攻打幽州的失败,是窦建德率领的农民义军在河北发展中第一次受阻。

宇文化及杀死隋炀帝后,便由江都北上,于魏县(今河北大名西南)称帝,武德二年(619)闰二月,窦建德便以为隋炀帝复仇为借口,率 10 万大军以夏津为转输地进攻宇文化及,连战皆捷,宇文化及被迫退守聊城(今山东聊城东北)。窦建德用撞车、抛石,四面急攻,此前诈降宇文化及的农民军首领王薄开城引建德军入城,俘宇文化及,悉虏其众。但在十月初六,窦建德在衡水(今河北衡水西)再次败于幽州总管罗艺。窦建德在洺州筑万春宫,并迁都于此。

武德四年(621)五月,建德被唐军所败,七月十一日(即公元 621 年 8 月 2 日),窦建德于长安遇害,时年 49 岁。十九日,余部推窦建德部下刘黑闼接过义军大旗,继续着反唐的事业,武德六年(623)失败。

(2)北宋辽宋战争(武强)。宋辽战争,一般是指自 979 年宋朝北伐以来,终于 1004 年宋辽订立澶渊之盟的一系列宋辽间以燕云地区领地争端为主的长期战争。历经了宋对辽战略进攻、宋军北伐失败、辽军反攻及宋军战略防御三个阶段。战争时间跨度长,战线复杂,战争规模大小不一。最终宋辽双方约为兄弟之国,结束了 25 年宋辽战争。百年后金朝建立,宋徽宗与金太祖订立海上之盟,于 1122 年派童贯、种师道、刘延庆率军联合金朝攻打辽国南京,未能成功。963 年至 1005 年间,武强一直处在宋辽征战的前线,至今在武强县的一些地名里面依然可以寻觅到有关宋辽战争的逸闻轶事,比如杨武寨、溃水堤等,这些地名就与宋代名将杨六郎抗辽、在武强境内驻扎军队有关。当时武强曾两次被辽国占领,其中"太平兴国八年(983)契丹南侵武强,杀都监孙某,俘其妻李芳仪而去。芳仪系江南国王李璟之女,太宁公主也"。根据南宋陆游的《避暑漫钞》的记载,太宁公主在南唐亡国后,并没有进入宋太宗的后宫,而是"被"嫁给一名姓孙的供奉官,后来这位过期"驸马"作了深州武强县(今河北衡水武强)的都监,太平兴国八年(983),辽圣宗的军队经过武强,听说这里有容色姝丽的昔日的南唐公主,就纵兵破了武强城,杀了孙某,把她抢到辽国,拜为"芳仪"。

(3) 朱元璋北上灭元战争。元至正二十七年(1367)十月至明洪武二年(1369)十二月,明军与元军在中原和西北广大区域内进行的战略决战。明太祖朱元璋于元至正十二年(1352)起兵,自十六年(1356)攻克集庆(今南京),尔后即吴王位,建百官,初步建立江南政权以后,先后消灭了占领湖广、江西等地的陈友谅、占据江浙一带的张士诚和浙东的方国珍,为北上灭元创造了有利条件。元至正二十七年(1367)十月二十一日,命丞相徐达为征虏大将军,平章常遇春为副将军,率军 25 万人由淮河入河南,北伐中原。从至正二十七年十月明军主力由江淮北上,至洪武元年二月,仅用四个多月的时间就攻下山东。山东的攻克,使元廷失去了左臂,在战略上为北伐造成了更为有利的军事态势。明军所向披靡,在很短的时间里相继攻克汴梁、洛阳以及嵩(今河南嵩县)、陕(今河南陕县)、陈(今河南淮阳)、汝(今河南临汝)诸州,并不战而据有潼关。闰七月初一日,明军主力自中滦(今河南封丘西南)渡黄河,沿御河(今卫河),经临清、长芦(今河北衡水景县)、通州(今北京通县),向北挺进。一路势如破竹,锐不可当,直逼大都城下。元顺帝见大势已去,遂于二十八日夜三鼓携太子、后妃出建德门,由居庸关逃往上都开平(今内蒙古多伦西北)。八月二日,徐达率军进占大都,从根本上结束了元朝的统治。

(4)王庭凑兵围深州。821年,唐朝以原魏博节度使田弘正为成德军节度使,王庭凑趁机煽风点火,使得成德军叛乱,杀田弘正与属员三百余人,王庭凑自称留后,逼监军宦官宋惟澄上表朝廷,请求封自己为成德军节度使,同时派兵袭杀冀州刺史王进岌。魏博节度使李愬正好生病,未能出兵讨伐,原成德军大将王俭等五人谋杀王庭凑,事泄,与所部士兵三千人全被处死。唐朝于是任命深州刺史牛元翼为深冀节度使,以殿中侍御史温造为起居舍人,充镇州四面诸军宣慰使,以裴度为幽、镇两道招抚使,出军讨伐。王庭凑得讯,出兵围深州、贝州,新任魏博节度使田布率军三万攻击成德叛军,但手下牙将史宪诚叛乱,杀田布,自称魏博留后,反与王庭凑结盟,822年,王庭凑包围深州,牛元翼困急,朝廷只得任命王庭凑为成德军节度使,调牛元翼为山南东道节度使,牛元翼单骑出奔,手下将吏和家属全部为王庭凑所杀。此后,王庭凑割据成德,不听朝命,屡次与叛乱藩镇勾结,成为唐朝的心腹大患,

(5)史建瑭计破后梁兵(深州)。公元912年,晋攻燕,燕王刘守光向梁求援,梁太祖率兵攻赵,包围枣强县。那时晋的精兵都在攻燕,只有符存审与建瑭率三千骑屯赵州。梁军已攻占枣强,存审控制

下博桥。建瑭分其部下五百骑为五队：一队向衡水桥，一队向南宫，一队向信都，一队向阜城，自率一队，约定各俘虏梁放牧者十人到下博会合。到黄昏，俘梁兵数十人，都杀掉，各队留一人放回去，告诉说："晋王大军快到了。"第二天，史建瑭率百骑拿着梁的旗帜，假装梁放牧者，黄昏进攻梁营，杀守门卒，纵火大喊，斩杀数百人。梁的放牧者遇到晋兵多数被杀，逃归者都说晋王大军快到了，梁太祖连夜拔营而去，丢弃辎重铠甲不计其数。梁太祖病因此而加剧。晋军因此能拼全力攻下燕。

5.3.2 衡水古代重要军事人物

（1）农民领袖窦建德。窦建德（573 年—621 年 8 月 2 日），汉族，隋朝贝州漳南（今河北衡水故城县）人。世代务农，曾任里长，尚豪侠，为乡里敬重。时炀帝募兵伐辽东，窦建德在军中任二百人长。目睹兵民困苦，义愤不平，遂抗拒东征，并助同县人孙安祖率数百人入漳南东境高鸡泊，举兵抗隋。及后窦建德家人被隋军杀害，窦建德乃率部众二百人投清河人高士达的起事军队。后称雄河北，建立夏国，621 年五月为救王世充，在虎牢关一役被李世民击败并被俘，同年七月十一日（即公元 621 年 8 月 2 日），被唐高祖处死于长安。以窦建德为首的河北义军、在山东河北广大地区坚持反隋和反唐斗争长达 12 年之久，是推翻隋炀帝暴政斗争中的一支重要力量，作出了光辉的贡献。窦建德虽因缺乏政治远见等原因犯了一些严重错误，但他仍不失为一位杰出的农民领袖。

（2）农民领袖刘黑闼。刘黑闼（？—623），贝州漳南县（今河北衡水故城东北）人，隋末唐初割据势力。少时与窦建德为知己好友。隋末从郝孝德参加瓦岗军，李密败后，为王世充俘虏。后逃回河北，依附窦建德，封汉东郡公，以骁勇多谋著称。窦建德死后，刘黑闼召集窦建德旧部起兵，后自称汉东王，建元天造，都于洺州。与唐朝多次交战,先败于秦王李世民之讨,后死于太子李建成之征。

(3) 燕天王冯跋。冯跋(?—430),字文起,长乐信都(今河北衡水冀县)人。父冯安,慕容永时仕西燕为将军。西燕亡,冯跋东徙龙城,为后燕禁卫军将领。慕容熙荒淫无道,407年四月,冯跋等杀慕容熙,拥立后燕主慕容宝养子慕容云(即高云)为主。云称天王,以跋为使持节,都督中外诸军事、录尚书事,掌军国大权。409年10月,云被其宠臣离班等所杀,冯跋又杀离班等,自称燕天王,仍以燕为国号,都龙城,史称北燕。430年9月,跋病死,其弟冯弘杀跋诸子自立。

(4) 东魏大将高敖曹。高敖曹(490—538),即高昂,字敖曹,以字行,渤海蓚县(今河北衡水景县东)人,南北朝时期东魏大将,东汉太傅高衷之后。其叔父高允,字伯恭;高佑,字子集。亲父高翼,字次同。一族均为北魏名臣。梁武帝大通二年(北魏建义元年,西元528年),挈胡尔朱荣入洛,制造了血腥的河阴之难,北魏政局大乱。大通三年,高敖曹与父兄起事于冀州信都郡,欲行大事,举其父高翼为王,其后高欢(北齐奠基人,鲜卑化的汉人),被高乾迎接入信都。大通四年,高欢出讨尔朱兆,高敖曹带家乡部曲王桃汤等三千人参战,是役初战不利,高欢前军退却,敖曹率部下千余骑兵横击尔朱军,尔朱兆大败,旋即自杀,尔朱氏就此衰亡退出历史舞台。史论如无高敖曹,此战高欢必败无疑。

(5) 唐初邢国公苏定方。苏烈,字定方,以字行世,后人通称为苏定方。生于公元592年,汉族,冀州武邑(今属河北衡水)人,后迁居始平(今陕西兴平以南)。历任唐朝左武侯中郎将、左卫中郎将、左骁卫大将军、左卫大将军之职,封邢国公,加食邢州、巨鹿三百户。他从一员普通战将,靠战功累迁为禁军高级将领,并以其先后灭三国、擒三主的非凡战绩和正直的为人而深受唐太宗和唐高宗的赏识与信任,屡委以重任,是唐初的一员得力干将。

5.3.3　衡水古代军事思想

衡水古代军事思想是在衡水古今历史中千百次军事实践战争的经验总结，是古代军事文化的直接反映，也是古代军事文化的重要组成部分。时至今日的许多军事思想，都从古代军事思想中批判地继承和汲取了一定程度的内容。

（1）天命观军事斗争观念。公元前 21 世纪夏王朝的建立是中国正式确立了奴隶制制度，战争作为统治阶级维护其统治的重要手段和工具，成为了阶级斗争的一种形式，奴隶主阶级为了改变彼此之间的地位和差异，便经常发生战争来维护本阶级的利益。但在奴隶社会的经济条件和认识水平下，人们对于军事战争的认识还处于低级阶段，基本停留在以天命观指导的军事思想。奴隶主对外族发动掠夺战争，或用武力镇压本族奴隶的反抗，都是以征讨"违天命者""吊民伐罪""敬天保民"相号召，并用占卜手段，假借神的旨意和严刑厚赏驱使士卒作战。而这一时期的军事斗争和战争实践，已经产生了审势而动，量力而行，众可以胜寡，强可以胜弱，反映了朴素的唯物主义观念。但总之，在当时以"天时"为核心的战争观占据了军事思想的绝大部分，"天命"说反映了当时人们的认识水平，成为当时战争观上的一个比较有特征性的核心内容。

（2）兵儒合流的"仁政"特色。董仲舒，广川郡（今河北省衡水市景县广川镇大董古庄）人，汉代思想家、哲学家、政治家、教育家。其提出的新儒学思想对我国军事思想也影响甚重，在儒家与我国其他军事思想互补兼容过程中，兵儒合流是中国古代军事文化的一大特色，这种兵儒合流文化形成了中国古代军事思想的内涵。

以儒家文化为正宗的中华传统文化，有"以人为本""以和为贵"两个基本精神。孟子认为"民为贵，社稷次之，君为轻。"这一民本思想导致他提出了"行仁政"的政治主张。当暴君残害民众，不行仁政时,孟子坚决主张以"仁义之师"进行"诛一夫"的战争。[1] 因此,在战争作为政治手段和儒家的伦理境界进行结合的过程之中,凸显出了一定的"仁"政思想。战争不仅是"行仁政"的手段,同时也是实践最高伦理境界"仁"的手段。孙武在《孙子兵法》中提出"令民与上同意者胜",吴子在《吴子兵法》中也强调:"昔之图国家者,必先教百姓而亲万民。"可见兵家也同样强调"民为本、民为贵"的治国、治军的思想。[2] 由此可见,在中国古代军事思想发展演变过程中,占据文化统治地位的儒家思想与兵家思想相互融合,由儒学统领兵学、由兵学服务于儒家仁义道德。在一定程度上,儒学理论代表了中国古代所推崇的治国安邦之道,而兵家则代表了最为强大的军事斗争之道。

兵儒合流使得中国古代推崇仁义礼乐,反对穷兵黩武是军事思想逐渐形成。在中华民族文化的发展过程中独树一帜的思想精神和价值取向带来了追逐安定、热爱和平的军事思想。

(3)先进的军事阵法革新思想。在丰富的军事实践(包含大规模农民起义战争、民族起义战争和统治者的平叛战争)中,由于经济水平、社会环境、制作工艺等多重因素的变革,建军、作战、指挥等军事思想都孕育、萌发出了新的变化,大约从明朝至清朝后期,由于我国封建社会形势的变化,这一时期,一方面出现十分保守的只求守城保寨单纯防守作战的思想;另一方面,从实践中总结出的带有强烈革新内容的军事思想,也在不少兵书中出现。明代杰出抗倭将领戚继光的《纪效新书》和《练兵实纪》就是这种革新思想的代表作。他根据沿海复杂的地形条件和倭寇火器装备的特点,对阵法作了重大改革。

---

〔1〕倪乐雄.中国古代军事文化观念对世界和平的意义[J].军事历史研究(社会科学版),2001,2:151—164.

〔2〕郗孟祥.中国古代军事文化构成要素及特征探析[J].南京理工大学学报(社会科学版),2004,2(1):40—43.

他制定了以 12 人为单位的"鸳鸯阵",把它作为战斗队形的基础。何良臣的《阵纪》一书,对于军队组训和战法的论述,也具有革新的内容。孙承宗主编的《车营扣答合编》,反映了在大量火器装备部队后,编制和战法的改革。茅元仪编纂的《武备志》,则试图从军事理论、建军作战、兵器制造使用、天象地理、江河海防诸方面,提出实行军事改革的依据,以求振兴明王朝的武备。

参考文献

[1] 徐长安、刘宝村、陶军、尚伟. 军事文化学[M],北京:解放军出版社,2009.

[2] 衣俊卿、胡长栓. 马克思主义文化理论研究[M],北京:北京师范大学出版社,2012.

[3] 军事科学院战争理论与战略研究部. 中国古代经典战争战例(第一、二、三卷)[M].北京:解放军出版社,2012.

[4] 张京华.燕赵文化[M].沈阳:辽宁出版社,1998.

[5] 袁庭栋.解密中国古代战争[M].济南:山东画报出版社,2008.

[6] 冯石岗、贺智佳.冀文化与燕赵文化比较研究——论冀文化提出之必要性[J].湖北函授大学学报,2014,27(13):152—153.

[7] 贾建梅、杨国玉、王紫璇.冀域演变及京津冀文化圈考略[J].河北工业大学学报(社会科学版),2013,6(2):17—21.

[8] 董旭.十六国北朝时期河北境内的民族融合[J].河北师范大学学报,1991(2):79—83.

[9] 郗孟祥.中国古代军事文化构成要素及特征探析[J].南京理工大学学报(社会科学版),2004,2(1):40—43.

[10] 倪乐雄.中国古代军事文化观念对世界和平的意义[J].军事历史研究(社会科学版),2001,2:151—164.

[11] 张川平.战争激发成的河北人文精神[J].河北学刊,2006,3:192—199.

[12] 李燕茹、胡兆量.中国历史战场地域分布及其对区域发展的影响[J].人文地理,2001,12(6):61—68.

[13] 王强.西方汉学视域下的中国古代军事文化[J].军事历史研究,2013(3):34—40.

[14] 赵明、卢星.秦汉兵文化略论[J].江西社会科学,1998(4):69—75.

[15] 林永匡、王熹.中国军事文化史的研究[J].驻马店师专学报,1991,6(1):35—37.

[16] 戴长江、孙继民、李社军.论河北历史文化的阶段和地位[J].河北学刊,2011,01:216—222.

[17] 陈旭霞.燕赵文化脉理探析[J].社会科学战线,2014,5:199—198.

[18] Alastair Iain Johnston. *Culture Realism*:*Stategic Culture and Grand Strategy in Chinese History* [M]. Princeton:Princeton University Press,1998.

[19] 尚进,缘何冀州称九州之首,(点灯夜晚的博客)[燕赵风物 04] diandengdeyewan. blog. tianya. cn,2008 - 3 - 27.

第 6 章　廉政文化源远流长

儒家文化作为封建社会的核心价值观,在处理人与人、人与社会关系方面有重大优势,其中修身、齐家、治国、平天下的教育,入仕当官为民作主,从而光宗耀祖的意识根深蒂固。所以,优秀的廉政文化源远流长。

6.1　廉政故事俯拾皆是

6.1.1　大禹治水三过家门不入

传说,远古时期,天地茫茫,宇宙洪荒,人民饱受海浸水淹之苦。尧帝开始起用禹的父亲鲧治理洪水。鲧治水逢洪筑坝,遇水建堤,采用"堙"(堵)的办法,九年而水不息。尧的助手舜巡视时见鲧治水无功,将他诛杀在羽山。

舜继帝位后,洪水仍然是天下大患,便命已成为夏部族首领的禹继续治理洪水。禹欣然领命,但没有贸然行事,而是首先认真总结前辈治水的教训,寻找治水失败的原因。然后,率领伯益、后稷等一批忠实助手,跋山涉水,顶风冒雨到洪灾严重地区进行勘察,了解各地山川地貌,摸清洪水流向和走势,制定统一的治水规划,在此基础上才展开大规模的治水工作。他鉴于前辈治水无功主要是没有根据水流规律因势利导,而只采用"堕高堰库"(《国语·周语下》)筑堤截堵的办法,一旦洪水冲垮堤坝便前功尽弃的教训,大胆改用疏导和堰塞相结合的新办法。按《国语·周语》所说,就是顺天地自然,高的培土,低的疏浚,成沟河,除壅塞,开山凿渠,疏通水道。历时十三年之久,终于把洪渊填平,河道疏通,使水由地中行,经湖泊河流汇入海洋,有效制服了洪水。

大禹治水成功,除采取了正确的方法,另一重要原因是他一心为公,吃苦耐劳,身先士卒,不畏艰险,有锲而不舍的精神。《韩非子·五蠹》记述大禹"手执耒锤,以民为先"。就是说他手拿治水工具,亲自参加劳动,给参加治水的人做出了好样子。传说大禹为了完成治水重任,娶妻涂山女四天便离开家,在外十三年,没有回过一次家。大禹治水"三过家门而不入"已成为千古流传的佳话。由于他常年奔波在外,人消瘦了,皮肤晒黑了,手上长满了老茧,脚底布满了血泡,腿上的毛磨光了,连束发的簪子和帽子掉了也顾不上收拾。老百姓见了无不心痛流泪。至今嵩山一带还流传着许多大禹治水的动人故事。传说,大禹治水时,要在介于太室山和少室山之间的轩辕山开出一条疏洪泄流的通道。他顾不得回家,便与妻子涂山氏约定,以击鼓为号,把饭送到山上。为了加快挖山的速度,他化为一头神力无比的大黑熊,连推带扒,很快就把山挖掉了大半。正干得起劲时,一块劈山崩裂的石头误触皮鼓,禹妻闻听鼓声,连忙烧火做饭。当她拖着已怀孕的笨重身子送饭到山上时,东张西望不见丈夫踪影,却见一头威猛的大黑熊在跳跃奔忙,吓得扭头就跑。大禹见此情景,顾不得变回原形就冲妻子追去,妻子受到惊吓,顷刻间化作一块巨石。大禹大声呼唤着妻子和将要出生的孩子。只听一声巨响,巨石突然开裂,从中蹦出一个婴儿,这就是禹的儿子启。于是后人便称这块裂开的巨石为"启母石"。西汉武帝游览嵩山时,被这个传说所感动,下令在这里修建了启母庙。今启母庙已荡然无存,但东汉时在庙前修建的启母阙还依然保留着。从残存的碑文中依稀可见汉代对禹治水的记述和对启母涂山氏助夫治水的颂扬。尽管民间传说具有神话色彩,但由此也可见大禹为治水患而付出的艰辛和牺牲。

6.1.2　安平崔衍廉洁奉公刚直不阿

崔衍,字著,深州安平人。他的父亲叫崔伦。崔伦在宝应二年(唐代宗的年号,公元 762 年 4 月—763 年 6 月),以右庶子的身份出使吐蕃,吐蕃违背盟约,将崔伦扣留在吐蕃二年,把崔伦捉至泾州,逼迫他写信来约城中守将投降,崔伦不听从,又把崔伦囚禁在逻娑城(今西藏拉萨市),经历六年,崔伦始终不屈服,才允许他回国。

崔衍,天宝末年以明经科登第,调任富平尉。(崔衍的)继母李氏,对崔衍不慈善。崔伦从吐蕃回来,李氏穿着破旧的衣服来见崔伦。崔伦问她(这么穿的)原因,李氏说"崔衍不供给我衣食"。崔伦大怒,召来崔衍,想要袒露他的后背鞭打他。崔衍哭了,却始终不主动陈述内情。崔伦的弟弟崔殷,闻讯后赶紧前来说:"崔衍每月的俸钱,都送到我嫂子那里了,还说什么崔衍不供给(她)衣食呢!"崔伦才明白(其中隐情)。从此崔伦就不听信李氏的诬陷之言了。崔衍调任清源县令,勉励老百姓耕田,让流亡的百姓归附,观察使马燧上表表彰他的才能,朝廷将他调任美原。崔伦去世后,崔衍侍奉李氏更加恭敬。崔衍每年都给李氏所生的儿子崔郜偿还数不清的债务,所以崔衍官职做到江州刺史,而妻子儿女仅仅免受饥寒(衣食没有富余)。

后来(崔衍)历任苏、虢二州刺史。虢州地处陕、华二州之间,而赋税却(比其他两州)重了好几倍。崔衍向朝廷禀报赋税太重。当时裴延龄统管度支,正致力于聚敛赋税,于是私下对崔衍说:"以前的刺史没有揭露这件事的,您应该停止(揭露)。"崔衍不听,又上奏说:"我所治理的地区大多是山田,并且处在驿站传递的要道上,连年歉收,百姓全部流离失所。不减免租税,百姓会活不下去。臣看到近来诸郡议论民生,弊病在于官吏不为百姓向上陈述请求,不反映真实情况。不担忧陛下不忧民抚恤,而担心申请的不符合事实,不担心朝廷不怜恤宽恕。陛下提拔臣去治理大郡,我怎能想要看到百姓困顿却犹豫观望不说呢?"唐德宗认为他词理中肯直率,于是特别下令度支给减轻赋税。

崔衍升任宣州歙县池州观察使,政务简便,被百姓怀念。他所选择的属下官员,大多是名流,后来大多显贵通达。(崔衍)享年69岁。死后朝廷加封他为工部尚书。

崔衍生活简朴节约敬畏法律,家无侍妾。俸禄接济给亲属了。丧葬嫁娶,靠他接济的有几十家。到崔衍死时,家里穷得不能解决丧事,向朝廷上奏,朝廷赏赐300段布帛助办丧事,还给他相当的粮食。

在此以前,天下官吏喜欢在税收之外进奉钱财以便巴结皇上获得恩宠,州郡财力被耗尽了,为首的有韦皋、刘赞、裴肃。刘赞死后崔衍代替了他的官位。以前上贡有金锡共十八种,都是两倍的价钱从州里买来的,老百姓被掏空了,大多逃离,崔衍来后,把它免除了。在宣州十年,还是很勤俭的,府库也很充实。等到穆赞替代崔衍管理宣州时,从府库中拿出四十万贯钱代百姓交税,因此宣州发生旱灾,宣州人不至于流散。正是由于崔衍原有的积蓄。路应担任观察使,因为崔衍对人民有恩惠,向朝廷说明情况,元和元年,皇帝下诏书褒扬赞美,给他的谥号为"懿"。

6.1.3　乡耆徐廷首倡民间捐资修建衡水大石桥

徐廷(?—1575),明永乐十三年(1415),衡水遭大水,县城由旧城迁范家疃建城。县城西门外的漳河之上原建有木桥,桥两头为商埠。因漳河常发洪水,木桥屡修屡圮,东西往来交通极为不便。嘉靖三十二年(1553),乡耆徐廷首倡民间捐资修建石桥的举动,县民、商家亦响应。他竭力募捐筹款,艰苦奔波十六年,终于于隆庆三年(1569)将石桥建成。这年恰闰六月发大水,石桥被冲毁,徐廷病倒。在众乡民的支持下,徐廷再次行动起来奔波于城乡,继续募捐修桥。万历三年(1575)秋,石桥工程即将完成之际,徐廷因多年积劳成疾,一病不起,抱憾离世。他为建造衡水石桥募捐操劳,奔波二十二年,舍家眷而不顾。先后共筹集白银七万余两,为家乡做此善事功不可没,县民捐款刻碑铭记,永垂青史。

徐廷去世后,接替徐廷的是他的合作者贾从仁和赵儒。当初,贾、赵二人积极响应倡议,贾从仁捐银 1000 两,赵儒捐银 500 两。二人继续总理修桥诸项事宜,于万历五年(1577)建成百米大石桥。衡水大石桥的建成,打通了山东济南府至山西太原府的交通。自此,漳河(滏阳河)南北水运与齐晋东西大道在这里交叉,衡水县城亦成为京南的著名交通枢纽。四面八方的物质在此汇集和交易,史书称之"水旱码头"。

6.1.4　李永昇反贪为民告御状

2011 年,衡水市桃城区何家庄村发现一通清光绪年间的石碑,石碑记载了一桩惊动清廷皇太后的案件。

从碑文中可以了解到,清同治十一年(1872),衡水县课税局,不顾连年遭受水患的饥民之苦,擅自巧立名目,猛涨税银,并且张贴布告,要百姓将税银、垫欠(附加小税)限期缴清,拖欠不缴者,严惩不贷,因而激起衡水县民众的公愤,在县课税局门前聚众抗议。何家庄村民李永昇,平日习文练武,为人仗义,身兼六品通判。出于"为民请愿"的正义感,带头到衡水县衙门告状。知县陆清泰一看状子是告课税局浮收,等于告自己,恼羞成怒,李永昇因此遭受责难。

李永昇为灾民抱打不平,得到大家的拥护。李永昇在云尉温永清、监生杜钦、庠生胡九畴、邑民祖自成等人的支持下,要将衡水知县告到冀州州衙。李永昇一行七人来到冀州城告状，立即得到冀州民众的响应，因为这里也是一样，课税猛于兽，冀州知州王梦龄同样也把李永昇一行赶出大堂。李永昇等人决心继续上告，民众相继解囊资助。这一次，把知州王梦龄也纳入了被告，他们要上直隶总督保定府上告。

李永昇一行七人来到保定府，状没有告成反而遭到知府李培祜的陷害。原来冀州府官王梦龄伙同衡水县官陆清泰一起，提前给保定知府李培祜写了一份禀报公文，报告说衡水县民李永昇聚众闹事，诬告浮收之事，并携带一千两纹银找他来策划。其实，猛涨税银盘剥民众达到贪污的手段就是出自李培祜之手。这三个赃官把李永昇等人的"聚众闹事"改成"复活捻军（起义军）"的重罪。结果一行七人各杖打四十大板，李永昇还被押入大牢。于是，这六位同行义士将写有为李永昇鸣冤的字幅，张贴在衡水、冀州、保定衙门门前，引来众人观看。消息传到时任直隶总督李鸿章那里，他马上来保定视察，召见李培祜。原来李培祜是他的老部下，当即指出，皇帝大恙，朝廷绥靖，命令李培祜以"私和"的方式先释放李永昇。

同治皇帝死后，光绪皇帝即位。两年后，李永昇等又写了诉状，直接进京告御状。朝廷的刑部、督察院一看诉状上写有李培祜的名字，知道他是李鸿章的嫡系，谁也不敢接，李永昇愁得白了头。后来在好心人的指点下，通过雍和宫的法师，辗转把诉状传进皇宫，当时光绪小皇帝临朝，两太后听政，东宫慈安太后见到诉状，命李鸿章处理，并强调"回报处理情况"。

由于官司通了天，李永昇一行回乡静等召唤，可是等了二年无音信。光绪五年，李永昇再次进京，又是通过雍和宫法师见到永寿公主，才得知李鸿章早把案子了结，并于光绪三年十一月向慈安太后回复了处理案件的奏折，说是衡水县没有发生过课税浮收之事，案件已经"私和",正准备杖罚了事。这时,李永昇立即把真实情况禀报慈安太后,太后发现李鸿章的行为太有恃无恐了,就下了懿旨,重新处理此案。在朝廷上,李永昇引用大量的实例,以及衡水后任知县所提供的实据,揭露了往届衡水、冀州、保定的官员,不但贪污了巨额税银,还装走了国库里大量的应征银款。

在慈安太后的主持下,李鸿章受到斥责,有关官吏涉案严惩。李永昇也得到皇封和奖励。回到家乡后,衡水县的父老乡亲,为表彰他的大无畏反贪功绩,提议众树流芳碑,传于后代。光绪九年二月十六日,流芳碑在何家庄村里高大的玉皇庙前竖了起来,并在冀州城里也竖了一座。碑的正面"万古流芳"四个大字下面,镌刻着进京告状胜诉的历程。碑芯两侧,刻有李永昇亲笔对联一副:"夥乡亲弊害任受四院内谁敢言语,众绅士辛苦倍偿数年来始定章程"。碑阴面,则刻有光绪三年李鸿章回复慈安太后的关于所谓处理衡水课税案件颠倒黑白的奏折。像这种正面的事例与反面的教材同刻一碑的现象,在中国历史上属为罕见,这样功过分明,官司昭然,也可谓晓喻万代。在中国考古学会编著的 1977 年《中国考古学年鉴》中,也曾转载了这两篇不平凡的碑文。

6.1.5 武强三大廉吏

(1)康熙帝亲书"廉平堂"匾的刘谦。刘谦(1649—1733),字益侯,号思庵,武强县刘南召什村人。性聪颖沉静,13 岁游乡校,为名诸生,已悟科举业与理学。清康熙十五年(1676)中进士,授内阁中书,后历任礼部主事、员外郎、郎中、鸿胪寺少卿、正卿、右通政光禄、通政使、左都御史等职刘谦从授官礼部就任,总是晨人暮归、随身携卷。曾前后三次出使蜀中,并制定了剑南学约十八则,使蜀中文教为之一振。此前蜀中乡试者不足千人,谦到后增至五六千人,因其选拔有方,所拔之人皆为名士。

在工部亦尽职尽责,考校度支出入疏通钱法。在台省任职时平反冤案,整理制定国家盐法,颇得民心。其视人才为国家元气,重视选拔和使用,大学士朱轼、尚书励廷义、大里寺卿汪隆等名臣皆系其推荐选拔。对失职或违法官吏,刘则不畏权势,严加惩办。其博学多闻,康熙帝多次召其共商国是,听其讲河图洛书、道学及自然之理,或诵《太极图兑》《西铭》等名著,并令他修撰《尚书传》。常赞其"有阁老之才",亲书"廉平堂"匾额赠他,同时赏赐对联:青云白石聊同趋,霁月光风更别传。

(2)北齐名廉,屡平冤案的苏琼。苏琼(?—600)字珍之,长乐武强(今河北武强)人。南北朝时官员。北魏时任东荆州刺史府长流参军;北魏孝武帝永熙元年(532年),高澄开府仪同三司后,任命苏琼为刑狱参军;后任南清河太守,使郡界安定,百姓无抢掠之忧。他清廉谨慎,从不接受别人的礼物,连瓜果等一概拒绝。在郡大兴儒学,命令郡中官吏在公务之暇都去读书,教导百姓在婚姻丧葬上要符合礼仪而尽量从俭。北齐文宣帝天保(550—559)中,郡中遭大水灾,苏琼自己向富人借粮后再分发给饥民,使一千余户百姓安然度过荒年。后调任廷尉正,不顾别人威胁,屡次平反冤案。在任徐州行台左丞、行徐州事时,破除不许随意渡淮的禁令,使南、北物资得以交流。后任大理卿。北齐灭亡后出仕北周,为博陵太守。死于隋文帝开皇之初。

(3)隋朝"清名善政"不爱财资的刘旷。刘旷为官清廉,不仅"单骑上任",而且一生中"恤民,不置产业",还把仅有的俸禄"赈济穷乏百姓"。在历任平乡令、临颍令和莒州刺史的多年官场内,唯一的家产是"一担书"。怪不得清代史学家汪琬在《论作县》一书中说:"隋代的刘旷,是我国历史上著名的勤政官吏。他'升堂视事,退堂观书',堪称勤学善政之楷模。"刘旷为官特别勤政,以"仁恕纯厚,诚信谨行"

实施"德政",能把县域治理得"风教大洽,争讼息绝",以致"狱无囚图,围草被庭可张罗",在全国的官吏考核中名列第一,能够得到隋文帝的亲自召见和奖赏,真是可亲可敬。刘旷,在封建社会里获得"清名善政为天下第一"的美誉,彰显出了千年古县武强"人杰地灵"的深厚文化底蕴。(《衡水晚报·大周刊·武强文化专刊》,2016.12.18)武强历史名人三大廉吏)

6.2　传统廉政文化的思想借鉴

在中华传统文明的历史长河中,中国古代的廉政文化,对历代执政者的操守要求与为政规则一般不外乎五个方面,即重民生而知根本、畏法度而能自律、知廉耻而守气节、崇节俭而重情操、知恩惠而思报国。在独特而系统的中国传统文化的滋润下,衡水古代的廉政文化显得厚重而务实,除却其愚忠、功用、教化的色彩,放之当代仍有引人深省之处,值得借鉴。

6.2.1　廉政文化内涵

什么是廉政文化? 有几种典型认识:第一种观点认为,廉政文化是人们关于廉政的知识、信仰、规范和与之相适应的生活方式及社会评价。廉政知识体现人的素质,廉政规范体现社会的文明程度,廉政信仰推动人们形成良好的廉政修养和生活方式,随之产生巨大的精神和物质力量。第二种观点认为,廉政文化是以廉政为思想内涵,以文化为表现形式的一种文化,是廉政建设与文化建设相结合的产物。第三种观点认为,廉政文化就是关于廉洁从政的先进思想道德观念及其指导影响下形成的廉政制度、组织、体制、机制、社会风气、社会意识形态,包括相关的法律规范在内的总和,是先进文化的重要组成部分。还有一种观点认为,从传统的廉政文化的形成和社会作用可以看出,廉政文化是人们关于廉洁的社会理论和实践的一种观念形式的表达和反映,而且这种观念的积淀逐渐转化为人们的心理积淀,形成了人们关于廉洁的价值标准,它是民族文化的一部分,属于意识形态。

廉政文化,就是"以崇尚廉洁、鄙弃贪腐为价值取向,融价值理念,行为规范和社会风尚为一体,反映人们对廉洁政治和廉洁社会的总体认识,基本理念和精神追求,是社会主义先进文化的重要组成部分"。

6.2.2 借鉴衡水廉洁文化传统

(1)谦谦君子之清风。"天行健,君子以自强不息",君子一词最早在《易经》中出现。后又被儒家学派不断演绎和完善,成为中国传统文化中人们追求为人、从政之道的核心境界。作为最高统治者,应当"慎之于选任之日,奖之以君子之道";作为各级官吏而言,应当"谦谦君子,卑以自牧也",推崇君子之风,强调道德精神的完善,自我修养的漆美。这种对君子之风的刻意追寻,上不同于君王,下不同于西姓,外不同于清流,内不同于庸贪,为古代官僚阶层制造了一种独特的集体共识和文化内存。成功领导治水的华夏祖先大禹、廉洁奉公刚直不阿的安平崔衍、首倡民间捐资修建衡水大石桥的乡耆徐廷、无畏反贪为民告御状的李永昇等等,是衡水历史上谦谦君子的缩影和代表。他们的君子之风是儒家文化的集中体现,是廉政建设的做人基础。

(2)穷且不坠之清志。老子曾言:"罪莫大于多欲,祸莫大于不知,咎莫大于欲得。"穷这个字在中国传统文化中,一方面说的是物质的匮乏,另一方面说的是地位的低微。而作为从政者,应当要始终经受住这两方面的考验,保持志趣的高远,志向的远大,而不至于坠入追求财富、攀援权势的深渊,所谓穷且不坠青云之志。首要的是"耐得住"。崔衍官职做到江州刺史,而妻子儿女仅仅免受饥寒(衣食没有富余）。崔衍生活简朴节约敬畏法律,家无侍妾。俸禄接济给亲属了。丧葬嫁娶,靠他接济的有几十家。到崔衍死时,家里穷得不能解决丧事,两袖清风为民办事,胸怀清廉为民高远之志,为后人做出了永久的榜样。

（3）知耻责己之清白。"清心为治本,直道是身谋。秀干终成栋,精钢不作钩。仓充鼠雀喜,草尽兔狐愁。史册有遗训,毋贻来者羞",这是包拯所作一首以廉政明志的诗。包拯是中国古代清官的典型代表,此诗表达了他对清白做官的执著追求,首要的就是要知耻,即以不廉为耻,要责己。知耻责己,为的无非是清白二字,为的是做官的底线和起点。正如宋代蔡志学所表达的:"平生事可对人说,囊无一分关节钱。寄语江神明著眼,好分风力送归船。"因为他们知道,如果失去了清白,就很难挽回。清代有一名叫朱经的,在《责己》一诗中写道:"勿谓一丝微,既绵难再白",指出的就是这个道理。而顾炎武更是在《日知录·廉耻》中讲过:"盖不廉则无所不取,无耻则无所不为。"李永昇为灾民打抱不平,无畏反贪为民告御状,遭到三番五次的陷害,衡水县课税局、知县陆清泰、冀州知府王梦龄、保定知府李培祜,直至直隶总督李鸿章,在处理衡水课税案件过程中先后颠倒黑白,欺上瞒下,是廉政文化建设的反面教材。李永昇为民反贪,层层告状到皇帝,终于官司昭然,晓喻万代。这种精神和责任感是留给衡水人的富贵精神财富。

6.2.3 发挥廉政文化传统的反腐倡廉功能

廉政文化,体现的是人们关于廉政的知识、信仰、规范和与之相适应的生活方式及社会评价,是廉洁从政行为在文化和观念上的反映。只有深入揭示廉政文化的内涵、特征与功能,我们才可能对廉政文化在廉洁社会建设或反腐败战略中的功能找到准确定位,才能确立廉政文化建设的基本原则,才能对廉政文化建设实践做出准确评估。

廉政文化是以廉政为思想内涵，以文化为表现形式的一种文化，是廉政与文化相结合的产物。廉政文化萌生于反腐倡廉建设实践，并在反腐倡廉建设实践中获得生长的动力和土壤，廉政文化也会积极作用于建设，在反腐倡廉建设过程中具有非常重要的功能。

（1）重视廉政文化传传统的导向功能。文化反映的是社会的共同价值追求，一旦形成廉政文化，即将廉洁理念渗透到人们的心灵，凝聚于人们的观念，形成文化传统，深化为社会风尚，就具有较强的辐射作用和潜移默化的教育引导作用。衡水以廉洁从政为主题内容的廉政文化，对今天人们树立正确的世界观、人生观和价值观同样具有正确的导向作用。衡水廉政传统文化是在历史上反腐败的实践中形成的，具有社会属性，对所有社会都有辐射功能。廉政文化一旦形成，其所包含的精神理念、价值观、道德准则，就会在社会上广泛传播，可以提升思想境界，为反腐倡廉建设和反腐败工作的顺利开展形成良好的外部环境。而且，廉政文化借助文学艺术、广播、电视、电影、杂志等媒介工具，弘扬主旋律，鼓舞和凝聚人心，对于人们树立正确的世界观、人生观和价值观具有基础性的舆论导向作用。

（2）廉政文化传统的凝聚功能。廉政文化传统是廉政理念的升华，得到了历代人民的高度认同，所以能够传承下来，从而形成了很强的凝聚力和向心力。从社会心理学角度讲，凝聚力的产生主要是心理因素，物质因素则次之。当全社会成员从廉政文化中得到相同的价值观念、思维模式和行为方式，就会因为统一文化而形成强大的、向心的凝聚力。廉政文化不同于一般的社会文化，而是一种文化体系，一种廉政理念，廉政文化能使不同朝代的广大官民在统一类型和模式中得到教育和培养，进而以相同的价值观念、思维模式、行为方式，在不同层次上联系起来，凝聚起来，使人们因同一文化渊源和理念愿景,而形成强大的凝聚力量。这对于规范从政行为,引导领导干部提高廉洁自律意识,增强拒腐防变和抵御风险能力,发挥人民群众和领导干部的积极性和创造性具有重要的意义。同时,廉政文化还能通过丰富多彩的内容和人们喜闻乐见的艺术形式,激发和培养人们以廉为荣、以贪为耻的共同情感,使人们彼此一致而凝聚在一起。这对于今天引导党员干部建立廉政愿景,提高自律意识,共同为实现廉政建设目标献计出力具有重要的作用。

(3) 廉政文化传统的熏陶功能。历史和现实都表明,有什么样的文化就有什么样的廉政实践。廉政文化的目的就在于弘扬一种精神、一种理念,通过理性信念和道德情操的培育,树立领导干部正确的人生信仰和执政理念,进而内化为行为准则和道德观念准绳,自觉进行廉政行为的实践。廉政文化通过寓教于文、寓教于理、寓教于乐的形式,可以把理想信念教育、职业道德教育、社会公德和家庭美德的教育内容,以“润物细无声”的形式渗透到领导干部和人民群众的思想中,影响和陶冶着人们的情操,丰富人们的精神内涵,对人们的思想认识、道德情操起着潜移默化,感染熏陶的作用。比如,利用现代信息传媒宣传廉政事例、悬挂廉政警句牌、编印廉政文化书刊等,这些都使人们在读书学习、休闲品茶、闲庭信步之余,感受到廉政文化的熏陶,收到“润物无声,物自风华”的效果。

(4) 廉政文化传统的约束功能。反腐倡廉建设的发展需要多种社会因素以及各种政治因素的合力作用,而廉政文化便是其中一种无形的力量,而廉政文化虽然没有明文的规章制度,但可通过一系列为人们所接受的价值观念来约束和控制人们的思想和行为,指导人们什么该做,什么不该做。廉政文化从思想政治、情操修养、行为规范、价值观念等各个方面,来调整和控制着人们的态度、行为和意志。廉政文化传统的约束作用,具体表现为:从道德上进行规范,可使人们在陶冶情操的过程中心灵得到净化,行为受到约束;从思想上进行规范,以其灵活多样的形式对先进的思想进行广泛传播,不断给广大干部和群众灌输先进的思想和理念,以先进的思想培养人,以正确的舆论引导人;从制度上进行规范,廉政文化包含廉政制度文化,广大领导干部通过各项制度的学习,其言行自然就会受到约束和规范。如果违反了观念的价值准则,廉政文化的软性控制就会发生作用,对自己的行为自动加以纠正,从而促进廉洁自律。

(5)廉政文化传统的批判功能。廉政文化传统是社会主义先进文化的一部分,是腐朽文化的对立面和批判者。廉政文化不仅是一种道德观念,还是一种价值尺度。一个社会的廉洁氛围浓厚不浓厚,是衡量这个社会是否健全的一个重要指标;缺乏廉洁理念的文化是难以长久支撑的,古今中外,概莫能外。腐败现象之所以滋生蔓延,一个重要原因就是腐败行为背后有腐朽文化作支撑。腐败现象是丑陋的,是害怕见到"阳光"的廉政文化正是从根基上摧毁极端个人主义、享乐主义等观念,在全社会形成以廉洁为荣的浓厚氛围,给腐败行为以抨击和批判,并给其造成巨大的社会舆论和社会心理压力,廉政文化弘扬廉洁,贬斥腐败,旗帜鲜明,抵制腐朽廉政文化能从思想上、理念上抑制极端个人主义、享乐主义等观念从而形成以廉洁为荣,以腐败为耻的氛围,有效地预防和遏制腐败现象,从而有效地遏制和惩治腐败现象,达到干部思想廉洁、行为廉正的目的。

参考文献

[1]大禹治水三过家门而不入的故事简介,(2013-03-08)转载自腊梅的博客 http://blog.sina.com.cn/u/2429557547.

[2]康占营.安平崔衍的故事,清官廉吏的故事,衡水古今衡水西门口的博客 http://blog.sina.com.cn/u/1801229977.

[3]康占营.乡耆徐廷首倡民间捐资修建衡水大石桥,2016.10 衡水西门口的

博客 http：//blog. sina. com. cn/u/1801229977.

［4］康占营.桃城区发现清代告御状石碑,刘国利的博客 http：//blog. sina. com. cn/u/1331501645.

［5］李季、龚界文.中国特色廉政文化构建问题思考［J］.国家行政学院学报, 2005(增刊)：89.

［6］张润枝.关于廉政文化建设的思考［J］.理论前沿,2004(22)：35.

［7］刘明波.廉政思想与理论——中外名家论廉政与反腐败［M］.北京：人民 出版社.1994.221—222.

第三编　衡水商业文化印象

衡水商业文化印象：地缘造就经商传统，冀州商邦经营有道，儒商重德诚信立命。经商注重文化品位，年画开拓文化产业，钱庄经营以德立业。旅游资源丰富多彩，名胜古迹星罗棋布，红色记忆彰显时代精神。

第7章　冀州商邦　著名

衡水地区农业资源并不丰富,很多地方土质含碱,鲜有矿产资源。因而农民子弟务农之外,外出经商或学徒成为居民生存的一种生活方式。不管外出学徒还是经商,都将传统的儒家文化渗透到工作中去,是衡水人的传统美德。外出经商形成了具有浓郁冀州特色的商邦文化。

7.1　古代冀州商业的发展

有关文献和考古资料证实,早在龙山文化时期的五帝时代,冀州已经是当时的政治经济中心。夏、商、周时期,冀州的经济获得了更进一步的发展。如邢台曹演庄的遗址和贾村的遗址等各种商代的商业遗址都可以说明,邢台一带在整个中、晚商的时候,农业经济相当繁荣,农业工具数量较多,种类齐全,有剩余农产品,酿酒技术纯熟。手工业方面,冶铜、制骨、纺织等方面均有涉及,尤其是制陶业相当昌盛,已经有了最早的分工合作和商品化生产。春秋时期战乱,冀州商业的重心地带不断转移。

到了汉代,幽州北部以名马而闻名,吸引了大量的商人,贩马贸易异常活跃,这种贸易是冀州最早最有影响的商贸活动之一。北魏之后,河北地区商业发展进入了更高的层面,尤以邺城(今临漳西南)为代表,商业发展异常繁荣。在此过程中,商人的社会地位也大幅上升,与权贵往来日益密切,有的商人甚至走入仕途。

商贸繁荣的同时,冀州地区出现不少商人富甲一方。在唐武宗会昌(841—846)年间,邢州就出现了大量的富商大贾,在全国居首。明清以后,由于土地资源的严重匮乏,以往以农业耕作为生活支撑的生产模式,已经明显不能满足冀州人的生活需求,于是外出经商的现象就开始普遍发生。

7.2　近代冀州的商贸事业

从清朝开始,冀州地区的商人主要经营的路线是穿梭于现在的京沈铁路之间,主要经营的商道是从张家口到库伦商道之间。因此当时的冀州商人活跃的地区非常广泛,与此同时,极大地促进了我国民营经济的发展。冀州商人在商业之路打拼的整个历程里,"老呔帮""张库帮""保定帮""冀州帮"等商帮先后产生并且出现了许多非常著名的商人,比如说当时非常有名的武百祥、孙秀三、孙殿起以及陈杭等巨贾,他们经营着各种商品,为我国的近代商业文明作出了非常大的贡献。其中"老呔帮"主要是在东北地区经营的商人,但是在我国非常有名的闯关东等,主要就是与这个"老呔帮"有关,这个"老呔帮"为我国的商业经济作出了很大的贡献,开发了东北市场。同时随着清政府对蒙、俄贸易全面放开,使得我国的冀商开始走上了张库大道,从而形成了"张库帮","张库帮"主要是与蒙古进行交易,沟通了蒙古地区,同样为我国的民营经营做出了很大的贡献。

7.3　冀州商邦的经营策略

竞争是商业发展的基本规律,冀州商人形成于发展的过程,曲曲折折,坎坎坷坷,他们以一县之商,跻身商林,在激烈的商业竞争中发展壮大,大显身手,并且以自己的聪明才智,为促进经济发展做出了不可磨灭的历史贡献。

7.3.1　妥处官商关系

在中国传统社会商帮文化的演绎中,在相当长一段时间内,商帮文化的形成依附于封建体制,围绕着宗族血缘,采取家长制的管理模式,同时必须攀援政治,融入了具有特色的官商文化,这就是中国封建商帮经济的特色所在,重农抑商的基本国策造成了商人的社会地位普遍低下,缺乏自我独立性,在经营活动中他们需要获得官府的保护,而官府人员也需要通过商人获得灰色收入,最重要的是,中国的人治体制贯穿始终,导致商人要想得到更多的利益,必须借助封建政治势力。长期以来,中国传统商帮的官商文化关系无南北之分,只有轻重程度不同而已。

(1)敬官而不惧官。晋商、徽商不遗余力结交众多权贵,而冀商并不像晋商、徽商那样善于官商结合。据史料记载,清末时期,以河北乐亭而闻名的老呔帮,刘氏资本就是其中一个成员,当时他有着"京东第一家"的称号,但是他与东北张作霖为敌,最终,刘家在东北的所有商号均被查封,而这些商号占据了刘家三分之二的资产,刘家因此损失巨大。类似这样的事,晋商、徽商从未出现。

(2)天下为公、民族大义。冀州作为九州之首,这样冀州人形成了浓厚的"国家一体"的意识,在处理与官府的关系时,能够从大处着眼,"位卑不敢忘忧国""天下为公"的情怀,不图区区微利,表现出很高的政治觉悟。冀州商人陈济川在北京琉璃厂苦心经营书店并把它逐渐发展成为当时北京最大的一家私营古旧书店,但是在民族大义面前充分显示出一个商人的国家与民族情结。1931 年九·一八事变后,陈济川的好友郑振铎在上海经常在报刊上撰文抨击日本的侵略罪行。后上海沦陷,日伪当局下令通缉他,陈济川听闻后冒着生命危险将郑振铎隐藏于上海分店书库内。同时,许多抗日民主进步人士也经常在陈济川上海分店的书库内秘密集会,与郑振铎商讨抗日救国大计。抗日战争后期由于日伪封锁,沦陷区与解放区的联系极为困难。延安等抗日根据地急需大量图书,陈济川听闻后,通过特殊关系,将大批日伪禁运书籍运到延安等根据地。1949 年解放后陈氏家族将早年高价购得的一部明版《忠义水浒传》无偿捐给了当时的北京图书馆,这是大义的表现,正是这份大义,也促成了陈氏家族产业的扩充和发展。

7.3.2　正确对待义利

关于利与义的关系问题,儒家主张"重义轻利",但一直被后人不断地曲解,认为"义"与"利"不可兼得,舍"利"而取"义"也。冀商由于所处的地域环境和所受的教育不同,表现出不同于其他商帮的经营理念和价值追求。

(1) 甘于良贾,欲而不贪。中国传统封建社会中的观点是重儒轻商,故有四民之中以士为一等,商为末的说法。冀商将儒和商统一,做生意不贪图眼前暴利,而是长线远鹤,志在久远。清道光年间,冀州人卢天宝在北京前门创建久聚炉房,卢天宝聚炉房所化银两分毫不差。1944 年,保定商会的冀县商人诚实守信,守法捐纳,以其经营的保定布线业为名向抗日事业捐款两百多万,为众多商人做出了表率。这种惠人惠己的做法塑造了冀商"义利兼顾"的"良贾"形象。

(2) 朴实节俭、善结人脉。勤俭节约是中华民族的传统美德,在中国传统的商帮文化中,晋商"俭",徽商"奢",天下皆知。而冀州商人认为"倪来之物,奢用之是谓暴天,吝用之亦为违天,唯其当而已矣"[1]。产生这样的原因一是冀州商人崇尚儒家的义利观,以儒家的道德伦理来规范自己的消费行为。全聚德刚开张之时,由于烤鸭脆皮酥肉,味道鲜美,迅速在当时形成一种以吃烤鸭为风尚,有大量皇亲国戚、王公大臣在此用餐,但是时间一长,杨全仁就发现,王公大臣们吃完宴席后,用发面的荷叶饼蘸去嘴角边的油质后,便随手一扔,这种情景对于一个节约朴实性格的杨全仁来说气愤不已,最后宁可丢掉生意,也不能干这事。从此他在全聚德立下一条规矩,今后全聚德不再做发面主食,并且不论吃客身份多么高贵,一律都要自己亲自下手用荷叶饼卷食鸭肉。[2]同时,发展良好的人际关系是生意和顺的基础。当年杨全仁向金华馆的一位孙师傅学烤鸭技术,杨全仁的人格魅力深深地吸引了孙老师傅,孙老师傅在重金礼聘下来到了全聚德。

(3) 济世为民,急公好义。国泰民安是商业繁荣的社会前提,冀州商人不遗余力地把慈善事业与公益事业贯注在自己的乡里和亲友。冀州商人天津早期实业家史东初先生个人生活很是简单,虽累资数万,勤俭却不改其初。但是他对做公益事业却毫不吝啬、慷慨解囊。将获得的利润以不同形式回归社会。

7.3.3　形成诚信文化

(1) 立德立信、言行必果。德包含了各种诚信、仁义等美好的品德修行,经过长期的发展充实,德已经慢慢成为了仁爱孝悌、勤俭诚信、谦和好礼的伦理道德要求,已经成为了我国伦理范畴的合理理念,冀州商人将“德”放在重要位置。冀商认为讲究商业道德,就能够提高商业信誉,能够获得丰厚的回报,冀州人杨全仁就坚持圣人言“生财有大道,以义为利,又言不为无勇,则因义而用财,岂徒不竭其流而已,抑且有以裕其源,即所谓之大道也”[3],给自己的商铺更名为“全聚德”,“全聚德”的本意是“以全聚德,财源茂盛”。1922 年,直系军阀吴佩孚为三军庆祝胜利,在全聚德要做出 200 桌饭菜。时间紧,任务重,几乎不能完成情况下,有人劝说全聚德新掌柜李子明,低级军官餐桌烤鸭以次充好,李子明果断拒绝,他始终坚持杨仁全的"以全聚德",全体人员总动员,聘请优秀厨师,所有人员亲自到养鸭厂选鸭,不合格的鸭子坚决不用,最终在规定的日期内出乎人们意料地完成任务,从此全聚德名声鹊起,每天生意门庭如市。

(2)诚信立命、一诺千金。冀州商人坚持以诚信为本的经营理念,他们认为"童叟无欺""一诺千金"的商业信誉才是经商长治久盛的最重要因素,把诚信看得高于一切,在平常的经营活动中始终坚守商业准则,"平则人易亲,信则公道著,到处树根基,无往不利"[4],行商在外他们时刻以此约束自己,把诚信作为立商之本,代代相传。并且对待同行冀州商人也是"以礼接人,以义应事",加强商帮内部团结,业主待役夫以恩信,役夫待业主自然心悦诚服,冀商重信诺"商旅中往往借一言以当质券",在同行中信誉很高。

(3)公平交易,仁中取利。冀州商人做生意讲究公平交易,始终按照商业原则办事,推行"仁中取利"的社会正义理念和商业良知。最难能可贵的是,他们努力在实践中践行这种理念。如孙殿起的《琉璃厂小志·概述》:"琉璃厂书,乾嘉以来,多系江西人经营……代江西帮而继起者,多河北南宫、冀州等处人,彼此引荐子侄,由乡间入城谋生。偶有他县人插足其间,不若南宫、冀州人之多;若外省人,则更寥寥无几矣。"[5]仅天津一地,冀州人的书店多到数十家之巨,在业界形成极强的影响力和控制力,但是这些冀州商人并没有因此而欺行霸市,垄断经营,相反他们却是艰苦经营的同时与书籍的接触过程中有些人渐渐成为版本目录学方面的专家。

7.4 冀州商帮的优秀文化

7.4.1 诚信立命,以德立业

冀州早在三代之时,就为京畿重地,文风昌盛,据记载:"冀为最古之州，唐虞以前，圣贤帝王多为冀产……汉唐以来，冀多儒者流风扇被，代不乏人。孔子曰：'居是帮也，事其大夫之贤者，友其士之仁者'。"[6]《隋书》记载："信都、清河、河间、博陵、恒山、赵郡、武安、襄国，其俗颇同，人性多敦厚，务在农桑，好尚儒学，而伤于迟重，前代称冀幽之士钝如椎，盖取此焉。"[7]冀州商人在此氛围熏陶下，在经商的过程中，就形成了以诚为本、以信立命的商业经营理念。他们普遍认为"童叟无欺"才是经商长久取胜的基本因素，并把商业信誉看得高于一切，把经商活动看做是"陶朱事业"，并以"管鲍之风"为榜样，"重廉耻而惜体面"，坚守经商处世的准则"平则人易亲，信则公道著，到处树根基，无往不利"。行商在外，他们时时刻刻以此约束自身做"良贾"，把诚信作为立商之本，代代相传。如傅秀山早年当学徒的时候，掌柜的就叫他上街去给各个百货店送货。他在送货过程中不但没有偷拿货物，更是无论严寒酷暑他都能按时送达，诚信待人，后得掌柜赏识才有后来的发展创业。

民国时期，天津著名的大实业家史东初立志实业救国，创办了北方地区最大的搪瓷厂，所起厂名如"中成""中昌""志成""建华"等，均寓中华民族的工业必定成功，希望繁荣昌盛。他崇尚"天地之大德曰生"的儒家思想，心怀天下，并将这一商道思想运用到实业救国的经济行为中，并提高到国计民生的至高境界。

7.4.2　好学进取，吃苦耐劳

冀州历史上勤奋好学的典故不在少数，"悬梁刺股"中的头悬梁典故中的主人翁孙敬就是冀州人，《太平御览》载：孙敬"好学，晨夕不休"。他这种刻苦精神终成当世知名大儒也为后世学习之典范。近代以来，冀州商人通过勤奋好学而获得成功也不在少数，例如版本目录专家孙殿起早年家境贫困，辗转来到北京琉璃厂，师从于旧书商人郭长林，为了生计，之后又在琉璃厂鸿宝斋、今文斋等旧书店打工。

他吃苦耐劳,勤奋好学,坚忍不拔,积累了大量的经验,后来在古书业大展拳脚,后来他结识著名藏书家和学者伦明,两人遂合资在琉璃厂开设通学斋书店。学者兼藏书家伦明曾赞扬这两位书商:"书目谁云出邵亭,书场老辈自编成。后来屈指胜蓝者,孙耀卿同王晋卿。"

同时,中国近代以来所形成的商帮都靠着吃苦耐劳一步一步地走出来的,但惟独冀州商人的吃苦是有理论依据的,冀商的吃苦不同于一般商帮的吃苦,就是从理论上,其他商帮吃苦是为了赚钱,而冀商则不然,他们认为吃苦是一种修养,人生的必经之路。孟子曰:"天将降大任于斯人也,必先苦其心志,劳其筋骨,饿其体肤,空乏其身,行拂乱其所为。"[8]在这种苦其心志的精神感染下,冀州商人在外面不辞劳苦地创业,其中许多人就是靠自强不息的精神白手起家而终成大业。例如闻名全国的冀州商人孙殿起,他家里世世代代都是农民,曾经因为贫困而无法完成学业,为谋生计被迫外出打工。来到北京琉璃厂开始了他的学徒生涯,孙殿起凭借自身勤奋好学以及自强不息的精神,在北京的古旧书行业逐渐声名鹊起,他一生经手和过眼的古籍善本有万余种,平生的"传奇"和逸事颇多。终成为书商界知名的古籍版本专家。

7.4.3 同舟共济,勇于创新

在中国传统商帮文化中,商帮以乡谊宗亲为合力、相互提携是非常必要的。正所谓万人同心,则得万人之力;万人异心,则无一人之用。商帮以众帮众的团结精神,在商业竞争中有一种集体优势。此外,由于封建社会的小农意识,商业经营者之间往往对经验和技术相互保密,但是通过地域或血缘关系为纽带建立起来的商帮团体,经验的传授自然也水到渠成。有一天津吴姓商家族曾制定这样的族规:凡是族中有些弟子不能读书,并且家中无田可耕的,因为生活所迫不得不外出做生意,族中有经营经验的长辈在外面要不提携他,要不在其他亲友的推荐下,好让他有一份稳定的工作可供养家糊口,千万不能让他在外面游手好闲,以至于衍生祸患。[9]冀州商帮就是利用这种乡谊团结纵横驰骋于当时北京旧书行业。冀州地区自然条件恶劣,为了生存,只能纷纷外出,而在外谋生的冀州人往往会介绍提携同乡外出经商。当时冀州外出子弟多会被同族中的长辈提携或同乡带同乡相互介绍引见来到京城,在老乡开的琉璃厂里当学徒,学习图书的装裱、估值、买卖活动。正是由于其具有强大的团结精神,他们在挫败竞争对手后,凭自身的势力逐渐垄断当时北京的古旧书行业。又如冀州经商的专业村,南小寨和淄村,他们外出所建商号皆统一为"华"字号,这样一方面可以壮大资本、实现共同富裕,另一方面又可以形成品牌、凝聚民心、同舟共济。

从大量的历史事实来看,冀州商人有很强烈的创新精神,各行各业的冀州商人在经营活动过程中,既未建立固定模式,也无前人经验可循,前面的路是黑的,要冀州商人在前行过程中不断探索,并加以总结,在此过程中,他们表现出了令人折服的创造力。例如,冀州商人史东初,他在 1909 年开办了天津中成搪瓷厂,以独资方式经营,为我国北方的个体商人开启了先河。之后三年,他又创办我国第一家香皂厂,中昌香皂印刷制罐厂在天津成立。冀州商人徐彩臣在玻璃砂制造业做出了尝试,民国元年,他将旧玻璃料器等及螺壳混合,并将其碾成砂来使用,之后天津双和盛玻璃砂工厂成立。在天津搪瓷、香皂、玻璃砂制造业,他们成为第一个吃螃蟹的人,极大了促进了工业近代化的发展。

参考文献

[1]　隰县《棠樾鲍氏宣忠堂支谱》,乾隆二十五年一本堂刻本.
[2]　杨奎昌.全聚德烤鸭店的百年沧桑[M].北京:中国文史出版社,1996:92.
[3]　《黟县三志》卷 6,同治九年刻本,第 65 页.

［4］武岩生.河北人发祥了琉璃厂［N］.燕赵都市报,2006－5－22.

［5］孙殿起.琉璃厂小志［M］.北京:北京古籍出版社,1982:360.

［6］民国《冀县志》卷一八《人物》,《中国方志丛书·华北地方》第170号,台北成文出版社1968年,第1027页.

［7］魏徵撰.隋书［M］.北京:中华书局,1973:859.

［8］杨伯峻.孟子译注［M］.北京:中华书局,2005:328,130,231.

［9］汪庆元.徽州的家族文献和宗族文化［J］.安徽史学,2006:1.

第8章　衡水商业　诚信

冀商是衡水人经商经验代表,衡水各县都有著名的商人和经商理念。武强年画成为最早的文化产业,深州"大德昌"钱庄以德立业的理念,是金融行业的优秀文化遗产。

8.1　冀州人精管理、善经营

8.1.1　冀州长期商贸繁荣

冀州,由于自汉魏曹丕设治于此,一直成为州郡县社会活动中心,商业十分繁荣。明末冀州已成为冀南地区经济中心。明清时有商旅聚集的四大堡寨:码头李"北贾天津,南邢磁洛,舟楫上下,收其委输",商业活动兴隆;田村堡"居积贸易比于州";还有谢家庄和韩村,都同冀州城内市场成为重要商业活动中心。同时境内寺庙甚多,以庙会为中心的商业交易,相当热闹繁荣。以淄村金龙大王庙会为例,该村《农村年刊》中写道:"清嘉道(嘉庆、道光)之时,庙会极盛,会期四方归之若市。"明清志书中记载的集市有 22 个之多。

8.1.2　外出经商形成优秀商邦

从明朝开始,冀州人外出经商十分普遍。据明清一些史料记载,冀州"褊隘(狭小),田不足养,而多商业,其人类能远出求富于他郡邑,南自京师、行省,北至塞上,富商巨贾往往多冀衡之民,訾(同'资')产殷盛,还而润泽乡里"。"在外经商者颇多,近者京、津、保,远者江苏、奉天、库伦,几乎全国二十二省,无一处无冀人行踪,幼而读书,长而经商,是岂吾冀人的习惯使然欤。"据调查,清末时,午村镇邢家庄共 75 户就有百余人在外地经商,羡家庄、大伯舍、内漳等村平均每户有一二人在外经商,说明冀州人当年外出经商者众多。冀州人精管理、善经营,创出了许多有影响的字号,如羡庄的"庆"字号、码头李的"泰"字号,西南王崔家的"协"字号,南小寨的"华"字号等,在各个城市或省非常出名。其中具有代表性的是遍及西北五省的王大昌茶铺。另外,还出现了许多大户,如南漳淮的巩家、羡家庄的羡家等。

8.1.3 冀商文化品位高

清末民初,冀州商人在京津沪经营古旧书业,尤其是在北京从事收购和销售古书的古旧书业商人众多,非常勤奋敬业,在全国各主要城市古旧书业的经营中都占有重要地位。经过他们抢救、收藏、购买到大批流失古籍珍本,为保存祖国灿烂的文化遗产做出了重大贡献,为专家学者的学术研究提供了极有价值的珍贵资料。其功绩,在文化史上是不可泯灭的。其中最突出的是孙耀卿、雷梦水和郭纪森。冀州的饮食业颇具盛名,如由冀州人创办的北京全聚德烤鸭店、天津曹记驴肉享誉海内外,此外还有冀州焖饼名吃。另外,冀州南漳淮人史东初,在 1898 年与其父逃荒来到天津,因勤快、诚恳,受到经理赏识,进入"成兴东洋来货家"。1901 年,随经理到日本,很快成为"成兴"在日本的代理人。他学习了先进技术和管理方法。1909 年,在天津创立了"中成搪瓷厂"。这是我国第一家独资经营的搪瓷厂。1912 年,史东初在天津创办的"中昌香皂制罐厂"是全国第一家肥皂厂,出产的"金花"香皂成功地将外国同类产品挤出中国市场。史东初将印刷制罐转给他人经营,改为"志成印刷制罐厂",即现在"天津印刷制罐厂"的前身,自己专心经营香皂厂,称"中昌香皂厂"。史东初对商标设计也很有研究。前门牌香烟的商标就是由他设计。1931年,他还设计出飞行皮衣(航空衣)、航空帽,并将其设计无偿转让给服装厂和"同升和"帽庄,深受青少年欢迎。史东初还积极协助他人兴办工厂、企业,如"三条石衡器厂""郭天成铁工厂"等等。史东初热爱祖国,故所起厂名如"中成""中昌""志成""建华"等,均寓中华民族的工业必定成功,希望繁荣昌盛,以抵制外洋之意。

8.2　武强年画——最早的文化产业

武强年画产生于宋末元初,明、清两代最为鼎盛。相传,明永乐年间,山西省洪洞县艺人到此以后,促进了这一艺术形式的发展。起初是民间画家亲笔画,逐渐发展成刻版印刷,以至全部套版印刷。那时人烟稠密的武强南关,便是"家家点染,户户丹青",形成了中国北方最大的木版年画产地之一。到了清乾隆、嘉庆时进入全盛时期,当时,全县各种年画生产厂家和作坊达到近千个,从业者万余人。据有关史料记载,当时被称为年画之乡的南关,拥有 144 家画店,周围 40多个村庄数以千计的农户有年画作坊,其中县城规模较大的有"宁泰、泰兴、天玉和、万兴恒""四大家"和农村"祥顺、德隆、东大兴、大复兴"等 8 大家有影响的画店。在外地设有 160 多处批发店,行销河北、山西、陕西、内蒙古、辽宁等 18 个省。民间曾经流传这样一首民谣:"山东六府半边天,比不上四川半个川,都说天津人马厚,不如武强一南关。一天唱了千台戏,找不到戏台的那一边。"从民谣可见当时武强文化产业的繁荣景象。后因地理交通状况的变化而逐渐衰微,民国时期的战乱导致武强年画业迅速萎缩,仅有四十余家画坊开门经营。20 世纪 40 年代初,武强年画艺人与晋察冀边区的美术工作者一同创办"冀中年画研究社",1947年又在此基础上成立了"石家庄大众美术社",武强年画由此得以复兴并有所创新。1949年后,武强县40家画业作坊合并为武强画厂。武强年画几经沧桑,到1980年成立了"武强年画社",武强年画得以正式出版发行。它对武强的经济发展和社会进步,起到过举足轻重的作用。和杨柳青年画的细腻繁复、富丽多彩相比,武强年画更有农村气息,风格粗犷,色彩简单浓烈,颇受欢迎。1985年,建立了武强年画博物馆。1993年,武强县被文化部命名为"中国木版年画之乡"。

8.3 深州"大德昌"钱庄

8.3.1 深州大德昌钱庄遗址

深州大德昌钱庄遗址在深州市永昌大街58号胡同里面,是典型的北方四合院式建筑群。大德昌钱庄是清末中国北方财阀马惠堂(深州马家庙村人)在深州开办的,是当时衡水一带有名的银号。据附近居民介绍,以前大德昌钱庄里除仓储房外,各处建筑之间原来都有抄手游廊相连,以便下雨时仍能来回往返。各屋均为木地板铺地,下设隔温空间,使室内保持冬暖夏凉。院落之间莲花满池,各屋石桥相连,建筑非常具有艺术性。但由于历史上的战乱和年久失修,对其进行修复已是迫在眉睫。

大德昌钱庄是目前我省(河北省)古代钱庄保存较为完好的一处清末民营商业建筑,具有典型的建筑特点,也是研究清代钱庄建筑不可多得的实物资料。

8.3.2 德才兼备是马惠堂事业有成的基础

(1)马惠堂出身木匠。咸丰十年(1860)马惠堂出生在深州马家庙村一个木匠家里,读了两年私塾就辍学在家跟父亲学木匠。十五六岁那年跟父亲、大伯赴北京求营生。每天去天桥人市找活儿。一年后的一天遇到一个特殊雇主——王府里来的太监,在人堆里转了半天,停在马惠堂跟前,招招手说,"跟我走吧。"马惠堂又惊又喜,喜的是竟然王府里的活找到自己,惊的是自己的手艺太差,不知能否应承得了差事。临近王府开始打起退堂鼓。太监无所谓地说:"就没想你能做好,你应景儿,我交差,大不了接着挨一顿骂罢了。"马惠堂问起原委才明白这活计不过是做个板凳。已经找了五六个木匠,一个比一个活儿做得好,王爷却越来越不满意,太监只好硬着头皮接着找人,这才找到马惠堂头上。

(2)马惠堂有才。过了两天,板凳做成,拿给王爷看,王爷竟然很满意,这叫歪打正着,也是马惠堂心思乖巧,能揣摩对方的心理。他自知手艺比不上前几次的能工巧匠,既然王爷不在意技艺、材质,剩下的就是样式了。马惠堂就做了个怪模怪样的。平常的板凳上小下大,四条腿向外斜。他做的板凳两条腿向外乍,两条腿与地面垂直。坐时不影响稳定性,不用时放在墙边板凳可以紧贴墙边,少占地方。这是一种技术创新,深得王爷喜爱。

王爷听说做板凳的是个小木匠来了兴致,招呼来见。马惠堂读过私塾,知书达理,回王爷话很得体,王爷一时高兴,遂连同其父伯一起留府上做活儿。这王爷就是恭亲王,咸丰皇帝的弟弟,同治皇帝的叔叔,历史上有名的深受慈禧太后宠信,权倾朝野的六王爷"鬼子六"。

(3)马惠堂有德。王府里的东西都是宝贝,哪一件都很值钱。马惠堂洁身自爱,不管到哪里去做活,先让太监把可移动的物品做个登记,做完活离开,又让太监清点。有同乡劝他何不拿出一两件变卖,就不用受苦受累做活了,马惠堂说:"咱卖手艺,不卖人格。"恭亲王心若明灯,对马惠堂从喜欢到信任,直至后来把王府采买砖瓦木料的权力也给了他。一时找马惠堂推销产品的客商如走马灯。面对如此美差膏腴，马惠堂铁面无私，全部以质论沽。

8.3.3 以"德"兴业是马惠堂事业做大的关键

深州出蜜桃，每年夏天，马惠堂雇人从老家挑来鲜桃送给恭亲王，只为感恩。蜜桃不好保存，怕热怕磕，马惠堂便在蜜桃下面铺以青草，路上给蜜桃扇风。恭亲王落魄时他也日日请安，全不避嫌。拳拳之心令恭亲王视如心腹，后来收了他的女儿为义女。

每当王爷意欲封赏之时，马惠堂总是不要银两，只要活儿做。王爷招揽来的活都是大活计、摇钱树。马惠堂开始从老家招兵买马，组成建筑队。后来在鼓楼大街开了"兴隆"木厂。

1884 年为慈禧太后重建颐和园，这是个大工程，慈禧不怕花钱，就怕建不好，因此在全国招募能工巧匠。马惠堂报了名，恭亲王也替他说了话。慈禧给了这个面子，又不放心，怕马惠堂是混饭吃的，让李莲英去考考他。

马惠堂做了一个精巧的凉亭模型带着去了。几个考官说不是当场做的不算数。马惠堂就给他们玩了个瞎子摸木头游戏，用布蒙眼后，把别人刨好的木头拿过几块，凭感觉摸出木板的厚薄、宽窄、长短。接着马惠堂又露了两手绝活儿：一是蒙着眼照李莲英说的尺寸刨出一块木板；二是蒙着眼把自己带来的凉亭模型拆开再组装上。拆容易装很难，不光凭手上感觉，还要把结构吃透。马惠堂顺利组装令李莲英服了，当场点头给了颐和园建设工程。

颐和园建设过程中也有人作梗。有个同乡嫉妒马惠堂，收买了一个跟马惠堂干活的木匠，做出的门窗不合规格。马惠堂及时发现后，把监工头和附近施工队的头头都叫过去说："这几个尺寸小了。今儿把大伙请来，做个见证，我把它砸了，重做，糟蹋的木料钱我赔。"正砸着，恰好李莲英陪慈禧到颐和园看工程进度，问明情况慈禧大悦，对马惠堂青睐有加。

有颐和园工程垫底,此后皇宫王府修葺、皇陵建造、艺苑修建等工程全被马家包揽。后来马惠堂又开始做钱庄、绸缎和茶叶生意。到民国时期,在东单、大栅栏、鲜鱼口等地,都有他的买卖,七七事变前,又发展到北方各大商埠。

8.3.4　马惠堂"昌"耀乡里

(1) 马惠堂后来回老家做生意,在深州县城开了"大德昌"钱庄和"天昌厚"绸缎庄。在榆科区头开了"大德泰"钱铺兼布铺;在王家井区头开了"大德兴"钱铺兼百货铺;在邻县束鹿开了"大德裕"布庄;在老家马家庙村开了"大德隆"钱铺。这些店铺几乎覆盖了南半个深州。

有记载:1920 年天旱欠收,佃农们请马家庙马泽普给北平的马惠堂写信,请求免租。马惠堂欣然答应并在回信中说,除免收当年租子外,愿另出钱万吊作为乡亲救急用,等日后年景好了,被救急者可随意归还。归还的钱如果不足万吊,缺多少再由马惠堂出钱补齐。此款无偿捐给村里以备荒年。还立字据道:日后其后代子孙,无权过问此款项,更无权向村里索取。

(2) 大德昌钱庄的贡献。马惠堂在老家的建筑保存完好的,就数深州城里的"大德昌"钱庄了。钱庄亦称票号,是专营银两汇总,吸收存款、放款的私人金融机构,是中国近代银行的前身。清以银两为主,兼用制钱。晚清加上银元、铜元和纸币,兑换业务愈加活跃。"大德昌"的出现,让深州人手里的死钱变活钱,不但增加了货币流通,其放款业务更是为当地商业买卖的发展,起了积极推动作用,可以说盘活了当时深州一方的经济。

参考文献

[1] 隰县《棠樾鲍氏宣忠堂支谱》,乾隆二十五年一本堂刻本.

［2］杨奎昌.全聚德烤鸭店的百年沧桑［M］.北京：中国文史出版社,1996：92.

［3］《黔县三志》卷6,同治九年刻本,第65页.

［4］孙殿起.琉璃厂小志［M］.北京：北京古籍出版社,1982：360.

［5］民国《冀县志》卷一八《人物》,《中国方志丛书·华北地方》第170号,台北成文出版社1968年,第1027页.

［6］魏徵撰.隋书［M］.北京：中华书局,1973：859.

［7］杨伯峻.孟子译注［M］.北京：中华书局,2005：328,130,231.

［8］汪庆元.徽州的家族文献和宗族文化［J］.安徽史学,2006：1.

［9］边彦双.马惠堂筑"大德昌"钱庄,滨湖画报(专刊),2015年第一期.

第 9 章　旅游资源　丰厚

　　衡水地区是古代冀州的中心区,保留有大量名人古墓和寺庙建筑,对于研究古代社会的历史文化具有非常重要的旅游价值。衡水市在现代也有辉煌的成就,涌现了一批革命和建设的英雄人物和事迹,红色记忆旅游对于中国特色社会主义建设,对于弘扬树立社会主义核心价值观都有现实意义。

9.1　衡水市旅游资源简述

　　衡水是京津冀都市圈最具稀缺性的滨湖型休闲旅游城市,旅游资源具有蕴藏量大、品种多、特色鲜明等特点。概括起来主要有:以历史名人董仲舒和现代名人王任重为代表的人文资源;以衡水湖国家湿地自然保护区为代表的自然生态旅游资源;以邓庄农业科技示范园区和老白干为代表的工农业旅游观光资源;以"衡水三绝"(冀派内画鼻烟壶、侯店毛笔、徐氏宫廷金鱼)和武强年画为代表的旅游纪念品资源等。古迹有全国重点文物保护单位封氏墓群、庆林寺塔,河北省重点文物保护单位高氏墓群、周亚夫墓、孔颖达墓、窦氏青山、舍利塔、宝云塔、董仲舒石像等。衡水正全力打造宜居、宜业、宜商、宜学、宜游的现代"水市湖城"。

同时,衡水既是文化名城也是教育名城。衡水处于齐鲁文化与燕赵文化的交汇处,深厚的文化底蕴造就了一大批历史名人,曾涌现出西汉儒学大师董仲舒、唐代著名经学家孔颖达、唐代诗人高适等一大批杰出人物。在近现代,京剧大师荀慧生、文学家孙犁、京韵大鼓创始人刘宝全、棋圣聂卫平等国宝级大师也都是衡水人。秉承 2000 多年兴学传统,近年来,衡水教育名城的品牌日益响亮。

9.2 衡水湖自然保护区

9.2.1 衡水湖湿地公园

河北衡水湖国家级自然保护区位于华北平原中南部的衡水市境内。衡水湖是公元前 602 年黄河决口改道、冲刷而形成的一片浅碟形自然洼淀,常年积水,史称"千顷洼",总面积 187.87 平方公里,为华北第二大淡水湖。其中深水面积 19 平方公里,碧波荡漾、渔歌唱晚,素有"北方江南"之称。水源主要来自卫运河、黄河和长江水,可谓"容长江、黄河于一湖——衡水湖"。

衡水湖具有蓄洪防涝防旱、调节气候、控制土壤侵蚀、降解环境污染等功能,它不但造福衡水人民,而且对调节周边乃至京津地区的气候、改善生态环境起到重要作用,它还是南水北调的调蓄水源地,为衡水及周边地市提供饮用水和工农业用水,发挥着促进区域经济发展的重要作用。其生态效益、社会效益、经济效益巨大。

衡水湖的植物群落有芦苇群落、香蒲群落和莲群落为代表的挺水植物。区内生物呈多样性,以内陆淡水湿地生态系统和国家一、二级鸟类为主要保护对象。文化底蕴丰富,南岸的冀州古城建于汉高帝六年(前 201 年),史有"天下分九州,冀州为首"之称。汉城墙、明城墙、众多汉古墓、石碑、李三娘石磨、大禹造湖及竹林寺飞升上天的许多遗址和传说反映了衡水湖的自然地理和人文历史的变迁。

9.2.2　衡水湖湿地公园主要景区

景区以曲水、古城、群鸟为风景"三绝",具有沼泽、草甸、滩涂、水域、林地等多种生境。动植物资源丰富,有植物 370 种,昆虫 194 种,鱼类 26 种,两栖爬行类 17 种,鸟类 296 种,兽类 17 种,浮游植物 201 种,浮游动物 174 种,底栖动物 23 种。尤为突出的是鸟类资源,国家一级重点保护鸟类有丹顶鹤、白鹤、黑鹤等 7 种,国家二级重点保护鸟类有大天鹅、小天鹅、灰鹤等共 44 种。

衡水湖主要景观有水域景观、万亩湿地公园、芦苇荡景观、梅花岛、荷花淀、竹林寺遗址、汉城墙遗址、明城墙遗址、汉古群墓等,衡水湖既是生态科考和科普教育的重要场所,又是旅游观光的胜地。

水域景观:衡水湖水域开阔,深水区域没有沉水植物生长,烟波浩渺,一碧万顷,为气势磅礴的大湖景观。芦苇荡景观:衡水湖湿地芦苇群落中水道纵横,水质清澈,波光粼粼,泛舟芦苇荡,妙趣横生。

衡水湖建设万亩湿地公园:冀州区万亩湿地公园以造林为基础,以造景为目标,分为小寨森林公园,油菜、苜蓿观光园,景区道路及景观节点三大部分。小寨森林公园造林规模 5000 亩。小寨森林公园与中湖大道之间的湿地区域,建设 3000 亩的苜蓿观光园和 2000 亩的油菜观光园。依托湿地景区的自然地形和风景特征,在后冢至小寨森林公园之间修建风景区道路,道路两侧种植以白蜡、金枝国槐、法桐、垂柳等为主的适合风景区特点的绿化带,配置护栏和休息区。冀州区万亩湿地公园,有利于形成生态效益、经济效益、社会效益相融合的滨湖景观带,满足现代人观光度假、回归自然、体验民俗文化风情的心理需求。

梅花岛:梅花岛绿树成荫,鲜花盛开,游客可围岛散步,观赏衡水湖秀丽景色。岛内动物有内蒙骆驼、云南孔雀、猴子、大雁、美国产火鸡、山鸡、中华绿蛋鸡、澳洲鸵鸟、梅花鹿、珍珠鸡、内蒙牧马、小白兔、鹦鹉。颇受欢迎的项目还有垂钓、挖野菜、采苜蓿等,并可向游客提供农家小院午休。

汉城墙遗址:建于西汉高帝年间,是"冀州八景"中的"信都旧址"。

9.2.3 衡水湖国际马拉松赛

衡水湖国际马拉松赛的特点和优势。经国家体育总局批准,2012·衡水湖国际马拉松比赛于 9 月 22 日在衡水市举行。衡水湖国际马拉松赛是衡水首次承办的大型国际赛事,举办国际马拉松比赛在河北省也属首次。比赛起、终点及主要赛道都将选在美丽的衡水湖畔。此赛事起点、终点及主要赛道都选在衡水湖畔,赛道环绕衡水湖一周,是国内唯一的真正意义上的环湖马拉松赛道。经过精心规划设计和建设的环湖赛道,路面宽敞、地势平坦(最高海拔 26 米,最低 21 米)、坡度小,两侧绿树成荫、鲜花盛开。据测定,衡水湖的"负氧离子"含量最高为每立方厘米 4600 个,是周边城市的几十倍,被誉为"天然氧吧"。良好的生态环境和优美的赛道环境,不但提升了赛事的整体氛围,也能在视觉感官上给予运动员以兴奋感,有利于充分激发运动员身体机能和有效快速缓解疲劳,创造更好的竞赛成绩。

衡水湖国际马拉松赛社会意义重大。为充分体现赛事的全民参与性,衡水市体育局开展全民健身展示、万人长跑、拔河比赛、象棋和围棋比赛、篮球联赛、马拉松演练、羽毛球比赛、武术表演等 20 多项次群众性活动。其中,2012 年 5 月 1 日举办的万人长跑和 2012 年 8 月 8 日举办的马拉松演练,是对 2012·衡水湖国际马拉松比赛赛事的全面预演。衡水湖国际马拉松赛带动了衡水环境变化和社会凝聚力。马拉松比赛不仅仅是一项体育比赛,同时是一个展示衡水形象、推动各项工作的重要平台。衡水市举全市之力办好马拉松比赛,全市办赛、全社会办赛。

衡水湖国际马拉松赛对环境保护的带动作用。2015 衡水湖国际马拉松大赛临近,桃城区以中湖大道、106 国道、S040 省道赛道段为重点,采取多项措施,美化环湖马拉松涉赛路段。桃城区在衡水湖国际马拉松赛道段及重点分流路段补植卫矛、木槿等花灌木 21.15 万株,新植卫矛 6500 株,修剪绿化超过 26 公里。桃城区还对赛道平台及边坡进行平整、清除杂草;对沿途路沿石、便道硬砖进行维护,恢复公路水毁段 310 余立方,更换 550 多块毁损便道砖。在赛道途经的桃城区郑家河沿镇,清理积存垃圾 8 万余立方,拆除残垣断壁 3600 余平方米。购置垃圾清运车 2 辆,发放背负式垃圾桶 380 个,并与清洁服务中心签订垃圾清运协议。同时,聘用退休老干部、老党员、人大和政协代表、群众代表,对环境卫生整治、长效机制运行等情况进行监督。此外,桃城区交通局养护人员和路政人员不间断巡查,洒水车、清扫车全天上路,及时清除赛道及分流路段的垃圾、小广告。统一粉刷沿途建筑物和桥梁,在重要节点安装吊花,摆放盆花。

衡水湖国际马拉松赛打造优秀的赛事文化。衡水湖首届国际马拉松赛会徽、吉祥物于 2012 年 7 月 9 日正式公布,衡水市设计师刘瑞民的作品被确定为 2012 衡水湖国际马拉松赛会徽;河南洛阳设计师郭文俊的作品"湖宝"则成为 2012 衡水湖国际马拉松赛吉祥物。

吉祥物"湖宝"以衡水武强年画"六子争头"中的娃娃形象为原型首届衡水湖国际马拉松赛吉祥物,并融进祥云、武强年画、湖水纹饰等元素,形象活泼可爱、动感十足,突出了举办地衡水的地域特色和历史文化底蕴。"湖宝"胸含"六子争头"经典图案,怀抱衡水三宝之一的"衡水金鱼",寓意"连年有余";脚踏衡水湖,象征着衡水湖优美和谐的绿色生态经济圈;头飘祥云,寓意"幸福和谐的衡水";一手呈 V 型

湖宝
Hubao
2012 衡水湖国际马拉松赛吉祥物

胜利式,象征着运动健儿奋力拼搏、勇于夺冠的精神面貌;"湖宝"热情地向大家跑来,欢迎世界各地健儿相聚衡水,充分体现了衡水人民举办国际马拉松赛事的高涨热情和建设幸福家园的精神风貌。

会徽设计以"让世界了解衡水,让衡水走向世界"为理念,以拼音"heng"的第一个字母"h"及英文"Marathon"的第一个字母"M"为设计元素,选用抽象模块组成人体动感造型,由黑、白、橘黄三色并列构成,寓意世界不同肤色的运动员及友人齐聚美丽的衡水湖畔,拼搏进取的造型极具运动美感和冲击力。运用毛笔泼墨的形式构成京津冀最美湿地衡水湖,绿色代表美丽富饶的衡水大地,蓝色代表碧波荡漾的衡水湖和衡水的母亲河滏阳河。"湖水"又好似两只翱翔的水鸟在空中嬉戏,形成了象征着和谐、博爱、包容的环状,寓意环湖马拉松赛在衡水湖畔展开,好客衡水欢迎您。整体构图简洁直观,主题鲜明,色调明快,充分体现了古韵衡水与魅力马拉松赛的完美融合,蓝、绿渐变凸显了"湖水"的立体效果,红黄渐变彰显了马拉松赛的激情与衡水四射的活力,蕴含了极强的时代气息。

衡水湖国际马拉松赛的社会影响不断扩大。组织严密、安全有序、节俭高效、成绩优异、宣传有力的良好效果,首次举办即被中国田径协会评为银牌赛事,第二届、第三届和第四届均被评为金牌赛事,2014年升级为全国马拉松锦标赛,并入选当年中国体育旅游精品赛

事。2016 年赛事确定了"打造国际绿色马拉松品牌,争创国际田联铜标赛事"的办赛目标,在赛事品质、赛事传播、赛事服务、配套活动等方面有了很大提升。2016 衡水湖国际马拉松赛,不仅是各国运动员们突破自我、实现梦想的舞台,也是对衡水经济社会发展成果的一次集中展示。衡水湖国际马拉松赛在央视和河北电视台直播的基础上,增加了衡水电视台直播,并在 14 家大京九城市广播电视台联盟成员台和 32 家全国马拉松城市电视台联盟成员台进行赛事传播。除此之外,还通过美联社、纽约时代广场电子屏幕等进行国际传播。借助国际马拉松赛这个窗口,衡水把自己优美的形象呈现给了世界,扩大了城市影响,促进了对外交流。

9.3　衡水市名胜古迹

9.3.4　古建筑

(1) 冀州古城遗址。冀州古城遗址位于衡水市冀州区冀州镇北关村一带。是汉代冀州古城西北面的一段土城墙,从东北向西南延伸,总长 4500 米,分布面积 225 万平方米。最高处 8 米,底和顶最宽处分别为 30 米和 10 米。城址西、北面的沟渠为原城的护城河。据考证,古城建于西汉高帝年间,距今已有两千多年的历史。西汉时,该城城周 12 里。北宋时将城周扩大到 25 里。元、明、清各朝也曾增修。全城东西长,南北窄,建有东西南北四个城门,南北门离东门近,像两只凤眼,东门到西门长长的东西大街像风身,具有丹凤朝阳之势。现古城墙高 3—5 米,基底宽 30 米,顶面宽 4 米。2013 年 5 月 3 日,国务院公布了第七批全国重点文物保护单位,冀州古城遗址名列其中,这是冀州市首个国家级文物保护单位。

冀州历史悠久,可追溯到中华文明创建的上古时期,但是有确切文字可考的记载自汉代才有。在冀州市举行的历史文物鉴定会上,一批新石器时代的出土文物把冀州地区的人类文明史一下子推进到了距今 5000 年以前,有力地证明了冀州悠久的历史。

为更加准确地理清冀州漫长的历史发展脉络,为冀州悠久的历史提供新的佐证,使"九州之首"文化更加完善,2013 年 11 月 24 日—11 月 26 日,冀州市委、市政府特邀请故宫博物院院长、中国考古学会会长张忠培,故宫博物院研究员、国家鉴定委员会副主任、中国古陶瓷学会会长耿宝昌以及国家鉴定委员会委员王莉英、陈华莎、穆青、石永士等专家教授来冀州,对冀州古城遗址、古墓和历史文化进行了实地考察,并对部分历史文物进行了鉴定。

专家团经过评审认定,此次冀州提供的 123 件/套文物中,新石器时代晚期文物 4 件,仰韶时期文物 1 件,商代文物 2 件,战国时期文物 17 件,汉代文物 46 件,魏晋南北朝时期文物 7 件,隋唐时期文物 15 件,宋元时期文物 9 件,明代文物 1 件。其中,一部分文物被定为国家二级、三级文物。通过以上文物的鉴定能够佐证,冀州历史悠久,文化品位比较高,文化底蕴很深厚:仰韶时期(大约公元前 5000 年至前 3000 年),冀州之地就已有了人类活动;夏商时期,商人亦在冀州留下了自己的遗存;战国秦汉时期,逐步达到了文化发展的高峰,冀州的州之建制已完善;到唐宋时期,冀州的经济、文化、科技等已相当发达。专家断言,冀州文物潜存丰富,开发价值巨大。

(2)衡水古城墙。公元 1575 年,在原来的范家疃"易垛以砖"建立衡水城,清朝顺治年间知县张恒重修四座城门楼,并易改其名:东门(仁育门)改为迎旭门;南门(迎薰门)改为来薰门;西门(和商门)改为登瀛门;北门(通济门)改为漳带门。东门迎旭门——东迎朝阳象征城池朝气蓬勃;南门来薰门——"薰"古代指花香草。俗语"薰莸不同器"("莸"指臭草),比喻好坏不能共处,祈盼全城百姓扬正气、去歪风,安居乐业;北门漳带门——浩荡漳河从西南角入城区,拐一大弧形至城区东北角,好似古代文官上朝时腰间挎的一条玉带一样,寓意吉祥。因此,城内老学究们用"漳带门"命名这块风水宝地,"漳水北环"是衡水古八景之一。城内文庙旁还有一条"玉带街";西门登瀛门——这是城池的正门,"登瀛"一词来自唐朝皇帝李世民时期"十八学子登瀛洲"轶事,全国十八学子,衡水县就占了两位!取名"登瀛门"以纪念这件无尚荣耀的往事,希冀后人"继往开来"。光绪初,城的四座角楼先后倒塌,举人孙赋谦(孙家庄人)捐资依城西北白虎角楼和东南青龙角楼倒塌旧址造起两座魁星阁;又在通商街南口建筑小城门,曰"和商门",上面建文昌庙,俗称南阁;在问津街北口建筑小城门,曰"通济门",上建文昌庙,俗称北阁;在观澜街西口建筑小城门,曰"观澜门",上建文昌庙,俗称西阁。

　　四城门——东门(迎旭门),现今劳改队门口处,双城门,前门上建一层闸楼,门前建吊桥,两条铁链从闸楼连接木吊桥,桥下护城河,后门是正门上建双层城门楼,中间部分为弧形瓮城。北门(漳带门),现今人民东路与和平路交叉路口路南,"桃城北门"处,建造形式与东门相同。清光绪年间国家测绘局以渤海海面测水准等高线,镌刻在北门吊桥桥墩石上,现今已深埋地下。古时人门站在北门上,向北瞭望:潺潺漳河水绕城半圈,来往商船,帆樯如梭,风光宜人,为古八景之一"漳河北环"。西门(登瀛门),现今河东"水利科学设计院"处,也是双城门建造,方形瓮城,面积最大,南北长二十余丈,东西十余丈长,瓮城内建有城王庙、山西会馆及商铺,门前设吊桥。南门(来薰门),位置在永兴路与南门口街交叉口北行 60 米处,路旁的石块是原城门遗物,南门建造与东门、北门相同,门前的吊桥,吊桥的石墩到"文革"时期还存在。吊桥南建有大照壁一座,是风水建筑。

　　新中国成立后,城区建设拓宽道路,四门陆续被拆除,给后人留下好多遗憾!

（3）衡水安济桥。衡水安济桥又名衡水石桥或衡水老桥,位于河北省衡水市桃城区胜利东路,东西横跨滏阳河上。东西走向,于乾隆三十一年十月(1766)建成。该桥是滏阳河流域规模最大、保存最好的古代石桥,1993年被公布为河北省重点文物保护单位。

滏阳河是桃城区境内一条较大的自然河流,纵贯南北,境内流长42公里,原为衡水的水路交通主要河道,在衡水安济桥北侧,滏阳河西岸建有客运、货运码头,方圆百里的客商,都从此地乘船,进津京,由此衍生了安济桥西头的"问津街",问津街名一直沿用至今。

据《衡水县志》载:当时此地是河北省至北京,山东至山西的水、陆交通要道。早在明天顺元年(1457),衡水知县杨俨奏请上级批准,由深、冀二州和武邑、枣强二县助资,建立了一座木桥。后来,在明成化、弘治、正德、嘉靖年间,由于多次发大水,木桥屡修屡毁,明嘉靖三十二年,由衡水县徐廷等人募资,用了三年的时间,建成了一座石桥,明隆庆三年又被大水冲毁了;后来,由贾从仁等人募资,又把石桥修好了。这样衡水桥建了毁,毁了建,前前后后,经过了二百来年。至清顺治五年(1648)由于滹沱河河床南徙,其支流和滏阳河汇成一条河,于是河水猛涨,桥几乎被冲毁。直到清乾隆年间,当时的直隶总督方观承看到旧石桥残损严重,于是奏请朝廷批准,拨出银子四万七千六百多两,购置石料,准备建一座坚固的石桥。派清河道周元理、通永道玉神保董理,衡水知县陶淑亲自指挥,于清乾隆三十年(1765)五月施工,10月后完工。"土无颠溃,水不横溢",这座气势宏伟的石桥七孔连拱,全长116米,桥面宽7.5米,桥两侧各有望柱58根,每根柱顶有形态各异的石狮;望柱之间有石头栏板。桥东西两头,南北两侧各有一只较大石狮。乾隆帝赐名"安济"。深感荣耀的方观承写下"钦建安济桥记",称衡水"地处畿南,当齐晋水陆之冲,盐运粮贩行旅之所往还"，"皇上轸恤民瘼"，"恩赐名安济，夫安之时，义大矣哉"。

　　该桥东西两端北侧原建有漳爷庙、玄武庙、龙神庙、安济桥碑亭、关帝庙、八蜡庙、观音堂等古建筑，都早已被毁，现仅存龙神庙碑、八腊庙碑各一座。

　　安济桥自建成到 2014 年，已经有将近 240 年的历史，因河床西滚，桥东一孔已被土屯死，两边的大石狮子已被土掩埋大半。衡水安济桥久经风雨浸蚀，行人磨损，望柱上的石狮及石栏板上的图案，有的已模糊不清，由于十年动乱，狮子残缺不全。

　　（4）景县大运河华家口夯土坝。2014 年 6 月 22 日，随着大运河申遗成功，景县域内有着上百年历史的华家口夯土坝即大运河坝体遗址，跻身世界文化遗产之列，将与人们熟知的故宫、长城、兵马俑一起载入《世界遗产名录》。

　　大运河是世界上最长的人工开凿运河，工业革命前规模最大、范围最广的土木工程项目，促进了中国南北物资的交流和领土的统一管辖，反映出中国人民高超的智慧、决心和勇气，以及东方文明在水利技术和管理能力方面的杰出成就。大运河在衡水市河段位于东部与沧州、德州交界处，为海河流域漳卫南运河系的一部分。从故城县辛堤村南入境，流经故城、景县、阜城三县，在阜城县张华雨村北入沧州境，共 179.05 公里。目前已全面断航，主要功能为泄洪和输水，局部地区取水灌溉。

　　大运河沿线有无数险工闸口，由于地理位置不同，施工材料也大相径庭。南方多以石质为材建设河道险工。河北省省境内运河地处华北平原，因地施材，多为夯土险工。由于河水多年冲刷，位于南运河左岸景县安陵镇华家口村东南面的华家口夯土坝，为河北段大运河仅存的两处夯土险工之一，也是此次申遗成功后河北段拥有的两处世界文化遗产点之一。现存坝体长约 255 米，采用黄土、白灰加糯米浆夯筑，基础钉锚柏木桩，结构合理，弧形曲线符合流体理学原理，受力面合理，最大限度缓解了河水的冲刷。经过一个多世纪河水的冲刷和几次大洪水的侵袭，主体结果依然较好，并携带了丰富的历史信息，突出反映了北方大运河上坝体遗产的特点和价值，也体现了当时施工工艺的科学性，是中国古代利用夯土技术建设水工设施的实物证据，为研究古代水利工程不可多得的实物。

据史料记载，华家口夯土坝附近在古代曾有一个渡口，康熙、乾隆下江南时均曾经过此处。"大块风光，春畴一生，满目从容。桂棹初摇，牙樯始立，淑色烟笼。堤边对对宾鸿，村庄里，安平气融。乐至情深，读书意远，与古和同。"这是 1750 年，康熙南巡经过河北段大运河时填写的词。

华家口村的老人们还记得：大运河以前经常发大水，村边洪水最深时有十几米。每到防汛护堤时，村民们就来昼夜看守。水大时，附近的老百姓去当纤夫拉船的很多。

华家口村村支书闫红军介绍，晚清时期，坝体所在的这一河段经常决口，给当地百姓带来沉重的灾难，华家口村多次被淹。1911 年（清宣统三年），当时的景县知县王为仁，采取最底部原土层打木桩、毛石打垫层，垫层之上用灰土加糯米浆逐层夯筑的方式，主持修建了这一大坝。自大坝建好后的上百年时间里，华家口村再也没有决堤受灾的记录，"村里的老人说，早年有德政碑，上面详细记录了修坝的情况，现在正在找寻这块碑"。

近年来，此处的运河里在夏天还能积些水，主要用来灌溉。每年 11 月到次年 1 月，引黄入津的水也从这里过。原生态性明显被定为申遗点。2006 年 5 月，京杭大运河被列为全国重点文物保护单位。同年 12 月，我国重新设定的《中国世界文化遗产预备名单》将大运河列入其中。衡水市大运河的重点河段在阜城县霞口和码头镇、景县安陵镇、故城县郑口镇和建国镇。沿岸 3 个县重点文物 9 处，包括阜城戈家坟引水闸、霞口扬水站，景县安陵衙署、封氏墓群，故城县建国镇码头、杜氏民宅、十二里庄大教堂、娘娘宫遗址、建国沉船遗址。当年这些地区贸易繁荣，经济发达，为南粮北调、北煤南运，改善和丰富运河沿岸人民的经济、文化生活发挥了巨大作用。

9.3.1　古塔

（1）景县开福寺舍利塔。景县开福寺舍利塔是全国重点文物保护单位，位于衡水市景县景安大街北侧文化广场内，距衡水市 60 千米。历史上为畿南著名古迹之一。景州塔创建于何时已无确切文字可考。1931 年修订的《景县志》有这样的记载和分析：古塔上曾悬有铁匾，匾上铸有"齐、隋重修"字样。重修既在齐、隋，其创建年代应早于此，当在北魏时代，距今已有 1500 多年历史。据此推测，古塔始建于北魏高宗兴安年间，齐、隋、宋等都有较大维修，现存古塔为宋代风格。塔在县城的中心，远远地便望到了。"沧州狮子，景州塔，正定府的大菩萨"，这句话在民间广为流传。当地人说，到景州镇，不看景州塔，无异白来一趟，可见塔在当地人心里的地位。景州塔是景州的一种象征。开福寺毁于辽宋、宋元战争，仅有的一座无梁殿也在"文革"期间被拆毁，而今只剩下这座古塔。

该塔原名"释迦文舍利宝塔"，又称开福寺舍利塔，因景县原为景州，所以人们通常称为景州塔。据说释迦牟尼涅槃后，弟子将他的舍利子分成八份，其中两份分别送给中土的洛阳白马寺和景州的开福寺，由此可见开福寺和景州在当时中土佛教界的地位。下铺巨石，上以砌砖，塔基下有一深井，全塔 13 层，每层均有涵洞外向，塔顶有铜质葫芦，高2.05米，遇有风日，涵洞被风鼓荡，作水涛声，故有"古塔风涛"之说。清乾隆十三年（1748），乾隆帝曾到此游览并留诗。区内主要景观有登塔远眺、古树奇观、古塔风涛、景州文史馆、近现代特色建筑等。

古人曾用"孑然一柱把天擎"来形容景州塔之高大,或站在塔下仰视,或站在塔外远观,此塔真如一尊巨柱拔地而起,直插云天。古塔总建筑面积 1500 平方米,13 层,通高 63.85 米,外形为八面棱锥体,底层周长 50.5 米,是一座由砖石结构建成的密檐楼阁式古塔。据传说建造此塔时,采用土屯法,塔垒多高,土堆多高,塔建成后,再将屯土运走。塔基由坚固的巨形青石铺成,塔基下有一深井,实际是地宫,供藏佛骨、佛经、佛像及金银珠宝之用。塔体由青砖砌成,塔内自下而上砌有螺形阶梯数百阶,登阶盘旋而上,可达极顶。塔顶成葫芦形,由青铜铸就,高 2.05 米,葫芦下有铁丝网罩,高 3.3 米。每有风起,铁丝网罩与洞户被天风鼓荡,如惊涛澎湃之声,故有"古塔风涛"之称。

岁月悠悠,由于饱经风雨侵蚀,景州古塔墙檐剥损严重,历代曾数次重修。在 1973 年的维修过程中,于塔顶铜葫芦里发现明朝木板复经 3 卷,共 9 册,包括《大乘妙法莲花经》7 册、《大乘诸品经咒》1 册、《药师琉璃光如来本原功德经》1 册,还有一尊长 20 厘米、宽 11.5 厘米、高 12 厘米的释迦牟尼卧式铜佛。

(2)庆林寺塔。庆林寺塔位于河北省故城县郑家口西南的饶阳店村东。饶阳店村原有一座规模颇为宏伟的庆林寺,该塔即在寺内,属庆林寺古建筑群的一部分,因之称为庆林寺塔,因年代久远,现庆林寺其他建筑已荡然无存,唯有宝塔独立,亦称饶阳店塔。

据饶杨店关帝庙的碑文记载:北宋初年,有饶、杨两姓在此开店,故名饶杨店。在塔的内壁上,有许多游人题的诗词,其中一首是明朝嘉靖年间侍郎、本县人王士嘉题写庆林塔的诗,诗云:浮图何代建?峭拔入云端。绝顶登临处,摩挲星斗寒。从诗中不难看出,连明朝的王士嘉也搞不清塔建何代。不过,早期出的《武城县志》和《故城县志》，都把庆林寺塔说成是唐代建筑。直到 1990 年，中国科学院的张驭寰教授，对庆林寺塔进行了实地考察后，根据该塔的建筑风格和特点，确定为北宋初期所建。

庆林寺塔系用青砖砌成，坐南朝北，平面为八角形，下为塔座，塔身高六层，为楼阁式砖塔，总高 35.67 米，建筑面积 165.2 平方米。其造型挺拔秀美，砌筑精巧，每层之间砌有双层塔檐，塔顶有一铜葫芦塔刹。塔一层为三米多高的塔基，二层以上，每层各在东、西、南、北有一个券门。门上有窗，窗上装有菱纹、云纹及莲花纹的窗根棂。花饰精美，各不相同。塔檐为 45 度斜拱。塔内为穿心式和壁内折上式相结合，可拾级而上，到达塔顶，四壁还有大小不同的佛龛、灯龛等。该塔精巧玲珑，造型美观，独具一格。

2006 年 5 月 25 日，庆林寺塔作为宋代古建筑，被国务院批准列入第六批全国重点文物保护单位名单。

（3）冀州震雹塔。位于衡水市冀州区门庄乡西堤北村。古代，堤北村大姓氏繁多，各姓氏家族都有自己的家庙，各家家庙内存放年节时祭冰雹用的东西，如大鼓、玩驴、狮子、小车等娱乐工具。该村有古塔一座，名为震雹塔，建于元代。塔高 8 米，底层直径 2 米，分为四层，上层阳面有佛像，阴面有塔文，塔基平面呈正方形，塔身为六棱体，塔顶呈葫芦形。全塔以青石砌成，自上而下分别有浮雕龙首、宝瓶、佛像，随刻碑文"震雹塔"三个大字清晰可见。此塔乾隆十六年三月曾重修，是衡水市境内唯一的石塔。1993 年被确定为省级保护文物。

相传元朝时期，西堤北村西北有一龙泉寺，占地南北约 60 米，东西约 30 米。当时这一代多冰雹，庄稼屡屡遭灾。有一年，扑塌河发大水，从上游冲下来一石塔，到西堤北时停了下来，寺内老方丈便与当地村民将此塔立在龙泉寺的东南方向。当老和尚要去矛山云游时，将塔抱起来，把自己的一颗牙放在下面，所以又叫"牙塔"。老和尚对当地村民说:"每年立夏这天,抬着龙王的牌位,在大街上供'三黑'(黑羊头、黑猪头、黑鱼头)来祭冰雹,唱三天大戏,敲锣打鼓,再到村西南200步处的五股岔路口,把祭品埋掉,祈求老天爷别再下冰雹。"从此以后,这一带真的再没有遭受过雹灾,百姓太平,风调雨顺。老和尚就要出行了,众人前来相送,老和尚让人们从寺里拣些破砖烂瓦以做纪念。于是,人们纷纷捡拾,唯有一家庭富足之娄姓大户不以为然。当老和尚走后,那些破砖烂瓦都变成了金元宝,娄姓大户后悔不迭。

该村85岁老人牛广生说:"自打我记事起,我们这一带就没有下过冰雹,即便是来了冰雹,也会绕着我们这里走。震雹塔保佑着一方百姓。"从此震雹塔一说流传了下来。

(4)冀州摩天塔。冀州城里从前有三大名胜:一是竹林寺,二是砌城墙,三是摩天塔。

冀州摩天塔是唐贞观年间修建的一座青石小塔,高二点二米,上半截七级,顶端正面在一块长方形石面上刻有"摩天塔"三个字,背面刻有"唐贞观"三字。下半截一面刻一仕女(与云南石窟中仙女图相似),另一面刻有"开元十七年补修"字样。此塔原存孔庙中,"文革"中毁坏。

关于冀州摩天塔的建造有两个美丽的传说。一说由鲁班兄妹建,二说由向鲁班学艺的一对美丽的狐女静妮和伶妮所建。两说都描述了鲁班兄妹、狐女静妮和伶妮在冀州和南宫比赛建塔,建南宫塔者偷走了冀州塔的上部,所以,冀州摩天塔没尖,南宫的普彤塔塔尖是后装上的。总之,冀州摩天塔和南宫的普彤塔是姊妹塔。

一是鲁班兄妹所建说。相传鲁班兄妹从冀州城经过,他们见冀州"满城风光半城湖,三分秀色二分水"。不愧为"九州之首"。但又认为南城门西南一片光秃秃场地似乎少了点什么,于是鲁班有了要建一座摩天塔的打算。妹妹见哥哥在冀州建塔,自己也要到南宫城建一座,比比看谁建得美、建得快。并约定晚上建鸡叫完工。鲁班两个时辰建好,因劳累困乏,就在塔旁睡着了。妹妹在南宫城西建塔,建到半截高时想看看兄长建的怎样。见兄长塔已建成,妹妹心里赞叹哥哥真不愧为能工巧匠。因自己和哥哥造塔方案不谋而合、如出一辙、同出一图,于是将哥哥造的上半截塔拿走放到自己造的塔上。结果,憨厚的哥哥在冀州城里留下了半截摩天塔。鲁班的妹妹在南宫留下了有尖的普彤塔。

　　二说一对美丽的狐女静妮和伶妮所建说。话说很久以前,冀州、南宫这块地方还是大海。后来海水枯了,一条有神性的鲤鱼被沉淀的泥沙埋在了地下。这条鲤鱼太阳下山入眠,鸡鸣三遍苏醒,醒来后一翻身大地就闹地震;一吐水就发水灾。而洪水来自两个像水井一样的"海眼":一个在南宫,一个在冀州。这年,有一对美丽的狐女来到这里。她俩是孪生姊妹,分别叫静妮和伶妮。一日,她俩来到赵州找到鲁班拜师学艺。拜完师傅,鲁班师傅命她俩去将南宫和冀州的两个"海眼"堵上。冀州的静妮一心想要堵死"海眼",使八方百姓不再遭难。鸡叫头遍,冀州塔修好后下河洗澡。南宫造塔的伶妮,趁静妮下河洗澡,搬起冀州塔的塔尖,安放在自己的"南宫塔"上。

9.3.3　古寺庙

　　(1) 衡水宝云寺。宝云寺位于衡水市区西南部,始建于唐贞元六年(790),历经战乱、洪水、地震等灾害,除宝云塔、古井外其余殿宇全部损毁。1993 年重修,现寺院面积 1.3 万余平方米,建筑面积1382 平方米。现为全国重点文物保护单位、国家 2A 级旅游景区。寺院坐北朝南,寺名及大雄宝殿匾额由赵朴初题写。建筑呈左右对称格局。中路从南向北依次有天王殿、大雄宝殿;左侧依次为僧房、药师殿;右侧依次为僧房、法师流通处、送子观音殿、宝云塔。景区最典型的建筑是宝云塔,为宋代早期建筑,呈八面棱锥体砖木结构,共 9 层,高 36.5 米,塔基周长 28.8 米。自四层以上四面有门,塔的各层建筑风格各异,或成鸳鸯斗拱,或成梅花斗拱,雄浑古朴,气势磅礴。塔的第一层至第五层内为穿心式,有券门阶梯相通,经外檐盘旋可以上下。第六至第九层为空心式,内有固定梯子可以上下。

(2)安平县圣姑庙。相传圣姑,字女君,为周代末的安平县会沃村人氏,以其智救汉光武帝刘秀和侍奉父母终生不嫁被传颂为忠孝双全的女圣人。安平圣姑庙相传是汉光武帝修建,是方圆百里最大的庙宇建筑。元代大德十年(1306)在原庙东侧筑高台重建,明、清两代多次扩建而成。它以平原少见的高台建庙闻名于世。又以孝感圣姑的神话传说吸引着安平及邻县的善男信女们前往朝圣。据史料记载,"燕赵齐鲁之民,虽千百里之远,致香火者如织。"

圣姑庙遗址,位于河北安平县,顶东西面 19.4 米,南北 64 米;底边东西 24 米,南北 69.2 米。原台顶上建有庙宇,规模宏大,1945 年遭火焚。1991 年安平县城建局在台顶上修建了围墙、小庙、影背墙,铺设了小路,种植了树木,并安装了大门。台顶上现有《重修圣姑庙碑记》石碑一座。现存的圣姑台(庙)建成于元成宗大德十年(1306),碑文载"皇元丙午,南平州帅赵澄,惜旧祠隘陋,增构庙室"。元太祖十九年(1224)改安平为南平州,赵澄为帅,对圣姑庙进行了大规模的修缮,圣姑庙高台和工字形大殿由此而成。圣姑庙壁画和全庙利用天然木材不加斫削的榫卯建筑风格在古代建筑史上是一个奇观,为著名学者、建筑大师梁思成所赏识。庙宇大殿为"工"字形建筑,原图现存于清华大学图书馆。

圣姑庙建在河北安平,而其山门却在河南洛阳。这里有一个美丽的传说。相传圣姑姓郝名女君,是周朝末年"本郡节政通玄里"(古时安平)今会涡村人。其父名义,母张氏,世代务农,女君品行贞洁,性格善良。有一年,其父生背疮久治不愈,她心急忧虑,就用姑娘圣洁之口,对着疮口把脓血秽物吮吸出来为父治病。乡亲们怕她这样做有害身体,她说:"愿父病愈,以身代之。"不久父病果然痊愈,乡亲们无不为之感动。女君到结婚年龄,父母劝其出嫁,她说:"无昆季备养,一旦适人,反贻其忧。"意思是说她无兄无弟,一旦出嫁了,反会使她忧虑。从此,更尽心孝敬父母,终身未嫁。父母死后,并"寝苫枕块"为其守墓,按时祭祀,三年毫不懈怠。她的孝道感动了上苍成了神仙,乡亲们敬仰她、纪念她,为其修建了祠庙,弘扬她的孝道精神。按当地习惯,她是未出嫁的姑娘敬称为"圣姑"。人们尊敬她,效仿她。后来又有二姑、三姑、众姑的传说,孝道蔚然成风。

西汉末年更始之乱,王莽篡夺了刘氏的政权。刘姓宗室后裔刘秀(汉高祖刘邦九世孙汉景帝支系)被刘玄委派,代表朝廷来河北宣示旨意,要那里的郡国遵守朝廷的诏命。邯郸王朗自封为王,定都邯郸,派人通告各州郡,自赵以北,都望风响应。王朗知道刘秀到河北后恨之入骨,出高价悬赏刘秀的人头,并派大批兵将追赶捉拿他。

话说王朗追赶刘秀的时候,刘秀一连跑了三天三夜。到了安平城北阁会涡村旁,将士们口干舌燥,实难行进。刘秀正心急火燎,忽然看到村头大树下有位端庄秀丽的姑娘正坐在井台边洗衣裳,一旁放着个提水罐子,赶忙上前施礼道:"大姐,借借罐子用好吗?"

姑娘一抬头,见是一位陌生的将军,不由脸一红道:"借罐干什么?"

刘秀说:"提水让人马解解渴!"

姑娘用手一指罐子,说:"那不是有半罐水吗?用去吧!"

刘秀听了哑然失笑:"姑娘!这一点水哪够这么多人马喝呢?"

姑娘却说:"别小瞧我这半罐水,它连着东海哩,任你有千军万马也喝不完!"

刘秀口渴万分,哪来的工夫跟姑娘斗嘴,便捧起水罐喝了起来。等喝足之后,一看罐子里的水果真一点也不显少,也顾不得心中疑惑,便招呼所有的士兵来领水,不知倒了多少桶多少担,水罐里的水还是一点没少。正在这时王朗的人马追上来了,姑娘把罐子里的水往地上上一泼,立刻出现了一条白浪翻滚的大河,挡住了王朗的人马。刘秀还没醒过神来,姑娘不见了,眼前只有汹涌澎湃的大河和拦在河对面的王朗追兵。

刘秀脱险后,到处寻找这位姑娘,可是问遍了村民,也没人知道姑娘是谁。他正疑惑,猛抬头看见十字路口有座小庙,庙门的匾额上写着"孝感祠"三个大字。查看祠前碑文,知该祠是为周末安平县会涡村郝氏女所立。走进祠去一看,见里面有一尊塑像,仔细观瞧,这尊塑像不仅容貌和那姑娘一模一样,连衣服穿戴也不差分毫,顿时大悟,急忙大礼参拜,许愿说:"神女助吾,刘秀甚感,日后若能称帝,定重修庙宇,再塑金身。"

几年后,刘秀得了天下,在洛阳做了东汉皇帝,不食前言,便封郝氏女为"圣姑",并定于安平县修一座孝感圣姑庙,以报救命之恩。

监修官问刘秀:"庙修多高多大?"刘秀不假思索地说:"修到我站在洛阳城能看到大庙的正门为止。"

洛阳离安平有上千里,那得修多高呀!所以不知耗费了多少财力人力,换了几任监修官也没修成。后来,换了个聪明的老臣监修,他想了个办法,在安平县修了座孝感圣姑庙,在洛阳修了道山门(正门)。修成后,刘秀站在皇宫抬头往北遥望,果然看到了圣姑庙的山门,顿时龙颜大悦,奖赏了这位老臣。

"安平县省保文物圣姑庙复建落成典礼"在 2011 年 18 日举行,圣姑庙修葺一新。该庙修复工程通过民间力量募集 600 多万元人民币,历时一年半。修复后的圣姑庙,灰墙红瓦、雕梁画栋,庄严神圣,分一主殿二侧殿一亭二楼,即孝感圣姑大殿、娘娘殿、财神殿、观稼亭、钟楼、鼓楼。三殿内又通过壁画和诗词再现了安平古八景和圣姑救驾、圣姑吸疮救父等典故。

（3）贾岛"推敲"云盖寺。景县广川的云盖寺之所以留名后世,与"苦吟诗人"贾岛有很大关系。景县旧志记载,"城西五十里,旧志唐贾岛祝发于云盖寺,法名无本,后既去。里人思之,即以其名命其村,今尚有云盖寺旧址。"贾岛村位于今景县广川镇,距县城 40 公里左右。贾岛,字阆仙,唐代范阳(今河北涿州市)人。生于唐代宗大历十四年(779),死于唐武宗会昌三年(843),在失意落魄中度过了一生。这位大诗人生于贫困之家,未名之前,曾流落于今景县广川一带,同这里的人民结下了不解之缘。当时广川古镇东 6 公里处有一寺,名云盖寺。寺庙不大,但环境幽雅,并有着可观的庙产和几十亩香火地。青年贾岛,于寺中落发为僧,住持长老为他取名无本,从此,贾岛出家做了和尚。在云盖寺落发期间,贾岛以诗歌为媒介,广泛结交朋友,尤其千方百计地结交那些官场中人。他希望通过这个途径跻身于文坛,显达于士林。

贾岛是著名的苦吟派诗人。什么叫苦吟派呢？就是为了一句诗或是诗中的一个词,不惜耗费心血,花费工夫。贾岛曾用几年时间做了一首诗。诗成之后,他热泪横流,不仅仅是高兴,也是心疼自己。

有一次,贾岛骑着毛驴在长安朱雀大街上走。那时正是深秋时分,金风一吹,落叶飘飘,那景色十分迷人。南岛一高兴,吟出一句"落叶满长安"来。但一琢磨,这是下一句,还得有个上句才行。他就苦思冥想起来了,一边骑驴往前走,一边念念叨叨。对面有个官员过来,不住地鸣锣开道。那锣敲得山响,贾岛愣是没听见。那官员不是别人,正是京兆尹,用今天的职务来说就是长安市市长。他叫刘栖楚,见贾岛闯了过来,非常生气。贾岛忽然来了灵感,大叫一声："秋风生渭水。"刘栖楚吓了一跳，以为他是个疯子，叫人把他抓了起来，关了一夜。贾岛虽然吃了不少苦头，却吟成了一首诗《忆江上吴处士》："闽国扬帆去，蟾蜍亏复圆。秋风生渭水，落叶满长安。此处聚会夕，当时雷雨寒。兰桡殊未返，消息海云端。"

贾岛吃了一回亏，还是不长记性。这天，贾岛拜访幽居于家中的名士李凝归来，"皓月当空，百鸟归林"的意境激发了他的灵感，写下《题李凝幽居》一诗："闲居少邻并，草径入荒园。鸟宿池边树，僧敲月下门。过桥分野色，移石动云根。暂去还来此，幽期不负言。"这首诗以静为主色，将李凝的居所描写得幽谧恬静而又温馨，确是上乘传神之笔。据景县旧志记载，这首诗就是在云盖寺西边的枫树杨林之间最终完成的。当地人说，贾岛访李凝回寺之后，对李凝的幽居生活感触颇深，写成这首五言律诗。开始，他将"僧敲月下门"中的"敲"字写作"推"字。但又觉得"推"不如"敲"来得传神。但他想，自己访李凝本来就是以手推门的，用"推"字也不无道理。这个问题一直在脑海中难以定夺，嘴里就推敲推敲地念叨着。一边走，一边念叨，两手比划着作推敲之状，不知不觉来到大枫林村西的杨林之中。由于他冥思苦想，旁若无人，不知不觉地，就骑着驴闯进了大官韩愈的仪仗队里，冲撞了途经于此的韩愈的坐骑。那马前蹄腾空，险些将韩愈掀落马下，贾岛从沉思中转过神来，急忙退避路旁，躬身行礼，口颂"罪过，罪过"。韩愈比刘栖楚有涵养，并不着急，而是从马上下来，和蔼地问这位眉清目秀的年轻和尚为何作推敲之状，且如此专心。贾岛如实相告，韩愈听了很是高兴，哈哈大笑，对贾岛说："我看还是用'敲'好，万一门是关着的，推怎么能推开呢？再者去别人家，又是晚上，还是敲门有礼貌呀！而且一个'敲'字，使夜静更深之时，多了几分声响。静中有动，岂不活泼？"贾岛听了连连点头。他这回不但没受处罚，还和韩愈交上了朋友。此事竟成文坛一段佳话，人们竞相传颂，这"推敲"二字也成为切磋文章、炼词造句的专用词。

9.3.2　古墓

（1）封氏墓群。中国北魏至隋代门阀士族封氏家族墓地，分布在河北省景县城东南前村和后村一带，旧称十八乱冢或封家坟。1948 年被挖掘，1955 年北京历史博物馆进行调查。该墓群的发现，为研究这个时期的大族墓葬以及政治、经济、文化提供了重要的实物资料。1961 年封氏墓群被中华人民共和国国务院定为全国重点文物保护单位。墓地原有封土墓 18 座，现存 16 座。曾出土铜器、青瓷器、彩绘陶俑、墓志等文物 300 多件。墓志有北魏正光二年（521）、北齐河清四年（565）、隋开皇三年（583）和隋开皇九年（589）等 5 个。墓主人分别为封魔奴、封延之、封延之之妻崔氏、封子绘、封子绘之妻王氏，均为死后归葬原籍族氏茔地。

出土的青瓷器中，4 件仰覆莲花尊、最高的达 40 厘米，造型优美，纹饰华丽。胎浅灰，含三氧化二铝和氧化钛较高，釉匀实，近艾叶色，开片细而不鲜，与南方青瓷明显不同，学者认为是北方青瓷的代表作。出土陶俑的衣冠，具有鲜卑族和汉族衣冠样式的特点，其中文吏俑的巾帻与汉代不同之处是帻后加高，中呈平型，体积逐渐缩小至顶，时称"平上帻"或"小冠"，上下兼用，南北流行，反映了北魏拓跋鲜卑汉化前后衣冠制度的变化。

（2）窦氏青山墓。窦氏青山墓又名"安成侯墓"，位于河北武邑县城东 14 公里处的青冢村南边。占地 36582 平方米，它是汉文帝皇后窦漪房的父亲窦青的坟墓，因窦青被汉室封为安成侯，故又称安成侯墓。窦氏青山墓今高 22.9 米，周长 490 米，占地面积 3 万平方米。窦青系古观津（今武邑县东部）人，死后葬于故里。其女儿被封为文皇后以后，被追封为安成侯。其后，文皇后做了皇太后，为其父扩建墓冢，升高封土，为能"西望长安"。还修建庙宇，并立"窦氏青山"墓碑一通。若干年后，庙宇、碑刻被毁，仅存"青山"。1982年7月23日，省政府公布为省级重点文物保护单位。

窦太后，名窦漪房（前205—前135年），汉初因避战乱，随其父祖徙居观津（今武邑县）。其母早逝，其父窦青打鱼时又落水身亡，遂与兄窦长君（窦健）、弟窦少君（窦广国）相依度命。

汉高祖刘邦去世后，吕后专权，并在全国广征宫娥。窦漪房以良家女被选入宫侍候吕后。不久被吕后赐予代王刘恒为妃。因刘恒偏爱漪房，渐被称为窦姬。刘恒夫人去世后，被立为夫人。窦漪房为代王生育两男一女，长子刘启，次子刘武，女儿刘嫖。

汉高后八年（前180）吕后死后，周勃、陈平等刘邦老臣尽除诸吕，迎立刘恒为帝，是为汉文帝。窦漪房同时晋封为皇后，长子刘启立为太子。公元前157年汉文帝刘恒死后，太子刘启继立为汉景帝，窦漪房随之受封为皇太后。公元前141年汉景帝刘启死后，窦漪房之孙刘彻即位，是为汉武帝，窦漪房进而成为太皇太后，直至汉建元六年（前135）去世。

窦漪房出身贫寒，入宫后仍不忘记民间疾苦。其为姬时穿戴朴素大方，事事亲手劳作，且对子女教育有方，颇受众官拥戴。刘恒即位后，其经常劝谏刘恒节俭从政，使之在位二十三年"宫室园囿车乘服御无所增益"。为避免重蹈吕氏外戚作乱之覆辙，漪房兄弟虽相继入宫成为皇亲国戚，但在其约束下既不过问朝政，也不以富贵权势欺人，史称窦氏兄弟为"退让君子"。她还信奉《老子》学说，以宽刑简政、无为而治、与民休息之主张协助丈夫刘恒、儿子刘启、孙子刘彻三代帝王平息战乱，发展生产，从而实现文景之治盛世局面。

窦漪房为怀念苦命父母，奏请朝廷追尊其父窦青为安成侯、其母为安成夫人，在淹死窦青的池塘处筑起高大坟茔，并立"窦氏青山"墓碑一通。传说窦太后为表孝心，对主持修建工作的人说：我要在观津城里看见墓上的青松。后窦氏青山之碑刻及庙宇尽毁,仅存封土高 41.4 米、周长 600 余米的一座"青山"墓地。1982 年,河北省人民政府将"窦氏青山"墓公布为重点文物保护单位。

(3) 逯家庄壁画墓。东汉大型竖穴多室砖墓——逯家庄壁画墓位于河北省安平县,是东汉时期(25—220)的一座大型竖穴多室砖墓,逯家庄壁画墓向人们展示了过往时代的真实历史面貌。逯家庄壁画墓由甬道、墓门、前室、中室、后中室、后室、北后室组成。在前室右侧室、中室和中室右侧室中绘有壁画。壁画颜色为红、黄、青、白、黑等,分别描绘墓主出行、日常生活、下属官吏治事、谒见等。在墓室券砖上书写《急救篇》《论语》《孝经》等句子。发现了汉灵帝熹平五年(176)题记,更增添了这座壁画墓的学术价值。北壁西侧描绘规模庞大的院落建筑,其中有高大的望楼,这是目前中国发现的最早的大型界画。1971 年春季,河北省文化局在安平县城东南2.5公里的逯家庄村,组织发掘了一座大型东汉时期的砖室墓。该墓由墓门、甬道、前室及左右侧室、中室及左右侧室、后中室及左侧室、后室及后龛、北后室及后龛等部分组成。壁画主要分布在前室右侧室、中室和中室右侧室。各室的壁画都有不同程度的剥落。

中室壁画描写墓主人出行场面,绘于四壁距底高 2 米左右的地方。用黄色格线将其分为上下四层。每层画的内容自成一组,均有大量的车、骑及步行之类的导从和一辆主车。从四层画的排列情况看,每一层画的前后相互连接,上下层之间也有联系。出行图中有各种步行仪仗、骑吏、车辆等,它们的排列都有一定的规律。步行仪仗,有赤帻黄衣、黑帻黑衣、赤帻黑衣三种。均身着左衽剪领长衣,腰系宽带,打裹腿,穿便鞋,作向前急行状。仪仗中的这些步行者,都是职位低下的小吏或士兵,所以均戴帻而无冠。壁画中所见之帻有赤、黑两种。《后汉书·舆服志》有"武吏常赤帻,成其威也"的说法,戴赤帻

一般应是武吏。东汉时期,使用各种步行仪仗的数量是按不同官阶
而定的,特别是主车之前的躁弩车前五伯和辟车,更有明确规定。骑
吏,马的姿态基本相同,均作昂首飞驰状,其嘴、眼、鬣、足、尾等,用浓
墨绘成。马的颜色渲染得浓淡适度,有明暗凹凸的立体感。绘画者
熟练地运用透视技巧,从不同的视角表现马,两马并列甚至四马并列
的形象也都表现得非常成功。骑者有所不同,如持紫戟骑吏和跟从
在第三层主车后面的八骑、缇骑,第四层主车前后及耕车前的骑吏
等。车,共约八十二辆,均双辕黑轮,除第四层的主车有右尉外,其他
均驾一马,有白盖轺车、斧车、皂盖朱幡轺车、赤盖舆车、辎耕车、大车
等。汉代壁画中的车马出行图,往往是表现墓主人生前的主要经历。
这四层出行图就是表现墓主人的四次升迁以及值得纪念的事情。前
室右侧室壁画剥落残缺。通前室门道的东壁画守门卒,头戴黑帻,身
穿黑衣,袖手层跽坐。侍卫六人,绘于通前室门道西壁一人,室内北
壁二人,通中室右侧室门道的北壁三人,均头戴赤帻,身穿黄衣,跽坐
于黄厨上。府内官吏十人,东壁四人,南壁三人,西壁二人,通中室右
侧室门道南壁东部一人,均跽坐于黄厨上。整个画面生动地描绘了
这些治事官吏的得意神态。其中,南壁三人应是"门下贼曹""门下督
盗贼""门下功曹";西壁二人应是"门下主簿""门下主记"。中室右侧
室的壁画集中描绘了墓主人生前的生活。北壁东侧,通中室门旁有
一守门卒;南壁,主要内容是墓主人和他的近侍;东壁,上部与南壁相
连接,下部为一长厨,有二人跽坐于上,拱手捧笏;通前室右侧室门道
南壁西部,上与东壁相连,下为一长厨,上有二人,其中一人双手端
盘,另一人拱手捧笏。西壁下部画伎乐图,但因剥落严重,内容已辨
别不清。中间四人为舞伎,其中一人踏鼓,手摇鼗鼓;周围为奏乐者,
上下各六人,横排,所奏乐器有箫、琴、鼓、管、角等;南北两侧各四人,
乐器有鼓和大鼓等;衣着均为红袍、黄袍相间。北壁西侧熟练地运用

透视技法,绘制了一幅规模巨大、庭院重叠错落的建筑鸟瞰图,用浓重的墨线勾勒而成,是一幅规整的界画。房屋为木构瓦顶,其下均有台基,除一座了望楼外,均为人字形顶的平房。建筑群的远处有并排的三个院落,中间院落内高耸的了望楼,作方柱形,上有庑殿式顶,顶上有旗杆,彩旗和长带随风飘扬,檐下立一扁圆形大鼓。

墓室内的壁画,集中于中室、前南侧室和中南侧室,反映了墓主人生前仕途和生活的主要情景。画面虽无标题和文字说明,但对照有关史料可以看出主要人物身份和情节。中室壁画于四壁用黄色格线由上至下分为四层,表现墓主人的四次出行,象征墓主人的四次升迁或值得纪念的事情。第一层和第二层基本相同,均有持木戟伍伯 10 人,持弩伍伯 6 人,辟车 4 人,持矛走卒 4 人,骑吏 16 骑,斧车 1 辆,白盖轺车 18 辆,皂缯盖饰缨络朱幡轺车 1 辆。第三层比前二层步行才多二人,白盖轺车多一辆,其他相同。第四层与前变化较大,共有步行者 22 人,骑吏 6 骑,备鞍骏马 2 匹,车 21 辆。

前南侧室壁画主要表现下属官吏治事和伍伯侍卫的情景。中南侧室内壁画描写墓主人坐于帐内,后有侍女,右有男侍和伎乐,左有官吏谒见的情况。北壁画有一幅建筑图,它的构成为一大四合院里套着许多小四合院,大门和中门之内是一个"日"字形的两进四合院,以该院为中心,绕其左右和后部,均有许多庭院。后排中间一个大院内,设有一座五层的方柱形了望台。楼顶为庑殿式,顶层周围有栏杆。右侧后部有一测风旗,杆顶有一向风鸟;前部置一扁圆形报警用鼓,楼的中间三层均有方形射孔。

这座墓中的壁画,如巨幅出行图和建筑鸟瞰图,为过去汉墓中所未见。特别值得提出的是,在墓室内发现了熹平五年题记,提供了此墓的确切年代,更增添了壁画资料的重要价值,大大有助于汉代壁画发展情况的研究。

逯家庄壁画墓向人们展示了过往时代的真实历史面貌,填补了中国绘画史上的一些空白。

参考文献

［1］衡水湖保护区 2004—2020 年总体规划：251.

［2］张建萍.生态旅游与当地居民利益.旅游学刊,2003(1)：60—63.

［3］胡家云.社区居民参与生态旅游规划研究[J].林业调查研究,2006 增刊：30—32.

［4］刘鹏起.衡水市志[M].北京：民族出版社,2005.

［5］宋占群.衡水文化概览[M].石家庄：河北人民出版社,2011.

［6］衡水市委宣传部.衡水名片[M].石家庄：河北人民出版社,2008.

［7］谢新栋.衡水市文化创意产业发展研究[J].黑龙江科技信息,2012(8).

［8］石柱君.衡水旅游文化产业发展的思考[J].产业与科技论坛,2012(18).

［9］龚巧林.成都旅游业与文化创意产业的产业融合研究[J].产业与科技论坛,2011(21).

［10］衡水市地方志编撰委员会.衡水年鉴(2006)[M].北京：方志出版社,2006.

第四编　衡水精神文化印象

　　衡水精神文化印象：古代科学天文出名，古老技术建筑显赫，科技文化不乏创新探索。衡水宗教文化多元，佛教文化树大根深，宗教进化内含多元包容。古代教育正规发达，教育传统笃守正道，衡中模式独领风骚，红色教育方兴未艾。

第 10 章　科技发展　崇实

衡水,地处燕赵之地,地理位置优越,自古以来,涌现了一大批科技人才和科技成果。基于这次对衡水地区的历史文化元素普查活动,收集各方面资料,就科技方面而言,对衡水地区的科技发展概况进行一次大致的梳理。这里地域的界定是指衡水地区,而时间的界定则是从古到今。

10.1　衡水古代科学技术

10.1.1　古代技术

(1) 东周独木舟。2004 年在河北省武强县出土的独木舟,其年代距今有 2500 多年,是目前我国北方发现的年代最早的独木舟。这条古老的独木舟在武强县北代乡杜林村发现,所埋位置距地面有 10 多米,舟身全长 10.6 米,主体有半米宽,最宽处近 1 米,中间是凹槽,由一整根独木雕凿而成。因年代久远,发现时独木舟已成青灰色,舟身几处开裂,出土时舟体有所损坏。中国社会科学院碳 14 检测确认,独木舟的年代距今 2537 年左右,属于东周时期,是周代人们常用的交通工具。

独木舟又称划艇,是一种用单根树干挖成的小舟,需要借助桨驱动。独木舟的优点在于由一根树干制成，制作简单，不易有漏水、散架的风险。它可以说是人类最古老的水域交通工具之一（另一种是筏子）。原始的独木舟几乎在全世界都有发现。至今非洲及美洲印第安人的一些部落还在按照古法制作独木舟。

据有关专家介绍，在东周和春秋时期，独木舟是当时十分重要的原始交通工具，主要用于河面摆渡或者捕鱼。独木舟主要靠人力划桨，只适宜在水流平缓的河面航行，不适宜做远程航行，所以当时的武强一带可能雨水十分丰沛，水源十分充足，自然植被非常茂盛。随着造船工艺的进步，独木舟在秦汉后就慢慢消失了。

我国发现独木舟一般都在南方水源较为丰沛的水网地带。中国新石器时代遗址浙江湖州钱山漾、浙江余姚河姆渡、福建连江、广东化州都出土过独木舟或船桨的残骸，这些文物已有 5000—9000 年的历史。在地处北方的武强县发现独木舟，在我省考古史上尚属首次。

（2）武邑无梁庙。武邑县城戏楼街西段丁字街南头，建有九九八十一间无梁庙宇。据传是明万历（1583）建造。这种独特的建筑风格让人拍案叫绝。

无梁庙坐南面北。在影壁墙里镶嵌着一个两尺见方的神堂，其堂虽小但甚为精妙。堂内屋顶均用薄砖雕砌而成，纯砖结构，叠涩收顶，不施梁柱，纵横排比，相互间隔，凑成九九八十一之数，并油漆彩画为各种图案，光华夺目。内供观音、文殊、普贤三寺士，望去精致玲珑、栩栩如生，真有造型愈微则愈显其工之感。外有红漆大门两扇，两旁有对联一副："问大士为何倒坐，因众生不肯回头。"门内三位菩萨盘膝面北分坐于狮子、大象、孔雀三兽之背上。影壁右角置有低头狮子一个，蹲坐门外。据说这种低头狮子是汉代之物，作为镇庙之用。遇有每月朔望或各种传统节日，各地信徒香火供奉，虔诚祈祷，求福延寿，甚为热闹。此庙塑像不幸于 1946 年被拆毁，低头狮子在

"文革"期间也被砸碎无遗。

无梁庙建筑风格独特,是研究宗教庙院建筑的典型实物资料。讹传无梁庙之"无梁"取谐音"无粮",即免粮之意。民间有《无梁庙传奇》。话说唐贞观元年,天下初定,百废待兴。时逢中原地区大旱,特别是豫东北(今河南延津县)境内旱情更为严重,庄稼几乎到了颗粒无收的地步,朝野上下无不为之震惊。为了体察民情,一代明主李世民在爱将尉迟敬德等人的伴随下,到延津县境内微服私访。一路走来,李世民看见道路上老百姓面黄肌瘦,衣不遮体,十分难过,不禁泪流满面,心想,老百姓刚从战乱当中解脱出来,又遇到旱灾,这是上天对朕的惩罚啊! 由于长途跋涉,十分疲劳,饥渴难耐,再加上伤心过度,李世民病倒了。李世民这一病可把尉迟敬德吓坏了,出门时尉迟敬德吩咐手下人带足了盘缠银两,可没有带干粮,眼下,你再有钱也难见得买上一个窝窝头,何况现在天色渐晚,连投宿也成了问题。但尉迟敬德毕竟具有大将风度,追随李世民东征西战多年见多识广,铸就了他临危不乱的个性,要不,李世民怎么放心带他陪同微服私访呢? 尉迟敬德立即吩咐手下人四处查看找一个安身之处。不多时,手下人报告说,在东方三里处有一座不知名的小庙,庙里只有一个须发皆白的老僧人,可以暂时安身。尉迟敬德背上李世民旋风般望东而去,那承想老僧人早已在庙门口等候了。尉迟敬德对老僧人道:"打扰大师了。""龙盘虎踞小破庙,委屈施主了!"听老僧人这么一说,李世民的心不由得震了一下。虽然是大灾之年,但当地老百姓一心向善,庙里还有些许供品,李世民等人也只好借以充饥。晚上他们只有睡在用乱草铺成的地铺上休息。半夜时分,只听老和尚唱道:天子头枕瓦。李世民更为觉得惊奇,原来睡觉时没有枕头,他头下就枕了一个瓦片,莫非这个老和尚是个神仙不成。于是,他便将瓦片悄悄地从头下抽出,枕到了自己的胳膊上。这时又听老和尚唱道:天子头枕肘。李世民内心大惊。翌日,李世民便虔诚地上香,却发现小庙无木梁支撑屋脊,而由砖层层错级形成屋顶,随口说道:"这个庙没有梁啊!"老和尚答道:"多谢陛下为小庙赐名,可老百姓手中没有粮,庙怎么会有梁呀!"李世民回头看时,老和尚已经不见了。李世民如梦初醒,原来是上天点化朕,让免除受灾老百姓的皇粮啊!回到京城长安后,李世民立即下诏免除灾民的皇粮,并亲自手书《无梁庙》匾额悬挂在小庙里。于是,无梁庙名声大噪,香火一下鼎盛起来,许多善男信女纷纷前来烧香许愿,祈求太平盛世,五谷丰登,不再交纳皇粮。

(3)古代建筑风格。第一,以古塔为代表的衡水古代建筑。衡水地属古漳河流域,地势低洼多水且有多条河流穿插而过,故名"衡水"。时光荏苒,作为文化脊梁的古代建筑正在时光洪流中逐步消亡。衡水境内留存较早古建年代上限为宋代,代表性建筑主要为佛教寺庙的佛塔。以景县开福寺舍利塔、故城县庆林寺塔、桃城区宝云塔最具代表。由于宋代中国古建木结构和砖石结构的结合技术发展的相当成熟,具有非常高的手工艺水平,因此至 2013 年三塔都已由国务院公布为全国重点文物保护单位。它们在衡水地区的建筑、社会和佛教有着至关重要的历史地位。现将三塔基本情况简要介绍如下:景州塔。景县舍利塔属壁内折上式建筑类型,塔心下面有一地宫。塔身内有砖砌阶梯数贯通。层层盘旋,拾级而上可直达最高层。每层的东南西北四面,均有向外的券门;其余四面均镶有花纹各异、形状不同的砖雕盲窗。塔顶设有铁刹,铁刹以上置 1 座 3 级铜葫芦,高 2.05 米。始建年代不详,经中国社会科学院张驭寰教授综合该塔的整体和细节的建造风格确定,该塔属于北宋建造风格。庆林寺塔。位于故城县饶阳店村东。该塔因坐落在庆林寺内,故名庆林寺塔,俗名饶阳店塔。该塔坐南朝北,外形呈八面棱锥体,共七层,高 35.64米,外檐施斗拱、平座,为棱锥形体、壁内折上式和穿心混合式楼阁砖塔体。塔内有楼梯可攀登而上至顶层,全部用青砖砌成,各层门券及盲窗层层各异,景致优美。塔顶有一铜葫芦塔刹。宝云塔。位于今衡水市旧城村,为砖砌塔,外形呈八面棱锥体,共九层,底座周长 25.6 米,高 32.8 米。塔的各层建筑风格各异,有鸳鸯、梅花等多种样式的斗拱,整体造型雄浑古朴。据《衡水县志》载,宝云塔始建年代有隋朝大业二年(606)和唐代两种记载但均无考。1980 年,中国科学院自然科学史研究所的张驭寰教授对宝云塔进行了实地考查,根据该塔建筑风格和特点,确定为北宋初期的建筑。第二,衡水宋代建筑发达。距今 1000 余年的宋代实现了相对稳定的统一,在大唐盛世的繁华之后将手工业发展送至顶峰;统治者吸取唐朝武夫横行的教训,积极采取"以文治国"的策略,相当重视文化的发展。在这样的大背景下,统治者的推崇使佛教得到了大力的流传和发扬,也使佛教进入了发展史当中的一个鼎盛时期。佛寺、佛塔规模在继承盛唐恢宏的基础上更加精致、实用、别样且数量惊人。虽经千年风雨,佛塔作为佛教建筑的典型代表能留存下来也就不足为奇了。同样在衡水境内宋代佛教建筑的风格从佛塔的样式可见一斑,更加俊逸、灵秀端庄。第三,衡水宋代建筑的特点。宋代佛塔的显著特点就是在砖石身上模仿木结构装修样式,有分间、柱额、梁枋、斗拱、平座、挑檐、门窗等多种样式。砖石结构佛塔较木塔更稳定和长久保存,因此宋代佛塔在全国留存数量较多。同样佛塔林立也有它的产生原因和独特之处:首先是社会安定。宋朝在唐朝繁盛的基础上,物质和手工业水平都有了明确的提高,尽管宋朝统治多羸弱,总体来看在其统治的三百年间,政治环境相对宽松稳定,这为社会的进步和百姓的繁衍生息提供了良好的大环境,很重要一点是统治者多礼佛之人,因此佛教社团的兴盛也就不足为奇了。其次是经历唐末战乱,统治者加强精神统治,大量寺院重建。佛法的推崇是统治者巩固人心的一种政治手段,即便国力并不强盛但是精神统治却有增无减。纵观唐后中国佛塔的建造历史,宋、明两代统治者均推崇佛法,因此这两个朝代也是增寺建塔的高潮期。再次是手工业生产水平提高,样式多变。宋代佛塔在唐代佛塔体量恢弘的基础上进行了更精、更细的深加工,塔的内部结构多采用壁上内折上式,有别于唐以来较易坍塌的空桶式。这便将楼梯、楼层、塔体外壁紧密结合成一体。这种方式可以加强固定塔身,使塔身处于坚固耐久的状态,地震、失火、塔基下沉对塔身的本体不会造成严重的影响。宋代手工业的高度发达很大程度上成就了宋塔样式的多样性佛塔建筑样式出现了内壁折上式、壁边折上式、穿壁式、穿心绕平座式等多种。塔平面多数为八角形更加稳固。梁枋、斗拱加工粗放,券门、短檐表现出庄严稳重、胸围大方的气魄。三塔均采用砖、石、木相结合的方式,且门窗上下相对,这样的建筑构制很大程度上加大了塔本身的稳定性,同时木质构建增加了塔身自身的柔韧性缓冲了地震等自然灾害的影响。塔刹为宋塔最为常见的圆形砖石塔刹,较为稳固长久,这些具有极高的科学价值同样都是三塔至今保存相对完整的主要原因。最后是塔的色调。纵观佛塔的整个建筑的主基调,北方的宋塔多为青灰色,塔的造型南方多瘦削,而北方则淳朴雄壮。北方宋塔塔檐多不做挑脚,挑檐之类都是平直的。这点在景州塔、庆林寺塔和宝云塔的体量和细节都就不难看出,它几乎集合北方宋塔的所有建筑特点。就其竹节柱作为塔檐装饰的建筑风格可见三塔修建时期应该相近。

宋代佛塔的特点多变,且气势恢宏。就衡水境内现存开福寺舍利塔、宝云塔、庆林寺三塔而言,它的成因决定了它的存在。衡水顾名思义多水,地理位置属于古黄河和古漳河等多条河流的冲淤滚涌地区。自古以来,沿岸劳动人民的生活就是与水相生相息的一部斗争史。衡水建制于隋开皇十六年(596),但在衡水行政区域内,最早建制的设置可以追溯到战国时期,冀州扶柳城是衡水历史有关郡县最早的记载。在这片河流冲积平原,先后有北朝高氏、封氏、西汉窦氏、博陵崔氏等大族崛起,作为显赫家族的发源地一方面统治者多有庇护,另一方面统治者礼佛、重佛的思想在这里更有了集中的表达。尽管宋代属于辽宋分野的衡水地区水患频发,统治者一方面尽可能疏通河道、兴修水利;另一方面神化"龙"为水的主宰,各朝代修建佛塔,暗合"龙性敬塔而畏鹏"的俗语。塔与寺,在衡水地区这三座佛塔的建筑和维修历史里,二者不仅可以并驾而驱,也不可以不按常理出现像开福寺因塔建寺的现象,这种现象的出现可见佛教自传入中土后逐步迎合了百姓的心理需要,也使更多的社会劳众获得超然的心理慰藉。所以衡水地区三座佛塔的修建,不仅仅是统治者宣扬佛教信仰的体现,也体现了古代劳动人民制服水患、幸福生活的毅力和决心。

10.1.2　古代天文学

（1）隋朝天文学家张亢。张亢,两晋时期安平灊津（今河北安平县）人,生卒年未详。父亲张收,西晋太康年间任蜀郡太守。张亢对音律和历法有研究。

东晋建立初年（318 年左右）,张亢渡江,拜散骑侍郎。据王隐《晋书》载:"张载弟前乌程令亢,依蔡邕注《明堂月令》《中台要缀》诸说历数,而为历赞,秘书监荀崧见赞异之,亦信该罗历义。"荀崧举荐他领佐著作郎,出补乌程令,入为散骑常侍,重领佐著作郎。

张亢是著名哲学家张载之弟。张亢文思才藻虽然不及二位兄长,但也有著述,并且精通音乐、伎艺,与张载、张协并称"三张"。著有《历赞》一篇,《晋书》本传称见于《律历志》,未详。《隋书·经籍志》录有《晋散骑常侍张亢集》二卷,两《唐书》录有《张亢集》二卷,已佚。

（2）隋朝天文学家刘焯。刘焯,字士元,隋朝经学家、隋代天文学家。信都昌亭（今冀州市）人，生于公元 544 年。自幼聪敏好学。少年时代曾与河间景城（今献县东北）人刘炫为友，两人一同寻师求学。后师从武强交津桥藏经大儒刘智海门下，寒窗十载，苦读不辍，终于学有所成，以儒学知名受聘为州博士，与刘炫当时并称"二刘"。

隋文帝开皇初年，州刺史赵炬，拜刘焯为员外将军。进京（今之西安市）后，参修国史及天文律历。开皇六年（586），洛阳石经运至京师，因文字多有磨损，难以辩认，朝廷召群儒考证。论证期间，刘焯以自己的真知灼见，力挫诸儒，谁知由此而遭忌恨、诽谤，竟被免职回家。

刘焯回到家乡后，曾再被召用，又再被罢黜，两次挫折之后，遂使他专心著述，不问政事。着力研习《九章算术》《周髀》《七曜历书》等；还著有《稽极》10 卷、《历书》10 卷、《五经述义》等若干卷。隋炀帝即位，刘焯被重新启用，任太学博士。当时，历法多存谬误，刘焯多次建议修改。公元 600 年，他呕心沥血，编制了《皇极历》，很可惜未被采用。但他对天文学的研究，达到很高水平。唐初李淳风，依据《皇极历》造出《麟德历》被推为古代名历之一。

刘焯提出新法，在历法中首次考虑太阳视差运动的不均匀性，创立用三次差内插法来计算日月视差运动速度，推算出五星位置和日、月食的起运时刻。这是中国历法史上的一个重大突破。

据史书载："名儒后进，博学通儒，无能出其右者。"他的门生弟子很多，成名的也不少，其中衡水县的孔颖达和盖文达，就是他的得意门生，孔盖后来成为唐初的经学大师。

主要科学贡献：①在《皇极历》中，他首次考虑视运动的不均匀性，并主张改革推算二十四节气的方法，废除传统的平气，使用他创立的定气法。这些主张，直到 1645 年才被清朝颁行的《时宪历》采用，从而完成了中国历法上第五次也是最后一次大改革。②刘焯力主实测地球子午线。源起是中国史书记载说,南北相距 1 千里的两个点,在夏至的正午分别立一八尺长的测杆,它的影子相差一寸,即"千里影差一寸"说。刘焯第一个对此谬论提出异议。后于 724 年,唐张遂等才实现了刘焯的遗愿,并证实了刘焯立论的正确性。③他较为精确地计算出岁差(假定太阳视运动的出发点是春分点,一年后太阳并不能回到原来的春分点,而是差一小段距离,春分点遂渐西移的现象叫岁差),定出了春分点每 75 年在黄道上西移 1 度。而此前晋代天文学虞喜算出的是 50 年差 1 度,与实际的 71 年又 8 个月差 1 度相比,刘焯的计算要精确的多。唐、宋时期,大都沿用刘焯的数值。

刘焯的创见和一些论断,在当时未被采纳,但却在后世被接受,或在他的研究基础上发展、改进。因而他对科学的贡献是不容磨灭的。

(3) 隋朝天文学家张胄玄。张胄玄,隋渤海条(今河北景县)人,《大业历》的作者,我国古代伟大的天文学家。大业年间(605—618年)去世。《隋书·张胄玄传》称其"博学多通,尤精术数"。张胄玄经冀州刺史赵煚推荐,文帝年间征为云骑尉,供职于太史监,参与制定历法。

张胄玄知识渊博,历法研究成果显著,受到太史令刘晖的嫉妒。刘晖预测天象不准确,张胄玄预测却十分精微。为辨二人学识,文帝组织太史监官员,对过去没有结论的 61 个疑难问题进行论证。届时答辩,刘晖沉默不语,张胄玄思路清晰,旁征博引,立解疑难 54 件,受到朝野称颂。文帝十分高兴,下诏说:"朕欲应运受图,君临万宇,思欲兴复圣教,恢复令典,上顺天道,下授人时,搜扬海内,广延术士。旅云骑尉张胄玄,理思沉敏,术艺宏深,怀道白首,来上历法。令与太史旧历,并加勘审。仰观玄象,参验璿玑,胄玄历数与七曜符合,太史所行,乃多疏舛,群官博议,咸以胄玄为密。太史令刘晖,司隶郭翟、刘宜,骁骑尉任悦,往经修造,致此乖谬。通直散骑常侍、领太史令庾季才,太史丞邢俊,司历郭远,历博士苏粲,历助教傅俊、成珍等,既是职司,须审疏密。遂虚行此历,无所发明。论晖等行状,已合科罪,方共饰非护短,不从正法。季才等,附下罔上,义实难容。"将刘晖等造历法的四人除名,庾季才等六人解职,下令实行张胄玄历法。同时提拔张胄玄为员外散骑常侍、太史令,赐绢千段。

张胄玄一生著作很多,有《七曜历数》5 卷,《隋大业历》1 卷,《元历术》1 卷。现代史家对张胄玄《大业历》给予很高的评价。《中国通史》指出,隋开皇十七年(597)颁用张胄玄新历,大业六年(610)张胄玄修改了自己历法中的许多数据颁行于世,为《大业历》。大业历的回归年长 365 又 42640 分之 10363 天,朔望月长 29 又 1144 分之 607 天。采用破章法,在 410 年中设置 151 个闰月,定岁差为 83 年冬至点西行一度,考虑了太阳视运动的不均匀性和月球视差对交食的影响,其行星会合周期的数值也十分精确,例如所定金星的数值是 583.922日,与今采用值相同,并将原定冬至点起虚五度改为起虚七度,使大业历成为隋代一部比较好的历法。对于张胄玄在历法研究方面的贡献,《隋书》分为"与古不同"及"超古独异"两类十事一并收入。

张胄玄所作历法,与古人不同的有三个方面:第一,南北朝宋祖冲之发现,冬至点运行一年之后,并不是回到原来的位置,并据此测算确定了"岁差";冬至点以极其缓慢的速度移动,不遵循原来的轨道,每 46 年差一度。南梁虞邝作历法时,认为祖冲之的历法岁差太大,又确定每 186 年冬至点移一度。张胄玄以为,这两种计算方法,在时间上相差悬殊,他追溯研究古代历法,发现两者都有很多错谬之处。于是综合、分析两家的历法,确定了冬至点移动的速度,以及相关的计算方法和数据:冬至点的位置,每年都以极小的速度移动,每

83 年行一度。这样确定岁差,上符合帝尧时代"日永星火"的原始观测方法,又符合汉历提出的"宿起牛初"的基本观点,前后照应,十分精确。第二,北周马显造《丙寅元历》,运用《阳历》《太阴历》的转化方法,增加或减少"章岁""斗分"的相关数据,扩大或缩小日食、月食的数据余数。他以上述运算法则进行测算,并依据测算数据得出结论,预测有关天象出现的日期,这就创造了一种新的天文历法的测算方法。当时,那些研究天文和历法的人大多不懂得其中的道理。隋初,道士张宾造历法,虽然遵循的是这一测算方法,但也不能论证和探究其中的奥秘。张胄玄认为,在运算过程中,需要依据天象运行的实际情况,增加或是减少相关数据,(不依据)每个节气的时间长短、具体情况,(就轻率地)对每个月的天文、气象问题作出结论,在道理上是讲不过去的。这是因为,二十四节气之所以时间长短不同,是因为太阳和月亮都以不均匀的速度运行。太阳运行速度放慢,月亮就容易赶上太阳,在这种情况下,就要使太阳和月亮相遇的时间提前;如果太阳运行速度加快,月亮赶上太阳的时间增加,就要使太阳和月亮相遇的时间推迟。(这样,我们就可以)对前代确定"合朔"时刻的相关数据进行检验,作为我们今天测算"合朔"时刻的订正数据。太阳自黄道秋分点运行到春分点这段时间,其势强盛速度快,计 182 日运行 180 度;自春分点运行到秋分点,其势减小速度放慢,计 182 日运行 176 度。每个节气之后到下个节气这段时间的有关数据,就是我们在进行测算时需要参照的、应当增加或减少的数据。第三,自古以来的各种历法认为,在合朔日,月亮运行轨道和日道相交,就会出现日食;在月望日,月亮运行轨道和日道相交就会出现月食。不论月亮在日道内运行还是在日道外运行,进入这个范围就认定会发生日食或是月食。张宾所造历法,提出了朔望日月亮在日道外运行,按测算数据应当发生日食或月食但也有可能不发生的观点,但并没有给予明确、科学地论证。张胄玄认为，太阳在黄道上运行，一年运行一周；月亮在轨道上围绕地球运行，27 天多运行一周。月亮运行的轨道和太阳运行的黄道交叉重叠，每在黄道内运行 13 日多和黄道分离，又在黄道外运行 13 日多进入黄道。这样周而复始地运行，月亮经过黄道的天象，称为"交"。在合朔日和月望日，月亮进入日道的所谓"交"点前后各 15 度以内，就可以判断为日食或月食发生的时间。如果月亮运行于内道，则在黄道以北，日食或月食发生的概率较大。月亮运行于外道，在黄道之南，虽然是"正交"，但由于月亮不会掩盖太阳、地球的影子不会掩盖月亮，所以发生日食或月食的概率不大。于是（张胄玄）根据以往历法的测算方法，重新确定日食或月食发生的时限，视月亮运行同黄道交点前后距离的远近，测算每个节气的天象差别，增加或减少有关数据，确定日食或月食发生的时间。这样一来，日食或月食发生的一般规律以及如何测算其发生的具体时间就十分清楚了。

张胄玄超越古人、有独到见解的七个方面：第一，古代历法中，测算金、木、水、火、土五星运行的轨道和方式，都要遵守原来的原则，（它们）是否出现、是进是退、是圆是缺，都没有科学、准确的预测办法。张胄玄通过观测和研究，把握了五星运行的规律，获得了独特的观测方法。特别是五星在运行过程中，所出现的"合""见"的天文现象的周期，他都取得了不同于古人的研究成果。在这两个方面，相差多的，需要增加或减少 30 天左右。比如，火星"平见"在雨水节气，应当平均增加 29 天；"见"在小雪节气，则需要减去 25 天。"平见"经过增加或减少的计算，就是"定见"。五星都有自己进退的规律，其预测方法就像上面所举的例子那样，但相差的天数不同。这些都是张胄玄自己观测天象运行所积累的知识，当时那些研究历法的人都不能探究明了其中的奥秘和本原。第二，按过去的计算方法，水星每绕太

阳运行一周,在天空出现两次,古代所有历法,都持有这样的见解;但
是什么时候出现,什么时候不出现,人们难以预测。张胄玄积累多年
观测研究天象运行的经验,得出这样的结论,水星每绕太阳运行一
周,有时出现一次;有时因其同类,如木星、火星、土星、金星"感召"也
随之出现。假如经过测算,水星在天亮时出现在雨水节气,这时应当
出现却不会出现。如果经测算水星天亮时出现在立春、立夏或惊蛰
节气,在距离太阳 18 度至 36 度的范围内,木星、火星、土星、金星中
有一星出现,(五星中的)其他星辰也随之出现。第三,古代那些研究
历法的学者,观测天象,推测天体运行情况,都有一定的局限。当某
个星体出现后,就沿用原来的方法进行测算。是前进还是后退,运行
时间多少,都难以确定。张胄玄积累观测研究天象运行的经验,认识
到五星运行迟、速、留、退的测算方法和规律,这些与古代历法的记述
都不相同,相差多的达八十多天,停留于原地运转的位置也相差八十
多度。譬如,火星往前运行的速度快,"初见"在立冬之前,则 250 日
行 177 度,"定见"在夏至初则 170 日行 92 度。无论是总结以往天体
运行的经验还是推测此后天体运行规律,都得到了验证,于古于今十
分准确、科学。第四,古代历法测算日食、月食的程度,实际上不是根
据预测,而是依据日食、月食发生时观察到的情况对这种天文现象进
行记述,原来推算、预测的日食或月食程度,很少有与实际相符的。
张胄玄积累观测研究天象运行的经验,认识到月亮跟随木星、火星、
土星、金星四星运行,方向有时相同、有时相反。月亮与四星运行的
方向相同,速度就快;相反速度就慢。在轨道上运行超过 15 度之后,
月亮就会恢复到原来的速度。月亮沿着轨道向前运行,出现日食或
月食,(张胄玄依据月亮运行规律)测算出日食或月食的程度。第五,
古代历法"加时",朔、望用同样的办法。张胄玄积累观测研究天象运
行的经验,认识到日食发生时,日面被食程度随着人们所处方位的不

同而改变,或偏,或正,或高,或下,各个不同方位有不同的观测效果。日食的程度不一样,日食全过程所用的时间也不一样,张胄玄每次测定日食发生时间、被食程度,都与实际发生的天文现象相符。第六,在古代历法中,所谓"交分"就是"食数",都是用来表示日面或月面被食程度的概念。距离交点 14 度,日面或月面被食一分;距离交点 13 度,日面或月面被食二分;距离交点 10 度,日面或月面被食三分。每与交点接近一度,日面或月面就多食一分。"当交"就是"食既",表示日全食或月全食开始。按照测算,日食或月食的被食部分应该少,实际发生时反而倒多;应当多,反而倒少。自古以来的各种历法都不能说明其中的道理。张胄玄积累观测研究天象运行的经验,认识到虽然经过测算月影中心和日面中心相交,但月影不能将日面全部掩盖起来,日面被食部分反而比原来预测的少"五六时";月影在日面之内,将日面全部掩盖起来,所以日全食发生。日全食发生之后,随着两个天体的运行,日面中心和月面中心距离越来越远,日面被食部分也就越来越少。发生在冬至前后的日食,都是上面讲过的样子。如果日食发生时间离夏至较近,这种天文现象又有不同的运行规律。张胄玄建立的关于日食的理论,最为详细、缜密。第七,古代历法记载,春分、秋分两日,昼夜时间相等。张胄玄积累观测研究天象运行经验,认识到春分、秋分两日,昼夜时间是不同的。白天比夜晚时间长半刻。这是由太阳的运行慢、快、进、退造成的。

10.1.3 古代医学

(1) 药王邳彤。邳彤,字伟君,信都(今河北安国)人,能文善武,邳彤原是东汉开国元勋,光武帝刘秀手下云台二十八将之一。邳彤还精通药理,医术精湛,乃一代名医,经常扮作游医给百姓治病,疗效颇佳,被称为"神医",人颂"药王邳彤"。为纪其事,宋徽宗于 1101 年始为邳彤立"药王庙",供世人纪念,经历代重修,至今安国"药王庙"

内仍香火不断。清朝时体仁阁大学士刘墉又特为"药王庙"书匾。至今,在安国还流传着这样一个故事:有一年邳彤游历京城,恰巧遇到皇帝爱女患病,宫里御医束手无策。皇帝皇榜招医。邳彤揭皇榜,经过一番望、闻、问、切,邳彤弄明白了公主的病情,断定公主是消化不良,导致胃口闭锁。他将身上的污泥搓成一个药丸,让公主服下后,一阵剧烈的恶心,呕吐之后,食欲正常,神色好转。皇上念其为公主治病有功,便传圣旨:封邳彤为药王。药王邳彤听说南方瘟疫流行,便离开家乡前往南方为百姓治病。邳彤离家后,母亲得了重病,百医无效。哥哥邳祝只好带母亲去南方找邳彤医治。因母亲病重,能医却配不上非人力可为的四种药,只好让哥哥带母亲回家。临别时,邳彤流着泪说:"不是儿子不孝,确是儿子不才。我治好过那么多人的病,今天却治不好母亲,因为治这种病的药世间难以寻找。"哥哥邳祝带母亲回家路上,母亲口渴难忍,可前不着村,后不着店,哪里去讨口水喝。邳祝将母亲安置在路边,四处寻找哪里有水的影子。后来走到一片槐树林里,看见一个死人头骨,里面存有雨水,有两条细细的小蛇在水中嬉戏。邳祝轰走小蛇,把水端给母亲,母亲实在渴极了,也顾不上干净不干净,闭上眼一饮而尽,觉得心里好受多了。来到一个村寨,母亲又觉饥饿难捱,小村里又没有饭铺,邳祝只好上门讨饭。可巧有一家生了一对双胞胎,这家的婆婆是个瞎子,公公是个拐子,这样的人家一胎添了两个胖小子,自然十分高兴,一听有人讨饭,赶紧把产妇吃乘下的一碗薏米饭和一个鸡蛋给了邳祝,没想到那鸡蛋还是一个双黄蛋。母亲吃了薏米饭和双黄蛋,身上觉得有力气多了,终于回到了家乡。又过了一段时间,竟然完全好了。不久,邳彤托人捎来一封家信,信上写道:"如母亲能喝到二龙戏珠天然水,吃到一胎双子双黄蛋,牛马小姑碾薏米,拐公瞎婆做成的饭,自然病除。这四种药非人力可为。"邳祝看了信,回想母亲在路上的遭遇,才知道喝的吃的正是弟弟开的方子,赶紧写信告诉了弟弟。邳彤接到哥哥的信,感叹道:"真是神灵天佑,我邳彤理应顺天行事,普济众生,以报天恩才是。"

(2)怪才王少怀。王少怀(1852—1925),清代咸丰年间出生在武强县街关镇夹圹村东北角的一个普通农户,小名牛子,让教书先生以"少小怀壮志,长大成人才"的吉义起名"少怀"。他自幼聪颖过人,7 岁时入读私塾,勤奋好学,14 岁考取秀才,成为夹圹村一个有了"功名"的文人。虽以"秀才功名"出人头地,却没有走上仕途,是一个怀才不遇的不得志者。据说参加"举人"科考得罪主考而名落孙山。"升官"无望后,看破红尘,隐居乡里,不求升官发财,随心所欲地做着"他愿做的事儿"。王少怀直率、放荡不羁、嫉恶如仇的性格,产生了对时政的强烈不满,从而以能言善辩的才思,敢于为无辜者伸张正义,愿为穷乡亲写状子打官司,日渐成为被老百姓所敬佩的"刀笔"。民间传说中的《诗状》《改状子》《状告石狮》《谐音写状救乡人》《"口"改"中"》《告荒抗粮》等一个个抑恶扬善的感人故事,无不彰显出王少怀侠肝义胆的情怀。

聪颖过人的王少怀,晚年潜心研究医术,悬壶济世,以医道泽露民间。民间流传他行医当郎中的事儿很少。其实,他是一个既有医术又有责任心的好郎中。其曾孙王瑞英家中珍藏着王少怀用过的两本医书,便是有力的见证。一本是有道光(1827 年)丁亥夏五月丹崖张凤翔题字的(傅)青主先生手著的《女科》医书,标记着该书来源于当时北京琉璃厂的"槐荫山房"。考证得知,青主先生系与顾炎武、黄宗羲、王夫之、李颙、颜元一起曾被梁启超称为"清初六大师",著有《傅青主女科》《傅青主男科》等传世之作,在当时有"医圣"之名。作为民间郎中的王少怀,能够得到此书,可见他当时在医学界不仅交往十分广泛,而且在医学界有一定的影响。另一本是王少怀用楷书自抄的民间秘方,破损没有了封面,但其中内容不仅完整地记录着"治膝下诸疮法""治濂疮法""治眼干疼,治法眼""治风火牙痛""治肚内绩病块"等一个个民间常见病、多发病的秘方,而且记载着行医中的病例效果。由此也可以看出,王少怀在给人看病时,十分得执著用心。

王少怀似沧州神医喜来乐一样,善于用民间偏方、土方治病救人,效果显著。相传,董庄村有个在北京开石匠铺的王财主,独生子长麻疹,憋得出不来气,奄奄一息,找遍了附近村的郎中,都说不可救药。最后把王少怀请到董庄村。王少怀让人在南墙根三尺处,挖一个三尺深、三尺长、三尺宽的坑。人们听了觉得都感到丈二和尚摸不着头脑,但为了救人,都不敢怠慢,功夫不大就把土坑挖好了。这时,王少怀看了看,嚷道"快把病人放到坑里去"。在场的人尽管莫名其妙,但为了治病救人,只得把病人抱出来,王掌柜欲在坑内铺上被褥,王少怀说:"要让病人的身子挨着土才行。"人们小心翼翼地把病人放进坑内,焦急地守护在坑边,也就是抽两袋烟的工夫,病人睁开了眼。再不到半个时辰,病人竟翻身坐了起来。待把病人抱进屋内,又按照王少怀的吩咐,喝芦苇根水等"发物",病人竟奇迹般地痊愈了。

说起王少怀来,其在民间的趣闻轶事常常令人眉飞色舞,滔滔不绝。这些故事不仅对抑恶扬善、扶正祛邪颇具感召力,而且成为人们茶余饭后的谈资。在武强、深州、饶阳、安平乃至衡水、冀州、枣强、武邑等邻近州县妇孺皆知、广为流传。

10.2　近代科技发展

10.2.1　深州人徐洁滨做大"一得阁"

深州人徐洁滨注册"一得阁"商标,做大"一得阁"产业。

北京"一得阁"以生产墨汁而闻名遐迩,距今已有 100 多年的生产历史。清朝同治年间,安徽一个姓谢名松岱的文人进京赶考,名落孙山,深感研墨太费时间,耽误答卷。他当时想,如果能制出一种墨汁直接用于书写,既省时又省力,不就可以"一艺足供天下用"吗?于是经过多次试验,他终于选用油烟,再加上其他辅料,制成了同墨块效果相同的墨汁。一经上市,便受到文人墨客的欢迎。同治四年,谢松岱在北京琉璃厂 44 号开设了第一家生产经营墨汁的店铺,店铺名称叫"一得阁",并亲手书写牌匾,悬挂于门前。

"一得阁"墨汁是采用四川高色素炭黑、骨胶、冰片、麝香、苯酚为原材料,运用传统工艺精细加工而成。四川高色素炭黑色深光亮;骨胶具有托浮力,使墨着纸而不洇;冰片、麝香均为香料,清香四溢;苯酚是防腐剂,使墨汁长期贮存不腐不臭,一年四季都可使用。

谢氏身后无子。在他去世以后,店铺传给门下弟子徐洁滨。谢松岱只是创始,真正把它接下来、传下去的是深州人徐洁滨、张英勤。

徐洁滨是河北省深县人氏,1887 年出生于河北深州,是谢松岱的长时间弟子,第一代传人。此人头脑灵活经营有方,为扩大生产开设了墨汁制造厂(现厂址:北京宣武区南街新华街 25 号)。他沿用了人工古法制作墨汁,先后在文人云集的地方天津市和郑州市开设了分店,在上海和西安市联合办专营代销店。生产的墨汁有两大类[油烟]类的品种有:云头艳墨汁、兰烟墨汁、亮光墨汁、桐烟墨汁、大单童和双童墨汁、油烟墨汁等。[松烟]类的品种有:阿胶松烟、五老松烟、小松烟等。油烟墨汁是书画家们用的佳品,[松烟]是书写小楷字和工笔绘画的佳品。它的配方比例按照季节气候进行调整,以适合四季的气候变换。

书画是离不开印泥的,一得阁生产的八宝印泥是历史传统的产品。不但有稀有珍贵的物质,还需要百年的蓖麻油进行调制,经过阳光晒和冬天的自然冷冻,使之一年四季适用,其特点:颜色纯正、印鉴清晰、不怕日晒、不怕火烤、不怕水浸、久存不干、气味清香,无论哪个国家有中国的书画,就有一得阁的八宝印泥和一得阁的墨汁,所以此产品是驰名中外。

其重大贡献在于 1910 年扩大生产场地并成立"一得阁"墨汁局专门生产墨汁;1925 年注册了"一得阁"商标,并发布带个人照片的招贴画布告。

后来,"一得阁"声誉日臻,生产经营规模不断扩大,在天津、上海、西安、郑州等大城市先后开设分号,买卖更加兴旺。

10.2.2 景县铜胎画珐琅

烧瓷,是在铜质胎体上涂敷釉料,经烧结、彩绘、抛光、镀金而制成的金属工艺品。又称"画珐琅""铜胎画珐琅",是我国著名的传统手工艺品。

清代康熙年间,欧洲彩绘珐琅工艺品,传入我国宫廷,旋即受到皇室们的喜爱。康熙五十七年,宫廷在内务府养心殿造办处设珐琅处,逐渐把我国的烧瓷制作推向高潮。乾隆年间(1736—1795),烧瓷达到鼎盛时期,烧瓷技艺获得全面提高,品种也逐渐增多,作品更加具有浓郁的民族特色。由于烧瓷技艺一直为宫廷所垄断,所以后来随着清朝的逐渐衰亡,清代后期烧瓷工艺一度失传。1958 年,国家正式成立了北京烧瓷厂,在当时著名的烧瓷老艺人王安府和崔义亭等人的带领下,烧瓷工艺得以恢复,并取得了空前的成就。但后因十年动乱、经济因素等多种原因,烧瓷厂几度转产停业。

为挽救这一民族技艺,烧瓷技艺传承人张会芬女士在师傅郭振华的帮助下,经过多方努力、精心筹备,于 1985 年,创建了河北景县龙华美术烧瓷厂。该厂现在是我国北方现存的唯一一家采用传统手工工艺传承烧瓷技艺,专业研发、生产、销售铜胎烧瓷制品的厂家。

产品以仿古为主,品种繁多。有鼻烟壶、香炉、如意、瓶、盘、碗、罐、碟、酒具、烟具等日用品;有各种炉、鼎、爵、熏、罤等仿古器皿;还有大瓶、挂屏、插屏等大件艺术品。它们既有景泰蓝的厚重端庄,又有瓷器的明丽清雅;既有浓郁的民族特色,又有独特的时代特征。某些特殊的烧瓷制品,更以金、银作胎,并与玉器、象牙雕刻、雕漆、景泰蓝、木雕等相结合,更显雍容华贵。是我国众多工艺品类中的一朵奇葩。

烧瓷从创烧到发展,在我国已有着几百年的传承历史,有深厚的历史底蕴和丰富的文化内涵,形成了独特的民族烧瓷文化,具有很高的历史价值、文化价值、艺术价值和收藏价值。2005 年,红太阳国际拍卖公司在新春拍卖中,一只乾隆用铜胎画珐琅万寿吉祥烛台以6000 万元人民币成交。

但由于烧瓷属于纯手工制作,工艺特殊、繁复,对技艺水平要求很高,一般采用师徒传承方式和家庭作坊式生产,所以技艺的传承成本和制作成本都比较高。近年来,受生产方式、传承观念、人才培养和市场经济等多种因素的影响,烧瓷生产举步维艰,技艺传承后继乏人。

到目前为止,全国范围内,除广东地区还有一家企业在坚持生产具有广东地域风情的类似烧瓷的产品外,北京及其他地区原有的几家烧瓷企业早已转产或关停。传统的手工烧瓷制作,仅剩河北景县龙华美术烧瓷厂一家了。手工烧瓷的制作过程大致为:裁料、制胎、敷釉、烧结、彩绘、烧彩、抛光、镀金。景县铜胎画珐琅传统烧瓷制作技艺的特点是始终秉承烧瓷技艺的古法制作。精于制胎,设计巧妙,造形规整,制作技艺精湛。装饰题材大都选取极具有民族特色的纹饰:鸟虫、花卉、竹石、山水风景、亭台楼阁、缠枝莲瓣、人物婴戏等,以纹饰繁复、布局严谨见长,充分展现了我们中华民族深厚的历史文化底蕴。在表现技法上，以工笔为主，画面丰富、层次鲜明、画工细腻，极其精致。擅长彩绘，巧妙运用中国传统绘画的"勾、擦、点、染、皴"等表现技法，技法高超。画片形神兼备、气韵生动，人物神态逼真、生动活泼。作品追求造型艺术、装饰艺术、绘画艺术和文化艺术的高度融合，富丽华美、格调高雅。大件器物的制作，更见其深厚的功力和高超的艺术水准。一些大瓶、卷缸、挂屏、插屏等代表作品，是造型工艺与装饰艺术巧妙相结合的艺术珍品，极具观赏价值和收藏价值。作品展现了我们中华民族的优秀文化为宗旨，表达了人们对美好生活的期盼和向往。

然而，这一传承了几百年的民族烧瓷技艺，再次面临着传承人断代、制作技艺失传的危险，抢救和保护这一民族手工工艺迫在眉睫。

10.3　衡水科技精神

10.3.1　敢为人先的创新精神

科技的发展往往离不开"创新"二字。从衡水科技发展的概况来看，创新的例证也比比皆是，武强县出土的独木舟、武邑县的无梁庙、张丙对音律和历法的研究、刘焯在中国历法史上的重大突破、张胄玄"与古不同"及"超古独异"的历法研究贡献，以及景州塔、景县华家口夯土坝、深州人徐洁滨注册"一得阁"、景县铜胎画珐琅等等，无不是创新的成果，无不闪烁着发明创新的光辉。

所谓创新，简单地讲就是发现新东西，创造新事物。也与创造等概念同义，表现为独创性和新颖性。创新是人类特有的认识能力和实践能力，要创新就要必须突破原有的思维模式，克服尊奉权威和守旧心理，形成敢于质问、批判、突破现有结论的精神。而科技创新则是创新的种概念，科技创新是科技发现和技术发明的总称，是指全部科学技术相关的创造性活动，其实质是人类不断突破原有知识与技术的界限,更深入地认识客观事物的本质和规律,更有效地利用和改造自然,科学技术的本质是创新,创新是科学技术的灵魂。正如诺贝尔奖获得者朱棣文所言:"要想在科学上获得成功,最重要的一点就是要学会用与别人不同的方式、别人忽略的方式思考问题,也就是说一定要有创造性。"

科技发展是社会进步的主要推动力,科技创新对科技发展起着决定性作用。在现代科技快速发展的今天,科学技术的再进步也面临不小的挑战,如何全面地把握时代发展的趋势,运用科技的进步造福人类,并且实现人与自然和谐地发展,创新精神至关重要。

在影响科技创新的诸多因素中,文化无疑是其中极为重要的因素,一个国家的科技创新能力和水平,在很大程度上取决于这个国家的文化环境。从文化与科技创新的关系而言,科技创新是一种文化特性,是一定文化的产物。科技创新主体的创造力是在一定文化中形成的,受该文化尤其是文化精神的强大作用,科技创新的根基在文化。文化是科技创新的内在动力,文化精神对科技创新主体影响巨大,我国古代璀璨的科技成果体现着创新精神,但是,同样地,在我国传统文化中也存在对创新精神的抑制:人伦为本、群体认同、贵和尚中等等。所以,在新的时代机遇下,如果利用传统文化中有利于科技发展的因素,是一个重要的问题。

10.3.2　坚忍不拔的探索精神

科学探索精神既产生于人类生产实践的现实需要,也是来自于人类天然的好奇心。人类出现以来,面对着日出月落,斗转星移,花开花落,季节变更。当人类从原始宗教的对自然现象的恐惧和崇拜中解脱出来,大自然的绚丽多彩,变化万千的种种现象激发起人类的好奇心和寻找其中奥秘的欲望,当人们由此进而执著地探索,试图去了解我们所处的世界时,科学就开始了它的漫漫的历程。可以说好奇心和求知欲是科学之母。好奇心表现出探索一切的兴趣和勇气，是认识事物强烈的愿望。科学的探索过程并不是消极等待自然界"显露"其自身的奥秘，而是积极主动地提出问题，为解答问题而探索。因此，科学探索总是同好奇心和求知欲联系在一起。勇于探索是衡水居民古老的文化基因，2004 年在河北省武强县出土的东周独木舟，是迄今发现的北方地区罕见的最古老的水域交通工具之一，是衡水人科学探索精神的远古见证。

路漫漫其修远兮，吾将上下而求索。坚忍不拔精神体现在衡水古代科技探索创新的过程之中。每一项璀璨的科技成果往往和科学家坚忍不拔的探索精神是分不开的。辉煌的科技成果背后隐藏着的是辛勤的劳动与汗水，科技成果不是与生俱来的，是经过不断努力与探索出来的，在光鲜的背后，不知付出了多少辛勤的劳动。正是人类不断地探索才推动人类从愚昧野蛮走向文明进步，在科学探索中凝聚了人们的聪明才智也洒下了艰辛的汗水。人们为打开"未知"的自然奥秘之门，除了要付出最大的努力，还深入自然之中，摆脱一切偏见，实事求是，敢于向传统和权威挑战，在科学探索中表现出对事物强烈的热爱和好奇心，敢于探索，体现了锲而不舍的科学探索精神。隋朝天文学家刘焯，三落三起倍受挫折，仍专心科研著述，着力研习《九章算术》《周髀》《七曜历书》等，其呕心沥血之作《皇极历》，为唐初李淳风的《麟德历》奠基。药王邳彤，虽居东汉开国元勋，光武帝刘秀手下云台二十八将之一高位，仍不断探索药理和医理，经常扮作游医给百姓送药治病，被称为"药王""神医"。

科学探索是一项艰苦的求真和证伪认知活动。科学的成果不可能唾手而得。科学的研究目的，在于揭示客观规律，但这种规律并不是表面想象，而是隐藏在现象背后的本质。自然界奥秘的大门绝不会向任何人敞开，他需要科学家付出辛勤的劳动和毕生的精力，经历无数磨难,甚至献出宝贵的生命。就像马克思所说:"科学的入口处,正像在地狱的入口一样,必须提出这样的要求:这里必须根绝一切犹豫;这里任何怯懦都无济于事。"隋朝天文学张胄玄的天文才能受到以太史令刘晖为首的"学霸"的嫉妒和谤毁,文帝组织太史监官员,对过去没有结论的 61 个疑难问题进行公开辩论,才确立了张胄玄及其《大业历》的科学地位。

科学探索还是一个艰辛和曲折的过程,科学探索精神为人们提供了观察和分析问题的基点和视角,使人们明确认识到人在自然界中的位置和作用,从而决定自己的行动目标和途径,它是一种代表先进文化和生产力的精神,能够推动人类社会的前进。

参考文献资料

［1］郭伦、刘婷.两汉时期衡水诸侯王国的地理区划及沿革［J］.中学地理教学参考,2014,(12).

［2］倪鑫.通过"塔"式建筑的发展谈我国文化在建筑中的继承、融合和演化［J］,大连工业大学,2008,4.

［3］吴庆洲.中国古城防洪的历史经验与借鉴(续)［M］.历史研究,2002,26(5):76—84.

［4］杨富巍、张秉坚、潘昌初、曾余瑶.以糯米灰浆为代表的传统灰浆——中国古代的重大发明之一［J］.中国科学杂志社,2009.

［5］郝德有、刘贵波、杨宗利、张丙一.河北省龙华镇古河道带沙荒地种植业高效益规模开发模式［J］,国土与自然资源研究,1992.

［6］高麟雏.高科技时代与思维方式［M］.天津科学技术出版社,2000.144.

［7］360 百科词条:张胄玄,http://baike. so. com/doc/4685298-4899185.html.

［8］王晓岩.浅析衡水地区宋代佛教建筑,《赤子(上中旬)》2015 年 20 期.

［9］王文化.河北法制晚报,http://www. sina. com. cn2005 年 06 月 21 日 22:13.

［10］秋天.无梁庙传奇,秋天的博客,http://blog. sina. com. cn/fufengjun.

第 11 章　多元宗教　竞争

　　古往今来,宗教最早出现在原始社会在人类经济还没有开始发展的时代,宗教的发展总是与人类文明的发展相互包容、同舟共济的,在源远流长的人类历史文明的长河中,宗教演绎着双重作用,在人们心中塑造着不同的形象,发挥其潜在的影响力。

　　京津冀是北方经济发展的中心区域,有其独特的地理位置和相近的文化背景,丰富文化资源,发展文化产业,加强京津冀地区的产业合作与发展,不仅可以推动区域内其他产业协同发展,推动区域经济一体化,更加有助于利用经济软实力提升其整体经济力量与国际竞争力。宗教作为文化的载体和重要组成部分,在京津冀地区之间的融合与碰撞必将很大程度上影响京津冀一体化的进程。研究河北省衡水市的宗教文化是促进京津冀文化协同发展战略的重要一环。

11.1　宗教文化

11.1.1　宗教

　　人类对宗教客观规律进行了科学的总结分析,其结论是宗教的产生不仅是必然的,而且将长期存在下去。宗教文化是社会历史变迁的载体,明确衡水地区历史概况和宗教文化的概念界定是进行宗教文化研究的第一步。

宗教是人类社会发展进程中的特殊文化现象,是人类传统文化的重要重要组成部分,宗教本身是一种以信仰为主的文化。

关于宗教产生原因,恩格斯有过精辟的论述:"在原始时期,宗教是从人们自身以及外部自然界最古老的、错误的观念中产生的。"[1]在原始时期,人类社会生产力低下,而人类对自身及自然的认知度并不高,宗教观念就是在这种背景下产生出来的。宗教社会根源的产生是在步入阶级社会后,人类社会又面临着因经济地位的高低而受到的阶级剥削、压迫,给人类社会造成沉重的打压和苦难。而现如今,虽然社会生产力获得了前所未有的进步,享受的物质生活水准得到了极大地改善,征服大自然的能力获得了极大的提高,但是人类并没有充分地认识到人与自然的内在联系,人类完全征服或驾驭大自然的能力还很有限,宗教赖以存在的自然及社会根源尚未消除。

11.1.2 宗教文化

宗教文化就是一种文化现象,宗教文化是宗教思想的文化表现,它既是文化的一个门类,又是宗教的一个部分,是文化和宗教相互渗透的社会意识。宗教文化大致分为器物、精神、制度三个层次。

宗教的文化作用。宗教作为一种复杂的社会现象和文化载体,对社会的作用具有双重性。有人说,宗教是把双刃剑,不仅有对于社会积极的功能,也同时存在着不利于社会的因素。在社会的发展进程中会遇到许许多多的社会问题,如经济发展不平衡、不平等,法律的缺失和不公,社会保障制度的管理缺失,贫困、失业问题等等;我们每个人在人生中都会遇到这样或者那样的难题。在我国社会主义初级阶段我国经济发展迅速,人们的生活得到了基本的保障,但是经济

---

〔1〕马克思恩格斯选集(第四卷)[M].北京:人民出版社,1995:35.

的过快发展也难免带来精神上的缺失，再加上自然灾害和社会问题等不良因素很容易引发社会成员对于现存社会秩序的敌视和攻击。宗教具有社会控制和心理调适的社会功能，它通过对造成社会混乱、破坏社会稳定的各种原因，特别是苦难和罪恶的存在，作合理化的解释，成为一部分人精神寄托的场所，使他们减轻痛苦、填补空虚、稳定情绪，消除精神紧张状态，得到心理上的慰藉。这对于维护社会的正常生活秩序，保证社会安定，让人们安居乐业，具有一定的积极作用。"在中国广袤的土地上，几乎每个角落都有寺院、祠堂、神坛和拜神的地方。寺院、神坛散落于各处，比比皆是，表明宗教在中国社会强大的、无所不在的影响力。它们是一个社会现实的象征。"〔2〕

　　但是相反，在看到其积极作用的同时，也不可忽视其消极的影响。而在中国，除了佛教、道教、伊斯兰教、天主教、基督教等制度化宗教外，还存在大量弥散型民间信仰，甚至是"邪教"。宗教既可以减缓社会政治状况急剧变动的程度，有助于社会制度的转型不至于出现失序，亦可以使本来稳定的社会秩序陷入无序状态。这种情形可以 19 世纪中国的太平天国运动为例。古典社会理论在强调宗教的整合功能时，未能足够重视宗教在历史社会中起的裂散功能。宗教在其积极影响的同时也很容易被不法人士利用，挑拨群众以达到分裂社会的目的。

　　在我国宗教文化发展进程中，既有有利于社会主义建设的、有着悠久文化底蕴的宗教文化的优秀成果，同时也存在着由于经济、政治、社会和生态环境长期综合作用下逐渐形成的不利于社会和谐发展的宗教文化糟粕。这两种文化现象会产生两股完全相反的力。所以，我们在建设社会主义和谐社会的时候，一定要始终坚持先进文化

---

　　〔2〕杨庆堃.《中国社会中的宗教》[M]，范丽珠等译，上海：上海人民出版社，2007 年版，第 24 页。

的前进方向,发扬和保持宗教文化中的有利于社会主义和谐社会建设的部分。对于破坏社会和谐、破坏国家统一团结的宗教信仰要坚决抵制,在发现的同时做到"不相信、不盲从、及时汇报、坚决抵制",同时也要善于运用宗教文化的优秀成果为全面建设社会主义和谐社会营造良好的文化氛围。

11.2　衡水宗教概述

中国是宗教呈现多元化发展的国家,中国宗教信徒信奉的主要有佛教、道教、伊斯兰教、天主教和基督教五大宗教。这五种宗教在我国具有悠久的历史,它们经历了不同的发展时期,对我国的政治、经济、文化,乃至社会生活习惯等诸方面产生了十分巨大而深远的影响。[3] 河北省作为我国环京津地区的一个重要省份,其宗教也以五大宗教为主,并且信奉民间宗教的信徒众多。

11.2.1　衡水佛教发展

（1）佛教及其在衡水发展

佛教距今 2500 多年,由古印度迦毗罗卫国(今尼泊尔境内)王子乔达摩·悉达多所创(参考佛诞)。西方国家普遍认为佛教起源于印度,而印度事实上也在努力塑造"佛教圣地"形象。

佛教也是世界三大宗教之一。佛,意思是"觉者"。佛又称如来、应供、正遍知、明行足、善逝、世间解、无上士、调御丈夫、天人师、世尊。佛教重视人类心灵和道德的进步和觉悟。佛教信徒修习佛教的目的即在于依照悉达多所悟到修行方法,发现生命和宇宙的真相,最终超越生死和苦,断尽一切烦恼,得到解脱。

根据多年考古实践与文献研究,中国著名考古学家认为秦始皇

---

〔3〕冯今源.当代中国宗教的两个重要理论问题[J].世界宗教研究,2003(2).

统一全国后曾禁止修建佛寺,由此佛教传入中国内地的时间最迟应在秦始皇时代。

佛教传入中国的确切年代尚无定论,异说颇多,最广泛的说法是东汉永平十年(67),汉明帝派遣使者至西域广求佛像及经典,并迎请迦叶摩腾、竺法兰等僧至洛阳,在洛阳建立第一座官办寺庙——白马寺,为我国寺院的发祥地;并于此寺完成我国最早传译的佛典《四十二章经》。主要有汉传、藏传和南传佛教三大派别。

从南北朝开始中国佛教进入兴盛发展阶段。南北朝时佛教已遍布全国,出家、在家佛教徒数量增加很快,北魏《洛阳伽蓝记》记载洛阳城中寺庙鼎盛时达到 1367 所,而北方的长安僧尼过万,南方的建业(今南京)也有佛寺数百座。

隋唐时期是中国佛教鼎盛之时。隋朝皇室崇信佛教,唐朝皇帝崇信道教,但对佛教等其他诸多宗教都采取宽容、保护政策。中国佛学逐步发展成熟。

衡水是最早接受佛教最早传入中国的地区之一,佛教于魏文帝时期传入阜城,唐代有庙宇三十多座。阜城"文庙",又称"孔子庙",建于明朝洪武年间,是衡水唯一一座现存古建筑文庙。在武强也很盛行,县境内建有尧王庙、楞严寺、五祖寺、清凉寺、福胜寺、石佛寺、松竹寺、兴圣寺、元武观等寺庙十余座。至清朝,在武强庙宇建筑几乎村村都有,仅街关镇就有城隍庙、关帝庙。深州庙宇很多,譬如清朝乾隆时期,仅在深州城里就有六座庙,在深州境之内稍大一点的村庄几乎每村都有二三个庙。清末民初以来,破坏迷信之说兴起,到处出现了"毁坏佛像,占据寺院庵观去主僧道女尼"的现象,全国很多地方都发生了毁庙反神风潮,大量寺庙道观非毁即为新式学堂所占,人们赶走僧人,拆毁庙宇,并将拆下的木料、砖、瓦等物品用来盖成了小学校,衡水也不例外。

新中国成立后,特别是 1953 年中国佛教协会的成立,是中国佛教发展史上的重大转折。十一届三中全会以后,党和国家的宗教政策逐步落实,使佛教不仅走上了正常发展的轨道,而且在社会政治、经济生活中扮演着越来越重要的角色。

(2)东晋时期佛教领袖释道安

① 释道安其人。冀州历史上出过两个著名的高位高僧,他们基本上是同时代的人,一个为释法珍(具体年代不详)。一为释道安(312—385)。关于释法珍的记载很少,仅《广古今五行记》中讲到法珍一件很神奇的事。书中记载,晋安帝时,冀州沙门有个法珍和尚,告诉他的弟子普严说,有山神告诉他,江东有个刘将军,是汉家后代,应当做皇帝。后来果然应验。东晋的将军刘裕,自称是汉高祖刘邦的弟弟楚王刘交的子孙,他后来迫使东晋皇帝禅让,即皇帝位,史称宋武帝,国号宋。可见法珍确实是一个很有异能的高僧,但或因资料匮乏,很难说他对佛教的贡献有多大。而道安法师却是中国佛教史上举足轻重的人物,有着极为重要的地位。

释道安,南北朝时高僧,翻译家。出生于公元 312 年,常山扶柳人(今河北冀州),出生于卫氏世代英儒之家,早年父母双亡,由外兄孔氏抚养。释道安 7 岁开蒙读书,具有超强的记忆力,读两遍就能背诵,乡邻们都感叹不已。学习了《诗》《书》《易》《礼记》《春秋》等儒家书籍。

12 岁出家为僧。虽神智聪明,但形貌却非常丑陋,不被师父所看重,只能去干些体力活,一直干了三年。他吃苦耐劳,勤勤恳恳,毫无怨言,笃性精进,持斋戒精严。几年之后,才请求师父给他经书读。师父给他《辩意经》一卷,约有五千字。道安带着经书下地干活,利用中间休息的时间读经。晚上回寺院后,将经书还给师父,并要求再换一部,师父说:"昨天给你的经书还没有读,怎么今天又要?"道安回答说："昨天的那部经书我已经会背诵了。"师父感到很惊讶，却并不相信。但还是给了他《成具光明经》一卷，有近一万字。道安又是带着经书下田干活，利用休息时间阅读，晚上回来时又还给师父，师父拿着经书，让他背诵，他竟然背得一字不差，师父大为惊叹，从此对他另眼相看。

　　道安受具足戒后，开始外出游学。24 岁至邺县的中寺，遇到佛图澄，佛图澄见到道安后非常激动，两人谈了整整一天。寺院里的其他僧人见道安其貌不扬，都很轻视他，佛图澄说："此人有远见卓识，你们这些人跟他不能相比。"由此道安事佛图澄为师。佛图澄讲经时，道安作复述，众僧人很不高兴，都说："往后走着瞧，要难杀昆仑子。"待道安复讲时，众僧人纷纷提出许多疑难问题，道安力挫群雄，行有余力。因此，当时有一句很流行的话说："漆道人，惊四邻。"成为佛图澄的弟子后，潜心学习印度佛理。佛图澄死后，道安因避战乱，颠沛流离于冀、晋、豫一带。53 岁南下襄阳，在襄阳研究佛学 15 年，颇有建树，成为东晋时期的佛教学者、佛教领袖。在襄阳、长安等地总结了汉代以来流行的佛教学说，整理了新译旧译的经典，编纂目录，确立戒规，主张僧侣以"释"（释迦牟尼）为姓。培养了慧远、慧持等高僧。

　　② 释道安的地位。巨赞法师（1908—1984）和净慧法师（1933—）是当代中国佛教界的两位高僧大德。巨赞法师说："在我国佛教史上，除了鸠摩罗什和玄奘法师以外，对于我国佛教贡献最大的，恐怕要算东晋时代的道安法师了。"（《巨赞集》，中国社会科学出版社，1995 年版，第 147 页）又说："道安法师是中国佛教史上的完人之一。"（《巨赞集》，中国社会科学出版社，1995 年版，第 169 页）

　　曾任中国佛教协会副会长的净慧法师说，中国佛教史上有三位里程碑式的大师，分别是：道安大师、慧能大师、太虚大师。"道安法师是中国佛教史上承前启后的一个人。他总结了在他之前佛教在中国传播的经验,也开创了从他之后佛教在中国继续发扬光大的局面。释道安算是佛教在中国的一个里程碑。"两位当今高僧分别推荐了中国佛教史上对佛教贡献最大的三个人物,虽然对两个人物意见存在分歧,但却毫无例外地都选择了道安。著名佛教史学者汤用彤先生也指出,"东晋之初,能使佛教有独立之建设,艰苦卓绝,真能发挥佛陀之精神,而不全藉清谈之浮华者,实在弥天释道安法师,道安之在僧史,盖几可与特出高僧之数矣。"(《汤用彤卷》,河北教育出版社,1996 年版,第 154 页)近代学者梁启超赞誉道安为"中国佛教界第一建设者"〔4〕。又比喻说:"佛教之有安,殆如历朝创业,期得一名相然后开国规模具也。"〔5〕可见道安在中国佛教史上无比崇高的地位。

③ 释道安的主要贡献。第一,统一佛教僧人姓氏,形成以释为姓的定制。道安以前,出家僧人随师姓或保持原来俗家的姓。道安认为僧徒都是释迦牟尼的弟子,应当姓"释"。其后他读《增一阿含经》,其中说到印度有四大河流,河水流入大海,皆称海水,不复有河名。因此四姓出家,皆为释种。所以他认为僧徒姓"释"符合经意。从那以后,出家僧人皆以"释"为姓,已经有一千六百多年的历史了。第二,编撰佛教经籍目录。从汉、魏佛教传入中国直到东晋,已近四百年,从古印度传来的经书渐渐多起来了,翻译的经典已不少,但是传经人的姓名、年代,人们却说不清楚,没有一本目录。后人考证也很少有结果。于是道安开始编纂经书的总集名目,标明传经人的情况,排列年代顺序,结集为《经录》一书。使众经有据,这都是道安的功劳。《经录》一出,各地的学佛者,纷纷前来拜师学习。针对当时佛

〔4〕梁启超.《梁启超全集》第七册,北京出版社,1999 年版,第 3793 页.
〔5〕同上书,第 3784 页.

教经籍杂乱无章的情况，道安认为有必要进行整理，编出目录来。于是开始收集资料，编辑成中国佛教史上第一部经录，取名《众经目录》，从而开中国佛教史佛经目录学之先河，成为后世佛教目录学发展的奠基之作。此书虽已不存，但从僧祐《出三藏记集》中，仍可窥见其梗概。道安以后，各种经录的出现，无不是从道安得到的启发。第三，组织翻译、注疏佛教经典。道安以前的译经，文字晦涩难懂，多数译经重质不重文，基本上是直译。道安在这方面做了大量的注释工作，因而被尊为东晋时代最有名的义学高僧。道安笃好佛家经典，志在宣扬佛法，他请来的外国僧人有昙摩持、昙摩难提、鸠摩罗佛提、僧伽跋澄和僧伽提婆等人，可谓人文荟萃，译经事业兴旺发达，翻译了很多佛教经书，达百万余字。高僧们译出的经论，许多都由道安审定。他在审定中总结出翻译有"五失本，三不易"，为后世译经者指明了方向。道安还和僧人法和一起诠定音字，详核文旨，使这些新译出的经书，准确无误。孙绰在《名德沙门论》中说："释道安，博学多才，通经名理。"道安刻苦钻研佛典，钩深致远，他所注释的《般若道行》《密迹》《安般》等经书，共 22 卷，他在注释这些经书时，认真地对待每一句话，每一个字，解决了很多疑难问题，挖掘出许多内在的含义，妙尽深旨，文理会通，使经书的内容更加明白、准确，具有开先河之功。第四，为僧徒定轨范。道安不仅品德操行是人们的宗范，而且对佛教的经、律、论都学有所长，依照僧团组织原则六和，又根据中国的实际情况作了补充规定，其具体内容是：《僧尼轨范》《僧法宪章》制定的条例：一曰：行香定座上讲经上讲之法；二曰：常日六行道饮食唱时法；三曰：布萨差使悔过法等。此制条一出，天下的寺院都跟从遵守。由此可见他在当时佛教界的声望之高，是无人可比拟的。第五，佛教中国化的第一个里程碑。释道安最突出的贡献，是用中国传统文化解释外来文化，做到佛教的"洋为中用"。当时学佛法的人多是墨守成规。道安感叹道："为众人所推崇的佛学大师们虽然已经去世了，但玄妙的义理还可追寻，应当穷究幽远，探索微奥，使我们后人能够理解佛学的真话。"于是道安开始游方问学，访学佛门经、律。道安"家世英儒"对中国传统文化造诣很深，同时又对佛教有全面和精深的把握。因此，道安借助中国传统文化思想和老庄玄学语言、概念，来解释和发挥佛教教义。此外，为了适应中国特点，道安在僧人居住生活上、礼仪上也做了调整。"正是道安法师在教理、教制、生活上的一些改革措施，才使得佛教在中国得以生存和发展起来。"(净慧：生活禅钥，第62页)其弟子慧远继承其思想衣钵，引导佛教思想与中国文化、习俗相结合、协调和适应，进一步推动了佛教的中国化。第六，弘扬佛法靠社会，有效扩大佛教在中国的影响。道安在襄阳，西至凉州，北至长安，东达建康，各地政府和僧侣都与之保持广泛的联系。而襄阳也俨然成了佛教传播的中心。正由于道安在襄阳从事佛经的宣传和教育取得了丰硕成果，从而使他的声誉更加显赫。不仅"四方学士，竞往师之"，襄阳地方"大富长者，并加赞助"，而且，外地豪族、官僚，乃至东晋和前秦皇帝都表示资助和敬仰。道安45岁时，弟子有数百人，道安常常向弟子宣讲佛经。为了避乱，率领弟子进入王屋山、女休山。随后又渡过黄河，来到陆浑，住在深山里，食野果，饮溪水，还是坚持修学不已。当他意识到逃避不利于宣扬佛法时，道安对徒众说："现今时逢凶年，若不依靠国家政权，则佛法难立，而我们又需要以佛法广施教化。"于是道安就让法汰到扬州去，让法和到四川去，道安带领四百多名弟子继续南下。道安到襄阳宣扬佛法。道安与有社会地位的人物建立友好关系。当时，征西将军桓朗子镇守江陵，邀请道安到江陵暂住一时，后来朱序又邀请道安回到襄阳，以礼相待，结为知己。朱序常常感叹道："道安法师是佛门的栋梁啊！"为了扩大佛教事业，解决白马寺地方狭小和建筑陈旧的问题，道安发动当地有钱有地位的人资助。用张殷贡献的旧宅修建了名为"檀溪寺"的寺院,用有钱有地位的人赞助的钱修建了一座五层的佛塔,盖起四百间房屋。凉州刺史杨弘忠送了 1 万斤铜,铸成一尊佛像,高一丈六尺,每天晚上都放出光芒,照耀殿堂。前秦苻坚派人送来一尊外国金箔倚像,有七尺高,还有金坐像、结珠弥勒像、金缕绣像、织成像各一个。每逢有法事时,道安就把这些佛像罗列出来,布置幢幡,珠佩迭晖,烟华乱发。使得前来礼拜的信徒们莫不肃然起敬。道安的弘法活动,名闻遐迩,远在西域的鸠摩罗什,称他为"东方圣人",经常向东方礼拜,希望总有一天能够见面。道安亦知道鸠摩罗什,曾多次建议苻坚迎请他到长安来弘法。因时机因缘不成熟,未能实现。公元 401 年,鸠摩罗什到长安时,道安已逝世十六年,两位互相敬重的哲人,只能是隔世相望了,最终未能见面。

　　④ 释道安的影响。当时在襄阳有个叫习凿齿的人,口舌锋利,远近知名。他早就听说过道安的大名,曾写信给道安问好,他说:"法师品德高尚,操行正直,既慈悲天下,又严格戒法,僧侣和百姓都得到法师的荫护。自佛教传来我国四百余年,虽有很多信奉者,但像法师这样任当洪范,化洽幽深,得到众多僧人思慕的大师还是不多见的。降甘露于丰草,植檀香于江边,如来之教,复崇于今日;率波溢漾,重荡于一代啊!"待道安来到襄阳,习凿齿立即前去拜访。习凿齿给朋友写信说:"我在这里见到释道安,他决非一般法师,有徒众数百人,斋讲不倦。他没有什么变化之术,却可以惑常人的耳目;他没有什么重大的权威和势力,却可以整群小之参差。师徒肃肃,自爱、自尊、自重,洋洋济济,这种情况是我从来都没有见过的。道安法师博学多闻,世上的各种典籍,几乎被他读遍,甚至阴阳术数,他也能通晓,致于佛家经文,他更是游刃有余。他的功力与高僧法兰、法道相似。只恨您不能和我一起来见道安,道安也常常说起想跟您谈一谈。"

道安在襄樊、沔州一带住了十五年,每年都多次讲说《放光波若经》,从没有过废缺。东晋孝武帝非常钦佩道安的德行,派使者前往问候,并下诏书,嘉奖道安的学识功迹,道德风范。还给与道安王公的待遇。

前秦苻坚也是早就听说过道安的大名,常常说:"襄阳有个高僧道安,是个非凡的人物,我想让他到我们这边来,让他辅佐朕。"

随后苻坚派苻丕五领兵攻占了襄阳,将道安和朱序等人都送到长安。苻坚对仆射权翼说:"我派出十万之师攻取襄阳,只是为了得到一个半人。"权翼问:"为了得到谁?"苻坚说:"安公一个人,习凿齿算半个。"待他们到长安后,住在五重寺,僧众有数千人。道安在这里弘大佛法,教化民众。

东晋孝武帝太元十年(385),道安无疾而终,终年 72 岁。

(3)西藏取经的法尊法师

① 法尊法师其人。法尊法师是现代著名高僧,佛学家,卓越的翻译家。法师俗姓温氏,河北深县南周堡村人,1902 年 12 月 14 日生,1980 年 12 月 14 日示寂,世寿 79 岁。法尊法师不畏险阻的西行求法,可称之为当代玄奘。他翻译了大量西藏佛教典籍,并写有不少论著,为西藏佛学研究提供了极大的方便。赵朴老题诗赞曰:"法师之功,山高水长。典型百代,释宗之光。"千百年来,时有藏地高僧来汉地传法,但将藏文佛教经典译成汉语者,却鲜有人,即便偶有所译,数量亦较为有限。民国时期,出现了一批有志赴藏求学密法的汉人,翻译藏文经典一时蔚然成风,其最有成就者,当推精通汉藏的法尊法师。法尊法师 20 岁受具于北京法源寺,后入武昌佛学院,学业圆满,于 1925 年入藏学法,十载勤学,博通三藏。1936 年应太虚大师之邀自藏返汉,主持汉藏教理院十余年。解放后来京,起先在菩提学会主持翻译事务,1953 年中国佛教协会成立,当选为常务理事。1956 年,

在北京法源寺内创办的中国佛学院，被聘为副院长、喜绕嘉措法师之后的第二任院长。

② 法尊法师的功绩。法尊法师入藏十年，深得藏密精髓，将藏传佛教格鲁派创始人宗喀巴大师（1357—1419）的重要著作《菩提道次第广论》《密宗道次第广论》《辨了不了义论》等，以及贾曹杰、克主杰二大师之著述；汉文三藏缺译要典如《现观庄严论》《辨法法性论》等翻译成汉文以补充大藏。来京后，又将《社会发展史》《革命干部读本》等译为藏文；并参加第一届人大文件和《宪法》藏文译本之审核事宜，又编辑藏汉、汉藏字典词汇若干种。同时，法尊法师还将唐代玄奘法师所译《小乘要典》中的《大毗婆沙论》由汉文译成了藏文，该经论长达二百卷，积四年之功方毕，此举为弥补藏文大藏经中的某些空缺立了大功，堪称是沟通汉藏的一座桥梁，其功德实可比肩唐代西行取经的玄奘大师。法师逝世前二年，以耄耋高龄，响应中国佛教协会为四化立功之号召，翻译法称论师的《释量论》及僧成大师《疏》二十余万言，书成之后，续有译述，示寂当天早晨，犹手不停书，为法忘躯，闻者无不感怀悲泣。

③ 法尊法师修法历程。第一，奠基立志——太虚大师。1921 年冬，法尊法师前往北京法源寺道阶法师座前受大戒，在京时礼谒了当代佛界大德太虚法师，蒙太虚大师当面许可，于 1922 年往武昌入太虚法师办的佛学院学习。1925 年夏秋，法尊法师随大勇法师率领的佛教藏文学院的同仁们一起赴藏求法。1933 年，正当法师沉浸在西藏求法的快乐中，如饥似渴地学法的时候，接连收到太虚大师的几封信，催促其速归汉地，办理汉藏教理院的事情。法尊法师尊重太虚大师之邀，忍痛割爱毅然回汉地协办汉藏教理院，担任代理院长兼训育主任，除处理日常院务，每天还教学生三小时藏文与佛学，晚上则忙于译经。如此干了两学期后，又进藏一次，一年后复返缙云山，再次

挑起主持汉藏教理院的重担。1937年秋,在汉藏教理院讲学期间,承太虚大师嘱托,翻译《密宗道次第广论》,后由北京菩提学会印行。太虚大师一生致力于整顿复兴中国佛教,面对当时整个佛教空洞疏陋达到了极点,衰败颓废到无以复存的境地,大师认为借观西藏四五百年来的格鲁派黄教,唯独它能卓然安住于不败之地,因为西藏宗喀巴大师造了《菩提道次第广论》一书。宗喀巴大师的教法能够做到既不埋没自宗,又不弃舍他派,很善巧地安立佛和祖师菩萨讲的一切言教,都用作自己修证佛法的最佳指导。所以,从以前印度相宗性宗各判三时教法,到后来中国日本诸大宗派的判教方法,都远不如宗喀巴大师造的广论所独具的优点。太虚大师是这样一位具有博大胸襟和远见卓识的一代大师,法尊法师对这样一位恩师也是赞叹有加,并且以一生努力来实现师长的志愿。第二,临终受托——大勇法师。大勇法师是法尊法师最早依止的师长之一。1920年春末,法尊法师往五台山出家,投玉皇庙瑞普(法名觉祥)师座前落发,法名妙贵,字法尊。当年秋,大勇法师、玄义法师等路过本寺,听勇师讲《八大人觉经》和《佛遗教经》,法尊遂对听经发生兴趣。"决心做点出家人的事情,若是一天两堂殿地混下去,实在是对不住我出家的本心! 当时想到翻译经论,主持正法等,应当做的事情很多。"1921年秋,太虚法师应北京佛教界邀请,在广济寺讲《法华经》,大勇法师要到北京听经。当年冬,法尊法师跟随大勇法师到北京,礼谒了太虚大师,在法源寺受戒。1924年春,大勇法师觉得西藏的密法,比东密来得完善,便发了进藏求法的决心。函召法尊法师到北京相见,面商进藏学法事宜。于是法尊法师于武昌佛学院毕业后,便立即回北京拜见了大勇法师,并参加了藏文学院,进学藏文,同去西藏求法。1925年秋,在大勇法师率领下,法尊法师随藏文学院同仁一起踏上了赴藏求法的行程。一路多次受多方阻挠,千难万险,大勇法师因生活艰苦,积劳致疾。

1929 年八月十日,大勇法师在甘孜札迦寺示寂,世寿仅 37 岁。大勇师临圆寂时很殷重地嘱咐法尊法师入藏去学《菩提道次第广论》,叮嘱他无论如何要把广论弘传到汉地来。法尊法师牢记大勇法师遗嘱,1931 年进入西藏,去亲近安东格西,学法于拉萨哲蚌寺。法尊法师回忆那几年的学法经历,生活虽然窘迫,精神非常快乐,在拉萨住的那几年,学书诵经都忙得起早睡晚,连吃东西都要特别抽闲来吃。终于对西藏的显密教理,皆能略略地得到一点头绪。三年后,法尊受太虚大师函召取道印度回国,主持太虚大师创办的汉藏教理院,十余年间,培育出大批的汉藏佛教僧才。第三,启蒙立信——慈愿师。慈愿大师诞生于康定藏族充锅庄家中,童贞出家,年长赴拉萨,入哲蚌寺求学,后考得格西学位。遍访明师,进求显密修要秘诀教授等。慈愿大师是法尊法师藏文和藏传佛教基础的启蒙老师,也是翻译《菩提道师师相承传》著名藏文译者郭和卿居士的第二位上师。慈愿大师能运用汉语以转法轮,因此汉族僧俗来依者众多,咸受其教。1926年法尊法师赴藏求法,在慈愿大师座前修学一年,头一次见到宗喀巴大师的不朽著作《菩提道次第广论》。也就是在这里,法尊法师对西藏的密法,产生了从未有过的坚实信仰。跟随慈愿大师期间,法尊法师先学了藏文文法《三十颂》《转相轮》《异名论》《一名多义论》《字书》等关于藏文的初级书籍。然后学了宗喀巴大师讲的《比丘学处》《菩萨戒品释》《菩提道次第略论》等佛教正式典籍,为学习藏文佛学打下了一个良好的基础。这一年的学习,虽为初涉藏传佛教,却已让法尊对藏传佛教产生了极大信仰,对格鲁派的修习次第尤觉为奇宝。第四,教授发心——扎迦大师及其弟子格陀诸古。1927 年入藏学法团滞留在甘孜时,法尊法师随大勇法师,移住甘孜对河的札迦寺,亲近札迦大师学经,住札迦寺四年,相继依止札迦大师和俄让巴、格陀诸古等师父,系统地修学了《现观庄严论》《辨了不了义论》等藏密经论。

法尊法师依止俄让巴师父,听了《菩提道次第广论》的止观部分。后又依止格陀诸古,学了《因明初机入门》《现观庄严论》和《辨了义不了义论》等。格陀诸古师父的年龄只比法尊大一岁,但是他的学问、修行、道德和慈悲,那都是"仰之弥高,钻之弥坚",是不可测度的。法尊法师依止他老人家共住了四个年头,所得的利益最多。1928 年秋,由格陀诸古师父的介绍,法尊法师谒见了安东格西。第五,获《广论》完整传承——至尊恩师安东格西。安东格西,原籍青海,于塔尔寺获得格西学位。格西学德兼优,映夺全藏。培养众多弘法人才。法尊法师向格西问了许多积聚心中已久的难题,一一得到格西满意的答复。法尊法师回忆当时初次见到安东格西的情形时说:"他老人家那种渊博学海,锋利剑芒,任你何等的困难死结,莫不迎刃而解。我受了教训之后,就五体投地地信仰,这是我初次所见的安东恩师,自此以后,就想长时依止安东恩师了。"1929 年,大勇法师临圆寂时很殷重地嘱咐法尊,去昌都从安东格西学《广论》,无论如何要把《广论》传到内地来。1931 年春,法尊法师到了昌都亲近安东格西学法,受了四十余部的大灌顶,对于显教诸论也略闻纲要。在拉萨法尊入哲蚌寺,名义填在寺中,实际仍住拉萨依止安东格西求学,学了《菩提道次第广论》《密宗道次第广论》《密宗道建立》《五次第论》《入中论》等。又在此时,开始翻译《菩提道次第广论》。法尊法师,先于 1927 年从甘孜札迦寺札迦大师弟子俄让巴听广论的《止观章》,后遵大勇法师遗嘱,去亲近安东格西系统学广论。安东格西在拉萨应墀门噶伦施主请讲《广论》,多为安师原有弟子,总共有二十三人。法尊法师随听,后来,人数渐少,讲到最后,只有法尊法师一人听完整部《广论》。

1933 年,汉藏教理院已成立,太虚法师多次来信催促法尊法师回汉地教学。

11.2.2　衡水道教

（1）衡水道教概况。道教在衡水的传道活动并不活跃，何时兴起，已无准确时间可考。南北朝时期，道教的形式、内容已制度化，儒、释、道三教并立的局面亦初步形成。明代建有真武庙，老君堂村建有老君庙，民国末年有两个道教徒，1950 年后消失。清末，由于统治者对道教的压制以及伴随着帝国主义侵略战争而来的各种西洋宗教日趋强盛，河北省道教逐渐走向衰落。五四运动、新文化运动后，道教理论受到批判，其很多内容被看作是封建迷信，道教教团的势力更加削弱。新中国成立后，我国实行宗教信仰自由政策，河北省衡水市道教徒在政治上享受到平等的公民权利，并在土改时分到了房屋、土地、农具等，走上了合作化的道路。"文化大革命"中，中国道教协会被迫停止工作，河北省的道教活动也处于停顿状态。十一届三中全会后，随着宗教政策的逐步落实，河北省衡水市道教活动也开始恢复。衡水市桃城区玉皇宫原庙宇毁于 1955 年，80 年代重新修复。塑神像七尊，中间是昊天金阙无上至尊自然妙有弥罗至真玉皇上帝，两仙童左右侍奉，东西两侧分别是二郎显圣真君、太白金星、风雨雷电众神。2015 年 2 月 3 日至 4 日，河北衡水桃城区玉皇宫举行开放大典和开光法会。在会上颁发了宗教活动场所登记证，由此玉皇宫成为衡水地区第一座开放的道教宫观。道教教职人员的正常发展和宗教活动的正常开展做了一系列工作，收到了一些良好效果。

（2）李白访道安陵。安陵，现在是景县安陵乡政府的驻地。唐朝诗人李白，天宝三年（744）到安陵访道士盖寰，并作了一首题为《访道安陵遇盖寰为余造真箓临别留赠》的诗。（安陵地名很多，李白到的安陵有不同观点，泊头范君凤池考证认为在沧州吴桥境内，发表于《沧州日报》2007 年 7 月 19 日第 7 版）李白于天宝元年（742）被唐玄宗李隆基召进京师，任翰林院供奉。他志气宏放，飘然有超世之心，由于蔑视权贵,遭受谗害。天宝三年(744)离开长安,之后在洛阳与杜甫相遇,访道求仙。这年的秋冬之际,李杜分手,各自寻找道教的师承去造真箓(道教的秘文)、授道箓。李白到齐州(今山东济南一带)紫极宫请道士高天师如贵授道箓,从此他算是正式履行了道教仪式,成为道士。其后李白又赴山东平原郡(景县境内)安陵访道士盖寰,并作了一首题为《访道安陵遇盖寰为余造真箓临别留赠》的诗:清水见白石,仙人识青童。安陵盖夫子,十岁与天通。悬河与微言,谈论安可穷。能令二千石,扶背惊神聪。挥毫赠新诗,高价掩山东。至今平原客,感激慕清风。学道北海仙,传书蕊珠宫。丹田了玉阙,白日思云空。为我草真箓,天人惭妙工。七元洞豁落,八角辉星虹。三灾荡璇玑,蛟龙翼微躬。举手谢天地,虚无齐始终。黄金献高堂,答荷难克充。下笑世上事,沉魂北罗酆。昔日万乘坟,今成一科蓬。赠言若可重,实此轻华嵩。此次的求仙访道,李白得到了完满的结果。

这一年,44 岁的李白离开了长安,他是受权奸排挤而被皇帝李隆基冠以"赐金还乡"之名走上了漫游之路的。李白在公元 743 年入长安前,曾游历过的重点区域是蜀、安陆、齐鲁,蜀是他少年求学之地,安陆是他结婚和游说之地,齐鲁则是他寻仙访道之地。因此,他在失意之时,由于访道思想的作用,他自然要到山东来。另外,李白的第二个夫人刘氏就是山东人,还为李白生一爱子颇黎,此时儿子就在山东,所以他一路东行,直奔齐鲁而来。在这里他游侠、击剑、拜仙、求道,以此消融内心才不被用的痛苦。

诗中的安陵,就是现在景县境内的安陵乡政府驻地,在唐时属山东平原郡。诗中的盖寰是一位道士,李白早年旅居山东时曾和盖寰同学于高尊师如贵道士,李白写"学道北海仙"即指此。盖寰道术比李白高,行辈也比李白靠前。此前,李白曾受到"尊师"的真箓,层次也高。这次受事只是一般的行为,不过李白还是很认真地对待,并且写了这首诗。

篆，就是符，道士所画的一种图案。置于某处有驱神鬼、降祸福的力量。道教徒们在为人画符的同时，常举行一些仪式，叫受事，以显示道术高超。盖寰为李白造真篆，也是为李白消灾除难的。李白在诗中，首先用 12 句盛赞了盖寰的少年聪慧、能言善论以及在齐鲁大地的广泛影响，然后用 10 句写了自己与盖寰的交往，并着力描绘了真篆的详细内容和作用。最后用 10 句表达自己的感激之情，抒发自己藐视权贵的情怀，从"昔日万乘坟，今成一科蓬，赠言若可重，实此轻华嵩"就可以看出李白的真实思想。

11.2.3 衡水天主教

天主教于明朝万历年间（1573—1620）传入河北，于清咸丰十一年（1861）传入衡水地区。民国二十八年（1939）4 月 25 日，建天主教景县教区。景县也是衡水天主教的主教区。时称景县宗座监牧区，主教府设在景县天主教总堂内。首任监牧主教为凌安兰（耶稣会士，奥地利籍）。民国三十五年，景县监牧区正式改称景县教区，后迁往深州市。初辖景县、宁津县、东光县、吴桥县、故城县、阜城县、武邑县、枣强县、衡水县、冀县、南宫县、新河县 12 县。景县教区总本堂区辖冀县、东光县、武邑县、南宫县、南宫县呼家岩、枣强县、吴桥县、新河县团里、衡水县仲景、景县黄古庄、阜城县、景县河渠、宁津县、景县清草河共 15 个本堂区，11 个专堂。

天主教在中国近代史上被西方列强利用来充当不光彩的角色，同时被用来操纵、控制中国教会，使中国教会变成西方修会、差会的附庸。天主教也一度因为自己的"洋教"身份而受到国人排斥。20世纪上半叶，在动荡的中国社会，天主教逐渐采取了理性的态度，开始了缓慢的"中国化"进程。中华人民共和国成立后，中国天主教经过反帝爱国运动以及"三自革新运动"，在政府的启发和支持下，开始了由中国人独立自主自办教会的事业。改革开放后,天主教不断探索与社会主义社会相适应的道路,使其发展获得了很大空间。

2006 年,衡水教区有近 3 万名信众,2 位主教,32 位神父,60 位修女,30 位大修生,80 位小修生,105 个活动场所(教堂、圣堂、祈祷所),1 所备修院,1 处修女院,4 个门诊部。衡水教区若瑟备修院是1985 年在景县主教府创立的一所教区性中学式小修院,以"追随基督、荣主益人"为宗旨,以培养德才兼备、热衷于荣主救灵的神职人员为目的。备修院建院三十多年来,由原来非正式招生到今日的全日制教学,至今在备修院就读过和正在就读的人数已超过 300 人。天主教衡水教会还在冀州设立冀州天主教锡禄眼科医院。衡水教区天主教开设学校,创办医院,以达到"荣主益人"的宗旨。

11.2.4 衡水伊斯兰教

回族在居住较集中的地方建有清真寺,由阿訇主持宗教活动,经典主要是《古兰经》,信徒称"穆斯林"。生活习俗恪守回族传统,遵循教规,讲究卫生。伊斯兰教回族穆斯林做礼拜在回族的形成过程中曾起过重要作用。清真寺是回族穆斯林举行礼拜和宗教活动的场所,有的还负有传播宗教知识、培养宗教职业者的使命。清真寺在回族穆斯林心目中有着重要位置。按伊斯兰教历,每年 12 月 19 日为古尔邦节。每年的这一天,形成了宰牲献祭的习俗沿袭至今。另外,伊斯兰教规定,每年教历 9 月定为斋月。在斋月里要封斋,要求每个穆斯林在黎明后至落日前的时间里,戒饮、戒食、戒房事……其目的是让人们在斋月里认真地反省自己的罪过,使经济条件充裕的富人,亲自体验一下饥饿的痛苦心态。到教历 10 月 1 日即斋戒期满,举行庆祝斋功完成的盛会,这一天就是开斋节。开斋节这天,人们早早起床、沐浴、燃香,衣冠整齐地到清真寺作礼拜,聆听教长讲经布道。然后去墓地"走坟",缅怀"亡人",以示不忘祖先。

伊斯兰教是一种民族宗教,它在衡水的发展是随着回民迁入衡水而传播的。根据现有资料查证,回民最早进入河北是在 13 世纪初。当时随着蒙古军西征,大批中西亚人东迁。元朝统一中国后,这些随军东迁的色目人在各地屯田定居。河北衡水市一带最早的回族先民即源于此。衡水市伊斯兰教徒在河北是信奉人数最少的地区,仅有一千多人。

11.2.5　衡水基督教

耶稣教(基督教),清末传入衡水阜城,建两座教堂,1946 年后停止。基督教最初是伴随着西方列强的殖民侵略传入中国的,为了反抗列强的殖民统治,国人曾经掀起过"非基运动",使基督教遭遇了前所未有的挑战。新中国成立后,基督教界通过努力,成立了中国基督徒自己的教会——基督教三自爱国运动委员会,割断了与西方国家的联系,清除了教会中的帝国主义分子和反革命分子,使得中国教会结束了过去宗派众多、教会相互独立的局面,发展成为统一的全国组织的教会。尤其是十一届三中全会以来,我们制定了正确的宗教信仰政策,恢复了一批教堂,恢复了神职人员的工作,开办了中国人自己的神学院,使我国基督教获得了迅速发展。衡水桃城、深州都设有基督教堂和家庭式基督教会。

11.2.6　衡水民间信仰

在我国,由于历史传统和现实的原因,民间存在大量的具有民间信仰的善男信女。民间信仰是由传统沿袭下来的植根于民间"尊神崇圣"和"功施于民则礼之"的较低层次的信仰。这是长期以来社会经济文化比较落后情况下所产生的与当地民情、民俗相结合的历史文化现象。作为一种信仰现象,它与法定宗教(主要是佛教、道教)之间,既存在某种联系又有所区别,同时又与民俗活动和封建迷信活动相掺杂,影响所及遍于东南亚各国和港澳台地区,乃至世界各地凡华人生活圈概莫能外。衡水人的民间信仰也是十分庞杂的。河北人在一块山河阻隔的天地里,一方面塑造了自己的神,同时也不断被输入外来神。天地信仰是衡水人最古老的信仰,它实际上是一些自然神的综合,包括日月星辰、山川湖海、风雨雷电等。民间通常会供奉一位天地爷,但它没有专门的庙祠,只在过年时,从市面上买一张木板天地神画,上有天公地母和一班人马,中间有一个牌位,写着"天地三界十方万灵真宰"。人们把它贴在屋檐下,有时只用黄表纸写一个天地神们,以示尽心。衡水民间还有一系列俗神为人们所信仰,如福禄寿三星、喜神、财神、门神、龙、送子娘娘神、谷神等。灶君俗称为灶王爷,在河北民间最普通,是最深入群众的神,它至少具有这样三种职能:一、民以食为天,灶王爷掌管饮食;二、司职命运;三、监察善恶。因而民间对灶王爷都是笃信虔诚的,将它供在家中灶头,腊月二十三上天时,香火糖锡为之送行,大年初一再把它接回来。在衡水家家户户村民门前都摆有石狮子,用来镇宅避邪。衡水还有许多有意思的传说,大禹铲出千顷洼、竹林寺的故事、冀州冯式与岳良村、城隍爷娶媳妇、吕洞宾盗桃核的传说,枣强"陨石"传说,饶阳佐村的村名由来与道教有关,明朝末年在此村修建聚仙观。

11.3　衡水地区宗教特点

11.3.1　衡水宗教信仰的多样化

目前,衡水各种宗教从信徒构成来看,仍然以"五多"现象为主,因为衡水主要以农村人口为主,所以衡水信教人口趋势变化即农村教徒多、老年教徒多、妇女教徒多、文盲教徒多、病残教徒多。但是信教群众的内部构成已经出现了某些值得注意的变化,如城镇宗教信仰人口增多、年轻教徒增多、文化层次比较高的信徒增多、工商企业经营人士和干部职工中信教人口增多及干部家属信教人口增多。在信徒构成上,过去是"三多":老年人多、家庭妇女多、文盲半文盲多,现在正在转变为"五增":年轻人增多、干部职工增多、干部家属增多、文化高的增多、工商企业的增多。在当今社会,随着文化教育事业的发展和科技的进步,宗教活动的殿堂内也不乏受过现代教育和掌握着人类科学技术的知识分子。其中有学生、教授、医生、工程技术人员,也有艺术家、企业家、科学家等。在衡水尤其是基督教和天主教这种西方外来宗教,其传教士不乏在校教师、大学教授,这与其教规也有关。

11.3.2　衡水宗教信仰的包容性

具体而言,中国古代宗教的这种多神互容的特点,直接影响和决定着中国人对一切外来宗教的态度。佛教、伊斯兰教、基督教等外来宗教在中国的传播和发展,无一不是在中国传统宗教这一兼容性的氛围中得以实现的。理论上的相互攻击并不妨碍实践中的相互补充。不同宗教的神灵能共处一堂受人崇拜,这种情况恐怕也只有在中国能出现。在中国长期的历史发展中,没有发生过因为不同宗教教义和信仰的冲突而导致的所谓宗教战争。而在几种外来宗教中,实现与中国传统文化内在融合最成功的当推佛教,佛教不但完成了它的中国化进程,还成功与儒家相融合促进了一个新的儒家学说和文化思潮即宋明理学的产生。三教同源、三教归一、三教合流、天有三光、人有三教等观念已成为宋明以后中国人普遍的文化理念并深入到人们的生活方式之中。[6] 此外,中国宗教多神崇拜和互容的特点体现了整个中国传统文化的博大精深。

衡水市天主教人数众多,民众的从众心理加上乡村间人际传播的快速、便捷,使天主教乃至后来基督教获得广大的市场。基督教、天主教自身本土化。虽然来自西方的基督教和天主教与中国的本土

---

〔6〕参见孙尚扬.宗教社会学[M].北京:北京大学出版社,2001.

信仰之间存在诸多差异,如多神与一神、现世与来世、集体与个体等的差异,但是基督教与天主教能够迅速融入到乡村民众生活中去,除了这些宗教自身做了很大调整以外,其本身教规教义与乡村基层民众吁求的呼应,是这些西方宗教能够在衡水大规模传播的主要动因。

11.3.3　衡水宗教信仰的世俗性

衡水宗教所具有的入世、现实、世俗等特点还表现在中国人的信仰与自身的现实功利需求紧密相依。出于中国人的重现实的急功近利的需要,形形色色的神被创造出来。在古代中国,每一个村庄、乡镇和城市建有供奉着各种神的庙宇。佛祖、观音、土地神等。在中国人的观念中,不管什么神,只要对己有利、有用,可以有所寄托,他们就会祈拜、供奉它们。而且,这种祈拜和供奉又不拘形式,有事则拜,无事则罢。"平时不烧香,临时抱佛脚"正是这一情形的典型概括和真实写照,人们不是出自对于某种信仰的虔诚,而只是为了一己之利,表现出很强的功利性。

11.4　衡水宗教问题分析

11.4.1　衡水社会宗教的现状

(1)衡水宗教信仰的功利性。僧众信仰淡化现象比较严重。随着佛教世俗化的不断加强,佛教寺院也成为一个经济色彩较浓的场所,经济利益搀杂进寺院之中,使宗教信仰问题变的更为复杂。如助长了一部分僧人的拜金主义、享乐主义思想,加重了他们的名利心,影响了相互之间的团结。不少中青年出家人更多地注重个人的世俗利益,积聚钱财,享受生活,淡化了修持和宗教事业心。有经济实力的普通信徒被一些寺院奉为上宾,在教团中的地位和影响在扩大,有些甚至成为寺院管理层中的重要力量。部分信教群众功利心较强,受社会商品经济意识的影响,其信教倾向主要在发财致富上,有功利色彩与泛宗教倾向。

（2）与宗教混淆的世俗迷信。世俗迷信。是愚昧的象征，思想落后的表现。在封建社会中一直是统治阶级愚弄人们的手段。随着党的宗教信仰自由政策的恢复与落实，宗教信仰不再简单地被视为封建迷信，而封建迷信却披着宗教的外衣多有复萌。[7] 这其中包括观手相、占星术、圆梦测字、赶鬼驱病等现象的复出。其中也不乏国外渗入的糟粕，也包括国外邪教，国内的法轮功及历史上会、道、门等污七八糟的东西，其中有的是乔装打扮，鱼目混珠；有的是死灰复燃。世俗迷信和宗教性质迥异，它以诈骗钱财、蛊惑人心、危害社会或其他的政治用心为目的，所以新中国成立后一直对其采取取缔的方针。2014 年衡水侦破一起"全能神"邪教案，抓获骨干成员 74 人，"全能神"通常假冒基督教名义进行宣讲，通过色诱、暴力恐吓等手段发展信徒；信徒全部使用化名，入教后要"奉献"财物，危害极大。作为标准的邪教，"全能神"邪教组织以身体有病、家庭困难、文化水平低的人为主要发展对象，利用人民群众善良的本性和愿意积德行善的心理，散布"信全能神才能保平安"邪说，蒙蔽、拉拢不明真相的群众入教。世俗迷信不利于社会主义两个文明的建设，在特定的情况下也会成为社会不安定的势力及因素。但在现阶段，大量仍属于人民内部矛盾，且多处民间，往往又与民间文化、习俗文化交织在一起，需加强教育、引导与管理。而对于一部分违法的邪教活动，应予打击。

（3）衡水宗教事务管理混乱。由于衡水宗教教职人员长期处于自发成长状态，教职人员普遍年龄偏大、文化程度偏低，除少数具有较高宗教文化素养外，有相当一部分宗教教职人员没有经过专门的神学院学习和培训，对宗教教义了解少，在平时的聚会时，只是组织

---

〔7〕冯今源.当代中国宗教的两个重要理论问题[J].世界宗教研究,2003(2).

信众诵经、唱歌和祷告，对宗教教义理解有限。不少乡镇看似有人负责宗教工作，但大多数地方都处于失管状态。村级宗教管理工作更加薄弱，一些乡镇对村党支部、村委会在宗教管理上没作具体规定，平时乡镇对村级干部在宗教政策法规方面培训甚少，没有把宗教管理工作纳入村干部的考核范围，"不愿管、不敢管、不会管"现象在村一级表现尤为突出。

11.4.2 解决宗教问题的建议

（1）加大经济和文化建设。经济上，河北省要善于抓住京津冀一体化的国家战略，利用区位互补优势，调动自身能动资源，改变京津对河北省周边"空吸效应"，在发展城市功能群产业协作同时，将更大力气放在农村，以京津冀一体化带动城乡一体化，促进更多优势资源向乡村转移，建设宜居乡村，使广大农民脱离贫困，满足其基本生存需求。经济基础决定上层建筑，只有将经济基础保持稳定，才能建设文化发展。

（2）发展衡水宗教旅游业。劳动自养、以寺养寺，是宫观管理体制中十分重要的问题，也可以说是个关键性的问题。随着国家改革开放的不断深入，发展旅游业成为当前中国政府和全社会都非常关心的产业。大多数正在富裕起来的中国人，都在利用各种假期和黄金周开展旅游活动。靠山吃山，靠水吃水，加上国家对宗教场所的经营和宗教活动实行免税政策，因此，发展旅游业成为实现宫观自养最简洁、最稳定也是最有前途的经济增长方式。不少名山宫观通过发展旅游业，获得了丰厚的经济收益，实现了自养。例如冀州竹林寺，原址坐落在衡水湖，可以借鉴杭州的西湖旅游方案，从而发展衡水宗教旅游业。

（3）发挥宗教的积极因素。宗教具有社会整合、社会控制、个体社会化以及心理调适的功能。按照构建和谐社会的要求，宗教可以进一步发挥积极作用：第一，宗教大都有促进社会和谐的理念、道德规范和传统。除佛教是这样以外，道教讲"齐同慈爱、和光同尘"，提倡贵生，敬重生命，关爱自然，主张天人和谐；伊斯兰教有对人友善宽容，当行则行，行止有度的"中道"思想；基督宗教系统共同具有爱上帝，同时要"爱人如己"的基本精神。这些理念的正确阐释和宣传，不仅有助于宗教自身的稳定和谐，而且有助于宗教与社会其他组成部分的和谐。第二，宗教界在维护民族团结、国家统一和社会稳定中能够发挥应有的作用。特别在当前错综复杂的国际形势下，西方敌对势力利用民族宗教问题加大对我"西化""分化"的力度，绝大多数教职人员都能坚持国家利益、中华民族整体利益至高无上的立场，在反对"台独"，在与民族分裂势力、宗教极端势力和恐怖势力进行斗争，在维护民族团结和祖国统一事业中做出了应有的贡献。宗教界还积极参与打击危害社会危害人类的邪教组织的斗争，促进了社会的稳定。

（4）加强宗教事务的管理。加强对宗教事务的管理，严厉打击各种违法宗教活动，取缔非法宗教组织宗教事务是社会事务的一个组成部分，政府依法对宗教事务进行管理是依法治国的必然要求。十余年来，《中华人民共和国境内外国人宗教活动管理规定》和《宗教活动场所管理条例》两个行政法规、《宗教活动场所登记办法》等五个部门规章和地方性宗教法规的颁布实施，使宗教工作干部依法管理宗教事务的意识加强，在宗教工作中发挥了重要作用。目前，衡水宗教管理上还存在诸多薄弱环节。一是县、乡、村三级管理网络尚有空当，乡、村两级相对薄弱，属地化管理尚未规范和制度化，一些村级干部不仅管理失职，而且热衷于宗教；二是各级宗教管理部门虽有机构，但普遍反映人员编制少，或干部配备不得力，经费短缺，难以保障工作的正常运转；三是对宗教团体的纽带、桥梁作用认识不到位，一些组织人员、办公地点等不落实，从内部管理、学经教育、对外交流、反映信教群众的要求等各方面尚未充分发挥作用。

参考文献

［1］马克思恩格斯选集(第四卷)[M]，北京：人民出版社，1995：35.

［2］杨庆堃.《中国社会中的宗教》[M]，范丽珠等译，上海：上海人民出版社，2007 年版，第 24 页.

［3］姚南强.宗教社会学[M]，上海：东华大学出版社，2004.

［4］范丽珠.当代世界宗教学[M]，北京：时事出版社，2006.74 页.

［5］王晓朝.宗教学基础十五讲[M]，北京：北京大学出版社，2003.

［6］冯石岗、贺智佳.冀文化与燕赵文化比较研究——论冀文化提出之必要性[J]，湖北函授大学学报，2014，27(13)：152—153.

［7］贾建梅、杨国玉、王紫璇.冀域演变及京津冀文化圈考略[J]，河北工业大学学报(社会科学版)，2013，6：17—21.

［8］李红.论当代世界民族问题与宗教问题[J]，黑龙江民族丛刊，2004(2)：37—41.

［9］蓝岚.壮族民间宗教信仰的社会历史作用[J]，红河学院学报，2004(1)：64—68.

［10］冯今源.当代中国宗教的两个重要理论问题[J]，世界宗教研究，2003(2).

［11］周子良.山西农村非法传教问题的调查与法律思考[J]，晋阳学刊，2002(4).

［12］罗伟虹.中国的民间信仰探讨[J]，社会科学，1994(8).

［13］中国的宗教信仰自由状况.http://www.china.org.cn.

［14］孙尚扬.宗教社会学[M]，北京：北京大学出版社，2001.

［15］新时代道教传教方式探骊，http://post.baidu.com.

［16］李白访道安陵，《衡水晚报·大周刊·景县文化专刊》，2016 年 12 月 25 日.

第12章 教育事业 发达

衡水市是河北省下辖的一个地级市,大禹治水划天下为九州,现衡水所辖冀州区即为九州之首。长期为国家的文明中心地位。统治阶级一直高度重视教育发展,自夏商以来就有了学校教育,但那是专供奴隶主子弟上学的地方。两汉时期的毛苌(饶阳县人)、董仲舒(景县人)、隋朝时的高允(景县人),都曾在家乡下帷讲学。这是衡水地域出现最早的教育形式。

12.1 悠久的古代教育

12.1.1 冀州长乐郡郡国学校

冀州文化教育事业源远流长,清代康熙本《冀州志》称,"冀为古名邦,旧有学,冠于它所。"自汉设太学置博士弟子员,冀州就是经学人才辈出之地。后魏郡国立学,时冀州属长乐郡,设郡学,立博士 2 人,助教 4 人,学生 100 人。博士和助教录用的条件是"博关经典,世履忠清,堪为人师"者,学生则"先尽高门,次及中第"。

(1)冀州州学。唐代冀州为上州,信都属上等县,州学设经学博士一人,学生 40 人。明洪武二年(1369),诏天下府、州、县皆立学,冀州为上州,立州学。至宋金始见州学碑文记载,现存最早的是金太宗天会八年建造庙学的碑文。当时庙学合一,学习在孔子文庙内。北魏(386—534),在冀州长乐郡(郡治信都,今冀州区)始设郡国学校,是衡水地域最早的一座学校。当时该校有博士2人,助教4人,生员100人。生员以"先尽高门,次及中第"为录用标准,其目的是服务于上层社会人士。

(2)汉代郡国学校。是指以行政区划郡、国为范围的地方官学。蜀郡守文翁,对于创建郡国学有显著成就。据《汉书·循吏传》记载:文翁推行儒家的仁政之说,重视教化。他任蜀太守期间,为改变当地落后的风习(蛮夷风),选拔县郡小吏中的优秀之士,派遣京师,授业博士,学习儒经和汉代的律令,学成归蜀,从而引进了中原先进的文化。与此同时,文翁又在成都市创设官立学府(谓之学宫),收招生徒,免除他们的徭役,学成之后,授以重任。他还采取了各种诱奖进学的办法,取得相当的社会影响。文翁兴学,有显著的成就。此事得到汉武帝的赏识,为了统一全国的政治思想,他诏令全国:郡国皆立学校官。虽然郡国学未能普遍设立,但是,作为由朝廷统一管辖的封建社会的地方官学,却由此而产生。郡国学校以社会教化为宗旨,这鲜明地体现在各地立学设教的目的。地方学校既讲教化,因此特别重礼行礼。

(3)学校尊孔。我国古代学校祭祀孔子即由此而兴。据史书记载,一些郡守都曾令文学、校官、诸生演习礼容,借以引导地方的礼仪教化。唐贞观(627—649)年间,太宗下诏州县"立学皆作孔子庙",而庙学遂遍天下,此即为县学之始。据《安平县志》记载:元至元七年,安平县学宫设于孔庙内,以"四书""五经"为教材;以诗赋、制艺为主要内容,初入学者称附学生员,以后升为增广生员,简称增生,再以后升为廪膳生员,简称廪生,这三等生员统称秀才。各县生员均有定制,清朝学制规定,安平县只收廪生(每人月供廪米6斗以补助生活)

20 名,连同增广生、附学生共 58 名。

12.1.2　冀州、景县社学

明洪武八年(1375)又诏天下立社学(私学),"以训民子弟","民间幼童 15 以下者皆送社学读书",冀州每堡有社学一所,教读一人。另又有阴阳医社学。明代冀州知州杜澜废阴阳医学,改建社学于州治之东。清代各大乡、巨镇又各置社学。

社学——元、明、清三代的地方小学,创立于元二十三年。元制 50 家为一社,每社设学校一所,择通晓经书者为教师,施引教化,农闲时令子弟入学,读《孝经》《小学》《大学》《论语》《孟子》,并以教劝农桑为主要任务。明承元制,各府、州、县皆立社学,以教化为主要任务,教育 15 岁以下之幼童;教育内容更包括御制大诰、本朝律令及冠、婚、丧、祭等礼节,以及经史历算之类。清初令各直省的府、州、县置社学,每乡置社学一所,社师择"文义通晓,行宜谨厚"者充补。凡近乡子弟,年 12 以上,20 以下,有志学文者,皆可入学肄业,入学者得免差役。社学是当时农村启蒙教育的一种形式,明清两代,社学成为乡村公众办学的形式,带有义学性质,多设于当地文庙。社学一直是为封建统治服务的地方文教机构,但在鸦片战争爆发后,广东人民亦曾利用它作为反抗帝国主义侵略的组织。要求民间幼童 15 岁以下者送社学读书。规定每社(50 户为一社)立社学一所,择教读一人,以训民子弟。《景县志》记载当时景县 7 乡、21 屯,共 28 里,设社学 28 处,各学设教读一人,共 28 人。

12.1.3　衡水古代书院

(1) 自唐朝末年,开始出现书院,这是有文化、有名望的知识分子召集青年讲学的场所。衡水地域最早的一座书院,是明嘉靖二十六年(1547)在深州城内东南隅兴建的恒麓书院。后于清乾隆二十一年(1750),由一州(深州)、三县(武强、武邑、安平)共同筹款,将书院迁至城西三里处的旧州村,并改名为博陵书院。至嘉庆二十五年(1801)整修书院时,改名为文瑞书院。与此同时,其他各县也相继出现了信都书院(冀州)、观津书院(武邑)、大原书院(枣强)、育贤书院和桃城书院(衡水县)。(人文衡水:衡水最早的书院——恒麓书院,2012－10－09,衡水新闻网—衡水日报)

据1827年编纂的《深州直隶州志》中知州邹云城《博陵书院碑记》有这样的记载:深为畿南雄郡,三邑隶焉,考州治之东南有恒麓书院,明嘉靖年间州牧余公一鹏所建,颓废日久,基址亦无存,前牧尹公侃有振兴之志……惟西关外三里许有吕公祠,向为诸生会课之所,境幽地僻,实可藏修,爰同三君捐资创建……遂将修建缘由并前牧尹公废地,面陈制府桐城方公,方公曰:"恒麓无考,深为博陵古郡,即以名之。"

(2)信都书院。乾隆《冀州志》载,明万历四年(1576),冀州知州赵杲在州城马神庙西建信都书院。清康熙年间冀州知州魏定国将信都书院移建于州治东南,置田四顷,以资膏火。清光绪年间,桐城派晚期学者、知州吴汝纶"牧冀八载","以振兴文学为己任",苦心经营信都书院,聘王晋卿、贺松坡主讲信都书院。"萃一州五县高材弟子入学,蜚声于世,书院学生连岁登甲乙榜者数十人","人才最为一时之盛","冀州书院卓然为畿辅冠"。吴汝纶在信都书院的学生王玉山(今冀州市二甫村人)是清末冀州唯一的进士,赵衡曾经是中华民国总统徐世昌的秘书。

(3)冀州三书院。冀州除信都书院外,城内建有翘材书院,冀州西野庄头村还有滏阳书院,一州三书院影响甚广。清代乾隆本《冀州志》称,冀州文风丕(大)变,成为文学昌明之乡。清初颜李学派的创始人颜元、李塨都曾来冀授徒讲学,求实务本为冀州文化教育扎下深远基础。冀州州学、社学、义学三学鼎立,学风甚盛。据《教育志》记载，清末民初著名学士胡庭麟曾任冀州信都书院监院，在信都书院教书，后在京师当教师 4 年。胡庭麟(1866—1920)，冀州区冀州镇伏家庄村人。胡庭麟"聪敏嗜学"，当时冀州著名文学之士，史书载，他"经览古今政治、典章，究其治乱兴亡之故。而于泰西诸儒学术治术，亦皆洞悉其源流、得失"。

12.1.4　义学

明清以来，衡水出现了一种由地方士绅捐赠学田地租作为办学经费的义学形式。当时冀州所建义学达 12 所。清康熙五十四年(1715)，衡水城内西关、辛集、景官及张官铺各建义学一所。雍正二年(1724)，留仲、大赵常村也相继办起义学。义学教师由地方长官选择，学生多为乡间富家子弟，入学年龄不限，学习年限不定，以考上秀才为止。当时，冀州的富贾商客捐资助学之风甚盛，为他州所不及。冀州除州学、社学之外，义学相当发达。据民国《冀州志》载，明清两代冀州所建义学达 12 所之多。

义学，主要是从事小学教育，也称"义塾"，又称蒙学教育，产生于北宋时期，始于名相范仲淹，是一种专为民间孤寒子弟所设立的学校，免费上学。办学经费靠官款、地方公款或地租，有的是一些官员、地主出资在家乡所开办，也有以祠堂地租或私人捐款而设。

清朝义学之设，系根据康熙四十一年(1702)，"定义学小学之制"，及康熙五十一年(1712)，"令各省府州县多立义学，聚集孤寒，延师教读"之规定而办理。

义学的老师又称蒙师。从学者都是 15 岁以下的少年儿童。教育内容主要是识字写字、读书、作文、学算等，并兼有伦理教化的功能。义学常用的课本有《三字经》《百家姓》《千字文》《千家诗》《昔时贤文》等。这类学校除了少数由官僚、地主、商人等富贵人家所开设的以外，大多都十分简陋，没有专门的教舍，教师束修微薄，仅能糊口,因就学子弟多出自贫苦人家,大多只求粗识文字面已。

12.1.5 中学

衡水地域最早的一所中学,是清光绪二十八年(1902)在冀县建立的中学堂,地址在原信都书院旧址。办学经费每年纹银 7000 两。清光绪二十九年(1903),各县相继建立了以"西学为体,中学为用"的官办高等小学堂。冀州在州城内翘材书院创办第一所新式小学堂——冀州高等小学堂。同年,冀州建起中国近代地方教育机构——劝学所,公举劝学员,划分学区。广设初级小学、初高两级小学,并创立女学,使新学堂在全县迅速发展起来。

12.2 近现代衡水教育

12.2.1 中级师范

清光绪三十一年,在冀州贡院旧址创办初级师范学校,这是衡水第一所以培养师资为目的的学校。凭借良好的教育基础,民国二年(1913)冀州中学堂成为省立第十四中学;民国十二年(1923),在冀州旧城南设省立第六师范学校——衡水第一所中级师范,初招学员 270人,有教职工 25 人。这两所学校的建立,聚集大批优秀的知识分子任教,在辛亥革命的浪潮影响下,积极开展反封建宣传教育活动,培养了一大批进步青年,很多学员成为党和国家的优秀干部和学术人才,如:曹日益(曾任全国心理学研究所所长)、傅振伦(全国著名方志学专家)、董振堂(红五军军团长)。据不完全统计,六师毕业生中先后出现 8 位国家副部长级以上和 38 位省军级以上的高级干部。

新中国成立后,衡水各市县教育蓬勃发展,呈现出抓教育、出人才、兴衡水的新局面。

12.2.2 现代中学

1913 年冀州中学堂为省立第十四中学,开启了衡水现代中学教

育事业。解放后,衡水市各县区都建有多所初中、高中。2008 年被
列入河北省重点示范高中的有衡水中学、枣强中学、深州中学、冀州
中学、河北郑口中学、安平中学、武邑县第一中学、衡水市第二中学、
饶阳县第一中学、景县第一中学、故城县高级中学等。今天,国内知
名中学有衡水中学、衡水二中、武邑中学、冀州中学等。其中衡水中
学,简称衡中,中国十大名牌中学,河北省高考成绩团体十四连冠。
衡水二中,衡水市重点高中之一,连续多年高考获得河北省第二名。
衡水中学创建的衡中教育模式,闻名全国,震动世界。

12.2.3　高等学校

　　衡水市高等学校主要有衡水学院、衡水职业技术学院。职业教
育学校有衡水科技工程学校、衡水铁路电气化学校、衡水卫校等。

　　(1)衡水学院。衡水学院前身为始建于 1923 年的直隶第六师
范,1960 年迁至衡水并更名为河北衡水师范学校。1978 年经国务院
批准,在衡水师范学校的基础上建立衡水师范专科学校。2004 年 5
月 17 日,经教育部批准,衡水师专改建为衡水学院。

　　据 2014 年 5 月学校官网显示,该校建有"管理科学与工程""微
生物学""遗传学""分析化学""动画设计"等重点优势学科和重点特
色发展学科。该校建有衡水湖湿地保护研究所、董仲舒研究所等一
批科研机构。

　　守正出新是衡水学院校训:"守正出新"语出《道德经》,意在"笃
守正道,以新制胜"。是为校训。"守"主旨有四:守道德之正,传承
优秀道德理念和规范,形成良好的道德自觉;守学问之正,完整继承
前人学术成果,养成严谨学风,师生共同进步;守处世之正,笃守正
道,诚实平和,严以律己,养成团队精神;守行事之正,勤于实践,扎实
做事。"出新"的要旨是创新。提倡述而有作,敢于挑战权威,善于探
索新知,正确看待失败,尊重个性发展,逐步建立超越前人的知识体

系和技能体系,继承中追求创新,平实中体现新奇。

（2）衡水职业技术学院。衡水职业技术学院办学历史可追溯到
1923 年成立的、曾享誉燕赵大地的河北省立第六师范学校,此后历
经冀南建设学院（1948）、河北省立冀县师范学校（1949）、河北冀县师
范学校（1979）等历史时期。2001 年 4 月,经河北省人民政府批准,国
家教育部备案,在冀县师范学校的基础上建立衡水职业技术学院,实
施专科层次高等职业技术教育。

学院以"办特色教育、创名牌学校、育高素质人才"为办学宗旨,
以市场对人才的需求为发展导向,在教学中坚持理论与实践并重,注
重学生实际应用能力的培养,使学生在毕业时不仅能取得毕业证书,
还能取得相关专业技能等级证书。

设有计算机系、机电工程系、经济管理系、艺术系、外语系、生物
工程系、基础教学部等 6 系 1 部 29 个专业,其中,装潢艺术设计和会
计电算化专业为中央财政重点支持建设专业。

（3）衡水科技工程学校。衡水科技工程学校是一所市政府投资近
10 亿倾心打造的高标准、高规格、国内一流、省内唯一的现代化国办综
合职业学校,是原衡水财贸学校、衡水技师学院（高级技工学校）、衡水
科技学校等八所市直国办中职学校优势专业、雄厚师资及成功教育教
学经验的聚合升华,其中衡水技师学院是国家高级技能人才培训基地。

12.3　衡水中学教育模式

12.3.1　衡水中学成就斐然

衡水中学创建于 1951 年,是河北省首批示范性高中。学校位于
京九铁路与石德铁路的交汇城市——衡水市,东临 106 国道,北临石
黄、石德高速公路,交通便利。学校占地 200 亩,有 7000 名在校生,
400 名教职工。学校按照"以人为本、科学管理、求真务实、质量第

一"的指导思想,恪守"追求卓越"的校训,遵循"以学生发展为本"的办学理念,大力倡导"尊重的教育",积极推进以"教会学生学习"为目标的教学改革。《2016 中国高中排行榜》,中国人民大学附属中学、河北衡水中学、上海中学位列前三。2016 年全国各地高中名校被清华北大录取的考生人数超过 100 人的中学有两所,分别为扬名中外的河北衡水中学和中国人民大学附属中学(分数线专业设置)。衡水中学更是以 139 人的成绩稳居第一。(前三名:1. 河北衡水中学:139 人;2. 中国人民大学附属中学:114 人;3. 北京第四中学:87 人)

衡水中学高考成绩非常突出,被某些媒体称为"大学生加工厂"。《人民日报》《人民教育》等 20 余家知名媒体先后多次向全国详细介绍河北衡水中学办学经验,引起了基础教育界的广泛关注,英、美、韩等 10 余个国家和全国 30 余个省、市、自治区的 18 万余名教育工作者先后到校考察。各地客人对衡水中学鲜明的育人特色给予了高度评价,赞誉衡水中学创造了一个"教育的神话",是"全国基础教育的一面旗帜"。

数年来,衡中保持着优异的高考成绩。在其带领下,衡水各中学的高考成绩也突出于河北其他地市。作为高考制度下的蛋,衡中高强度训练适应考试,是否扼杀学生创造力,是否践踏教育本身——"衡水模式"被舆论关注和解析,被指超级高考工厂。衡水这个经济省内倒数、曾经贫瘠的盐碱地也因这所学校而成为盛名远播的"教育名城"。

12.3.2　神话成绩出自管理

"衡水模式"赢在细节、习惯和养成教育。管理、高度严格的管理保证了它在应试教育领域的辉煌成果。

(1)高效的学校管理模式。半军事化、绩效量化等现代公司管理手段。军事化管理,军事化教学和军事化的生活。精确的作息,学校每天的生活安排得都非常密集,为了保证不浪费一分钟的学习时间,每天的生活都像钟表一样精确,用现代公司管理制度管理学生。课间操是衡水中学的一个神话,训练有素、步调整齐,不亚于一个军队,春雷滚滚,震荡人心,口号豪气冲天,让人热泪盈眶。学校高度负责。在高考前的一个月,学校每两天就组织一次模拟考试,考完后老师会"面批面改"。班主任和各科老师会不停地找学生谈话。班主任是灵魂人物,一天到晚要盯早操、盯晚自习。甚至其他老师上课时,班主任也得搬把椅子坐在后面盯着。放假前和开学后,学生会出现心理波动,班主任会抱着被子睡到学生宿舍里。

(2)规范教育教学方法。①集体备课:教师每日一研,三日一研,每周一研,任何一个教师的课都是全校教师智慧的结晶。②备课内容:认真研究《考纲》,吃透考纲所涉及的考试内容;认真研究高考试题的题型及分值分布和各教学章节知识在历年高考试题中所占比,掌握应考知识,提高应考能力。平时训练要对学生易错地方进行归纳总结,把非智力因素对高考的影响降到最低。③教学+训练的教学特色:教学注重夯实基础,在教学过程中对学生的学习情况和学生的基础知识掌握程度进行全面客观分析评价。课堂容量大,内容深。抓素质教育,在课堂中注意知识的层层落实、积极调动学生课堂上的主动性,探索学生课堂上知识的接受与落实的方法,使学生在获取知识的同时注重了思维的发展、能力的培养、学习习惯的养成。训练注重实效,强密度作业,高密度考试。

12.3.3 "衡水模式"的成功所在

(1)"衡水模式"有理论。"衡水模式"提出了"树立精进理念,延揽精良师资,实施精品战略,培养精英人才,开展激情教育,打造高效课堂,实行精细管理"。教学五主原则:教师为主导、学生为主体、问题为主导轴、思维为主攻、训练为主线。"衡水模式"坚持"解放生命,激爆潜能,超越每刻,卓越一生"的十六字育人方针,阐释为打破束缚成长的观念枷锁,充分相信孩子们的无限潜能,通过各种活动,老师带动,领导示范,释放出孩子内心的强大力量;让学生惜时高效,珍视分秒,不断进取;让每个孩子都能真正实现自己的人生价值,为自己的长远发展奠定坚实的基础。

(2)"衡中模式"有文化。是一种"激情"教育——一个层面是指作为激情教育的实践者,即广大一线教师,必须要有激情。学校在日常工作中,通过目标导航、环境营造、政策激励,着力于培养全体教师的激情,创设一种激情文化;另一个层面是通过活动开展、环境激励、氛围营造,对学生进行激情教育,对学生的衣、食、住、行、学等各方面进行精致的全程设计,使学生时时处处在激情和快节奏中高效学习、快步前行,努力营造激情文化。

该模式用实践证明,只有优秀的学校文化,才能孕育优秀的学校教育;只有积淀深厚文化底蕴的学校,才能形成特色和品牌。学校核心的发展力就是学校发展的特色文化。

(3)衡中现象是时代的产物,具有历史必然性。衡中模式抓准了社会对教育功利的需求。我国自科举制度以来,教育传统的重要内核就是应试。高考制度是典型的应试教育指挥棒。学生拼的是分数,学校拼的是升学率。只要学校采取"科学方法"带领学生往死里拼,学生拼成了,学校就出名了。衡水模式在社会、家庭、学生中拥有着庞大的受众群体。满足了教育资源不足条件下,众多学生希望挤进高水平大学学习的社会需要,创造了化腐朽为神奇的高考神话,所以引起全社会的广泛关注和青睐。

(4)衡水模式是应试教育＋素质教育的模式。2013 年国家督学罗崇敏教授在衡水中学做专题报告时对衡中做出如下评价,他说:"我对衡水中学的老师们深感由衷钦佩,为学生们深感自豪骄傲!因为这里是点燃激情的地方,是生长智慧的地方,是行为养成的地方,是陶铸意志力的地方。在这里我们会认识到时间是生命的真理性,认识到升学率和素质教育的统一性。"这既是对衡水模式的评价,也是对全国中学教育的期盼。

12.3.4 辩证思考"衡中模式"

衡中模式是衡水悠久教育文化的传承,在人才培养方面做出了历史性贡献,探索出了一条适应应试教育制度,挖掘学生学习潜能的道路。任何事物都有两面性,衡中模式闻名过程中正反两面的争论在不断发酵。引起全社会对教育价值取向的大讨论和反思,这本身就是对中国中学教育发展的贡献。

归纳起来,争论的焦点是对衡中模式中严格要求和灌输理想这一核心问题的判断。

(1)关于严格管理。严格要求没错,学生管理就是要有严格的纪律。争论点是过于严格,军事化、机械化管理,是否具有合理性和科学性。

(2)关于灌输理想。学校开展的感恩励志演讲比赛、名人进校园、文明餐桌、40公里环保远足、五四成人礼、青春活力健美操等一系列活动,增强了学生的自信、自立、自强的精神,激发了他们坚定崇高的理想信念,做到"用校风感染人,用教育规范人,用环境熏陶人,用活动影响人",可谓是"东风化好雨,润得满园春"! 灌输理想当然重要,问题在于不能把理想片面化。有些教师给学生灌输的理想就是考上好大学。校园之内,一切亢奋的标语随处可见,比如,"血狼精神,与我同在","今日疯狂,明日辉煌","为梦想浴血奋战"等。老师教育学生的经典言语竟然是:"你学习不好,就是被别人踩在脚底,还有被吐一口吐沫,说:呸! 真丢人!!"导致有的学生用血手指印发誓"我一定要考上××大学"。

12.3.5 正视衡中现象的负效应

近年来,衡水中学、衡水二中和衡水其他中学的竞争已经形成严重内耗。高中到各地"掐尖",已经延伸到邢台、承德、张家口等地,整个河北省的基础教育都被"衡水模式"裹挟着前进。高中的竞争也影响到了到初中、小学。衡水的不少学校已偷偷取消了体育、音乐、美术这些"无关紧要"的课程。一些县里的普通学校,早已被"超级中学"挤垮。衡水模式,值得深思!

12.4 红色文化教育

12.4.1 全国第一个农村党支部

1923 年 8 月,弓仲韬、弓凤洲、弓成山三人组建了中共安平县台城特支,弓仲韬任书记,受中共北京区委直接领导。这是中国共产党第一个农村党支部,支部设在弓仲韬家里。台城村坐落在安平县西部。现建有中国共产党第一个农村党支部纪念馆。

弓仲韬(1886—1964),河北省安平县人。1886 年出生于安平县台城村一个书香门第之家。1916 年考入北京法政大学,初步接触到一些新思想。李大钊经常与他促膝谈心,使他懂得了许多革命道理。在李大钊的鼓励下,他经常到天桥宣传革命思想。1919 年参加五四运动。同年大学毕业,在沙滩一所小学任教。在李大钊的启发教育下,开始学习研究马列主义。1923 年 4 月由李大钊介绍加入中国共产党。李大钊在一次谈话中,谈到"要到农村去开展工作,把农民组织起来。当浩大的农民群众被组织起来参加革命时,中国革命的成功就为时不远了"。李大钊同志的思想观点对弓仲韬触动很大,他决心回到家乡开展革命斗争。

1923 年暑假,受李大钊派遣回原籍传播马列主义,建立和发展党的农村基层组织。他在回乡前同李大钊告别,李大钊鼓励他:要在家乡广泛发动群众,建立发展党的组织。8月,他带着李大钊同志的嘱托,满怀着对未来的憧憬,毅然辞去收入丰厚的教师工作,回到了阔别多年的故乡。

踌躇满志的弓仲韬,一回到家乡,就深入到群众中去,了解他们的要求和思想动态。他通过调查意识到,要发动群众进行革命斗争,首先要教育民众,启发民智。于是他自己出资在家里办起了"平民夜校",自编了《平民千字文》教材,动员村中50多个青壮年农民到夜校学习。在教农民识字的同时,向他们灌输革命的理论。通过学习,大家认识到:自己贫穷落后的根源不是命运,而是落后的社会制度,是地主阶级的压迫和剥削,大家产生了翻身求解放的强烈愿望。在此基础上,弓仲韬不适时机地建立了台城村农民协会,利用农会锻炼骨干、壮大力量、凝聚人心、维护农民权益。1923年8月,弓仲韬介绍思想进步、积极肯干的农民弓凤州、弓成山加入党组织。经上级党组织批准,成立了中共安平县台城特别支部。弓仲韬任支部书记,弓凤州任组织委员,弓成山任宣传委员,受中共北京区委直接领导。由此,全国第一个农村党支部就诞生了

到1924年8月,安平县已有党员20人,党支部3个。为了加强对全县党组织的统一领导,弓仲韬召集台城、北关高小、敬思村三个党支部的代表李少楼、张麟阁、弓凤洲、李春耀等9人,于8月15日在敬思村张麟阁家中召开了安平县第一次党员代表大会,选举产生了河北省第一个中共县委——安平县委,由弓仲韬任县委书记,张麟阁任组织委员,李少楼任宣传委员,会议确定了工作任务及行动纲领。弓仲韬1925年任安(平)饶(阳)联合县县委书记、军事委员,1926年夏任安(平)饶(阳)深(泽)三县中心县委书记,带领人民群众进行了长工增薪、短工罢市、改善雇工生活待遇、教师增薪等斗争。

12.4.2　衡水烈士陵园

衡水烈士陵园位于红旗大街 2189 号,占地面积 40 亩,这里安息着历次革命战争中牺牲的 55 名烈士遗骨,是衡水市未成年人道德建设基地、省级爱国主义教育基地和省级国防教育基地,每年接待党政机关、企事业单位、驻军部队、大中小学校及各界群众 3 万余人次。

12.4.3　阜城县红色教育基地

阜城县冀中回民支队抗日英雄纪念馆坐落在阜城县红色教育基地阜城县烈士陵园之中。位于县城南千顷洼高纪庄西,这里是回民支队高纪庄战役的原发地。烈士陵园占地南北 250 米东西 700 米,占地面积约 200 亩。园区由 5 个纪念馆组成。五个纪念馆分别是:回民支队抗日英雄纪念馆、千顷洼战役纪念馆、阜城县抗日英雄纪念馆、冀中抗日英雄纪念馆和冀中抗日英雄遗物陈列馆。分别记录回民支队抗战中的历史史料;回民支队在纪高庄突围战场景;阜城县在抗日战争中涌现出的革命先烈的相关史料及其英勇事迹、图像和革命文物;冀中军区在抗战中壮烈牺牲的革命先烈及其英勇事迹、人物图片和革命文物;陈列冀中人民抗日过程中的重要文献、题词、图片、战利品及英雄遗物。

烈士陵园大门,是长 26 米,高 3.6 米的抗日英雄群雕,广场正中是抗日英雄纪念碑。中心广场把烈士陵园分为东西两区。东区馆前是民族英雄马本斋的雕像,上 4 级台阶是回民支队抗日英雄纪念馆,该馆主要记录回民支队七年的抗日历程,以翔实的史料向人们展现回民支队所经历的 870 场战斗中部分精彩战例。通过纪念馆,经过园路,正中是千顷洼战役纪念馆,该馆以回民支队高纪庄战役为历史背景,通过巡回播放影片《血战千顷洼》,以教育世人,激励世人,缅怀革命先烈。园路两边是将军题词的碑林;西区依次是国际友人白求恩的雕像、阜城抗日英雄纪念馆。该馆通过丰富的史料及图片,热情讴歌阜城县人民在十四年抗战中所涌现的英雄人物和英雄事迹;冀中抗日英雄纪念馆,此馆可以说是冀中军区八年抗战历程的缩影,人们走进馆内能够了解冀中军区抗战的全貌,了解英雄人物的英勇事迹和成长历程;广场正北是抗日英雄遗物陈列馆,主要陈列冀中人民抗日过程中的重要文献、题词、图片、战利品及英雄遗物。

12.4.4 王国藩合作社——穷棒子精神

穷棒子社,也称穷棒子合作社,王国藩合作社。1952 年,在全国农业合作化运动中,河北省遵化县西铺村,在带头人王国藩的带动下,一个由二十三户贫雇农和三条驴腿组成的农业合作社。

全国解放后,面对落后的生产力与恶劣自然条件之间的矛盾,在远离城市的乡村,我国农民也正在自己的土地上创造着一种新的生产方式,那就是组织起来,依靠集体的力量改造自然。这就是农业合作化运动。在这场运动中燕山山脉脚下、原河北省唐山地区遵化县一个叫西铺的村落里传出了一个有趣的故事,故事的主角是一个叫王国藩的普通农民。

1952 年,在解放前就参加革命的村干部王国藩把西铺村里最穷的 23 户农民联合起来办起了一个初级社。办社之初他们穷得只有靠农闲的时候上山砍柴换来的一些简单农具。社里唯一的一头驴还有四分之一的使用权属于没有入社的村民,三条驴腿的穷棒子社因此得名。但正是靠着这三条驴腿,他们从砍柴换农具做起,在第二年就发展到了 83 户。粮食亩产从 120 多斤增长到了 300 多斤。王国藩合作社的名气越来越大。毛泽东被这样的创业之举深深感动了。

1957 年 2 月王国藩出席了全国农业劳动模范代表大会。被中央人民政府授予"全国首届农业劳动模范"金质奖章。大会闭幕式上当毛泽东把一面鲜艳的奖旗送到王国藩手中时,他拿着奖旗望着主席激动得热泪盈眶。毛泽东满面笑容地指着奖旗上的字。亲切地说：
"你是劳模，是建设共和国的功臣，这是表彰你们在全国起了率先
作用。"

《中国农村的社会主义高潮》中收入的 176 篇文章，篇篇树的都
是合作化或集体化运动的典型，正是在这些典型的带动下中国农村
掀起了社会主义高潮。毛泽东同志在编辑《中国农村的社会主义高
潮》一书的时候，写了 104 篇按语。

《中国农村的社会主义高潮》《勤俭办社》一文按语（一九五五年
九月、十二月）：这里介绍的合作社，就是王国藩领导的所谓"穷棒子
社"。勤俭经营应当是全国一切农业生产合作社的方针，不，应当是
一切经济事业的方针。勤俭办工厂，勤俭办商店，勤俭办一切国营事
业和合作事业，勤俭办一切其他事业，什么事情都应当执行勤俭的原
则。这就是节约的原则，节约是社会主义经济的基本原则之一。中
国是一个大国，但是现在还很穷，要使中国富起来，需要几十年时间。
几十年以后也需要执行勤俭的原则，但是特别要提倡勤俭，特别要注
意节约的，是在目前这几十年内，是在目前这几个五年计划的时期
内。现在有许多合作社存在着一种不注意节约的不良作风，应当迅
速地加以改正。每一个省每一个县都可以找到一些勤俭办社的例
子，应当把这些例子传开去，让大家照着做。应当奖励那些勤俭的、
产量最高的、各方面都办得好的合作社，应当批评那些浪费的、产量
很低的、各方面都做得差的合作社。

毛主席用王国藩合作社的精神批评砍社的行为，支持办社：大
批地"砍掉"合作社，这一点遵化县那里并没有。所谓"合作社发展速
度超过了群众觉悟的水平和干部领导能力的水平"，这对于遵化县的
情况怎样解释呢？那里的群众就是要求合作化，那里的干部就是由
不懂到懂。人人都有眼睛，谁能在遵化县那里看得出什么危险来呢？

难道在三年内,由于一步一步地实现了合作化,粮食增加了百分之七十六,林木增加了百分之五十六点四,果树增加了百分之六十二点八七,羊增加了百分之四百六十三点一,这就算是一种危险吗? 这就算是"冒进"吗? 这就算是"超过了群众觉悟的水平和干部领导能力的水平"吗?

遵化县的合作化运动中,有一个王国藩合作社,二十三户贫农只有三条驴腿,被人称为"穷棒子社"。他们用自己的努力,在三年时间内,"从山上取来"了大批的生产资料(注:从 30 里外的山上砍柴),使得有些参观的人感动得下泪。我看这就是我们整个国家的形象。难道六万万穷棒子不能在几十年内,由于自己的努力,变成一个社会主义的又富又强的国家吗? 社会的财富是工人、农民和劳动知识分子自己创造的。只要这些人掌握了自己的命运,又有一条马克思列宁主义的路线,不是回避问题,而是用积极的态度去解决问题,任何人间的困难总是可以解决的。

最后,我们要感谢这篇文章的那位没有署名的作者。他用满腔的热情,生动的笔调,详尽地叙述了一个区的合作化过程,这对于全国的合作化事业会有不小的贡献。我们希望每个省、每个专区、每个县都有一篇到几篇这样的文章。

参考资料

〔1〕衡水教育发展史.

〔2〕衡水模式,值得深思! 免费文档下载_文库下载 http://www.wenkuxiazai. com/search/％ba％e2％cb％ae％c4％a3％ca％bd％2c％d6％b5％b5％ c3％c9％ee％cb％bc!.html.

〔3〕"衡水模式"之我见——赴河北学习心得,作者单位:贵州省毕节市实验高级中学 http://www.xzbu.com/9/view-7116715.htm,论文网免费阅读期刊.

［4］【阜城新闻】红色教育基地阜城县烈士陵园开园仪式今日隆重举行，衡水吧，http://tieba.baidu.com/p/4014131041.

［5］河北衡水中学，360 百科，http://baike.so.com/doc/5393926-5631004.html.

第五编　衡水民俗文化印象

衡水民俗文化印象：衡水大地礼仪之邦，婚丧嫁娶过程有序，以人为本儒雅规范。生活方式随遇而安，好学好商好客好睦。风土人情反映民情，儒家精神世代传承，家风家训滋润后世。古迹建筑遍布各县，村落民居有待保护，新型城镇化建设保护传统文化元素任务繁重。

第 13 章　婚丧嫁娶　范式严谨

婚丧嫁娶是中国人最重视的"大事",称为"红白大事",办好"红白大事"是中国农业社会流传下来的文化传统。衡水地区在"红白大事"举办仪式和处理理念方面都有严格的程序,充分反映了衡水的农业文明。

13.1　古今冀州婚丧习俗对比

13.1.1　冀州旧时婚嫁习俗

作为源远流长、纵横千年的华夏古国,中国的婚礼习俗蕴含着丰富的内容和文化底蕴。而冀州作为九州之首,历经数千年的风雨变迁,其婚嫁习俗同样丰富多彩。下面主要从五个方面研究古冀州的婚嫁习俗。

(1)古冀州夫妻制度。古代社会,冀州夫妻制度为一夫多妻制,一名男子可以娶两名及两名以上的妻子,但是由于受经济条件等各方面的限制,大多数男女婚配多为一夫一妻,只有官僚、地主有的纳妾数房,也有一部分男性穷人终生不得婚配。旧时人们结婚早,一般在十几岁就成婚。富家子弟大多成婚较早,大多娶年龄较大的女性以便照顾夫婿生活起居;而穷人恰好相反,多小妻大婿。

（2）冀州旧时婚嫁风俗。解放前，冀州男女婚嫁全凭父母之命，媒妁之言。有娃娃亲、指腹婚、童养媳等形式。

娃娃亲指在男女幼年时就由双方父母约定，这种约定可以是口头约定，也可以写成婚书，等两个人长大，就成婚，组成家庭共同生活。一般出现这种情况有两种原因，一种可能是双方家长关系非常好，另一种可能是双方门当户对，有共同的利益需求。

指腹婚又称胎婚，指的是两家妻子同时怀孕时，父母便指腹为媒，若所生为一男一女，即结为夫妻。一般父母双方关系较好又同时怀孕时会指腹为婚。另外指腹婚也多流行于富豪官宦之家，目的是为了延续门第之间的平等关系和高贵的地位。

童养媳指女孩从小就被抱养，由婆家养育女婴、幼女，待到成年圆房成婚。旧时，冀州童养媳流行一部分是因为当时的社会非常贫穷落后，老百姓生活十分低下，众多的民众因家境贫寒而娶不起儿媳妇，为了解决这个问题，他们就跑到外地抱养一个女孩来做童养媳，待长到十四五岁时，就让她同儿子圆房，这样就节省了彩礼、酒席等费用。也有的是因为女孩家里贫穷，养不起孩子，就送到别人家做童养媳。

在古冀州大多数嫁娶形式中，一般成年婚配嫁娶双方拜堂始得相见。婚后，丈夫如果嫌弃妻子，可休妻另娶，而妇女不管情愿与否，只得待在夫家，终生不得离开。

续弦或再娶：旧时，男子丧妇后可以再娶称为续弦，妇女嫁与此类丈夫称为填房。但是女子亡夫后则提倡"守节"，一旦改嫁就会被人取笑甚至遭到阻拦。偶尔有改嫁的情况，改嫁日期一概在每月下旬，其结婚礼仪也相对简单，这称为"二婚"。在古代冀州，一般很少有人家愿意娶二婚女子。新中国成立后，经过贯彻《婚姻法》，妇女改嫁与否全凭个人意愿，改嫁者不再受到干涉。

招赘：指有女儿的人家招女婿，成为"入赘"或"倒插门"，入赘后必须随女姓，所生子女亦随母姓。入赘者常常受到乡邻鄙视和家族欺侮。新中国成立后，女子和男子享有同样的继承权，上门女婿不再改姓。

（3）古冀州婚嫁程序。冀州各地嫁娶习俗繁杂，各地不尽相同，一般有下列程序。

议婚：在古代冀州，封建社会中男婚女嫁基本都是双方父母做主，全凭媒妁之言，由媒妁牵线搭桥，双方父母相互磋商。有的是媒人找到双方家长，有的是男女某一方的家长找到媒人。这一过程双方的家长首先要"通名"，即要互通姓名，进行互访。然后是"纳采"，双方家长互访后若基本满意，男女双方互换少许东西，作为信物。

订亲：旧时，冀州地区订婚以换帖为主。订亲仪式称"换号"又叫"送柬"或"换帖"。经媒妁说合之后，若双方家长觉得门当户对，男女双方的八字相合，而且彩礼满意，就会点头同意订亲。订亲仪式，先换小帖，男家请人用红纸将求亲之意写成小帖，通常为"敬求金诺"或"恭候金诺"之类的字样，封面上再写上祝词，由媒人连同男家准备的衣料、首饰、聘金等彩礼，用一对大红包袱包裹送往女家。女家收到柬帖同意后即回帖，通常为"谨尊台命"或"仰遵玉言"等表示同意，并附回礼，由媒人带回男家，多以鞋帽、文房四宝等作为回礼。然后纳柬即下大书，将婚配男女的年龄、属相、生辰八字写上，互换收存，即为婚约。随后，男方下"娶帖"，即将择好的婚期用红帖写明结婚日期递给女方。

过去办喜事用的各种帖子无论是彼此称呼还是表示某种意思，用词都十分严格讲究，否则就错了辈分，歪曲了本意，闹出笑话与麻烦。在换小帖中，因为不算正式订亲，婚姻还有不成的可能，故双方互称"忝新眷"，显不出彼此辈分。在通书帖中（上文提到的下大帖），因婚姻已定,成为亲戚关系,在称呼上要加一个"姻"字,如双方家长是平辈,就各称自己为"姻眷弟";如双方主事人辈分不同,长辈的自称"姻眷侍生",小辈自称"姻眷晚生"。在娶帖中,若父亲主事出名,则对对方平辈家长自称"姻眷弟";若祖父主事出名,则自称"姻眷侍生×××暨男×××(新郎父名)序敬礼";叔伯主事出名自称"姻眷侍生×××暨侄×××(新郎姓名)序敬礼";亲兄主事出名的,则称"姻眷晚生×××偕弟×××(新郎名)鞠躬"。

结婚过程中,不同的红帖也有表示不同意思的用词。结婚前,双方送亲朋的通知帖,男帖写"小儿晚婚恭候",指完结一辈子的婚事;女帖则写"小女于归恭候",指女儿一生的婚姻大事已妥,就要归到自己的家里去了。结婚时,女方的女眷亲朋要送填箱里带红帖,这种帖子的帖上方都有"敬"、"箱敬"字样,表示送饭的意思,实际上都是折款送钱,或送些衣料之物;这种帖子的落款称呼讲究很多,先写一个自谦的"愚"字,"愚"字之后姓氏底下不同的辈分要写不同的"××拜",长辈女眷写着"裣衽拜";同辈女眷写"正容拜",晚辈女眷写"端肃拜";舅父、姑夫、姨夫因丧偶代妻送填箱礼者,则写"隔帘拜"(包括未出嫁的姐妹);新婚女子对此所写回帖,帖子上除"领"、"谢"二字,落款处上有自谦的"愚字"、姓氏名字,下有按不同辈分要求写有不同词语的"××拜"(如对长辈要写"端肃拜"等等)。结婚后男女双方的请客帖中,均在帖子的右边写上谨定于×月×日×时设宴恭候(或写"粗酌候"),在上方部位男帖写"光临"二字,是赏面子到我家来作客的意思,女帖则写"光陪"二字,是赏面子到我家来陪新女婿之意。

通路:就是娶亲当日的早晨,也有在结婚的前一日或几日,男方到女方家里把女方父母配送的嫁妆拉回新房。凡是通路的人员,都系红线绳或戴红花。通路经过的要道、街口或树上要贴一个小红纸。

迎娶:迎娶日期由男方选定"黄道吉日",旧时,迎娶时间有三:

头驾车半夜动身;二驾车日出启程;三驾车午前赶到。男方提前贴好了喜联,准备好了典礼事项。娶亲用轿,富家两乘,均四人抬。伴郎、吹鼓手及其他娶亲人乘车,总人数必为偶数,沿途吹吹打打,燃放鞭炮。花轿内设小红娇,由二人抬至堂屋。新娘身着红袄、红裤、红裙、红色绣花鞋、头蒙红盖头,由兄长背上轿,或由长辈由炕上扶入小轿,扛下铺红毡至轿内,鞋不占娘家土。轿外左侧安排一名晚辈男孩或胞弟当"挎轿者",右手挎轿杆,以防颠簸;左手提茶壶,供新娘途中饮水。催装盒子换成饺子面,娘家另去两名妇女送亲,起轿后,中途不许落地,轿夫不颠轿歇肩。花轿抬至男方街心,由公爹或本家长辈"燎轿",焚香放炮,以去邪求得平安。然后抬小轿至院中或堂屋,新人口含冰糖,足踏红毯,至天地神龛前换鞋,进屋"开脸"、"上头"(改梳盘髻)。

拜堂:又称拜天地,拜堂的时间在中午吉时(12 点),地方一般在洞房门前,上面供有天地君亲师的牌位,供桌后方悬挂祖宗神幔。新郎新娘就位后,有两位男宾引导,行三跪九叩之礼,两位新人先参拜天地,复拜男方父母、尊长,最后行夫妻之礼。受拜者均须拿拜钱,钱多少不一。

入洞房:拜完堂一下午闹媳妇,到晚上才入洞房。入洞房是自古以来冀州婚礼仪式必不可少的一个环节。洞房花烛夜,在新郎新娘被褥、枕头中装栗子、红枣、花生、桂圆等物,寓意早生贵子。

闹洞房:闹洞房又称"逗媳妇""炒房"或"暖房",在迎亲的当天晚上进行。做法是先由小姑送灯,然后无论长辈、平辈、小辈都聚在新房中,祝贺新人,嬉闹异常,多无禁忌。古冀州地区闹洞房有"三天不分大小"之说,新郎新娘乃至新郎的父母都会被晚辈捉弄、取笑,以哄堂一笑为足,以增添洞房的欢乐喜庆的氛围,驱除洞房的冷清之感。而且被捉弄者不会生气,因为民间有越闹越发的说法。闹洞房结束后,还要让新娘擀面条,制作子孙汤,认为可白头偕老、子孙满堂。

回门:又称"归宁"即回娘家。这是新婚夫妇第一次真正意义上的回娘家省亲。夫妇二人双双对对,参拜女方父母,这也是冀州婚嫁习俗中一种必不可少的礼节。这时,新郎见到岳父岳母,就应改口叫爹、娘,这一环节预示的整个婚礼正式收尾,即让新娘父母看到二人婚姻美满之意。在冀州地区,回门时间一般为结婚第二天或第三天,女方家里要设宴款待新女婿,并请本宗长辈作陪。此时,新女婿还要献给岳父、岳母"回门礼""回门钱",有的带一只公鸡,取"吉祥如意"之意,有的带上些肉、鸡蛋、面、酒等物品,回门礼所带物品不固定,但是必须是双数,寓意夫妻成双,百年好合,切忌回门礼为单。到了女方家,还要住上几天方可返回。

另外,在古代,由于生产力低下,科学落后,特别是冀州农村地区找对象、定配偶、择婚期都有一些封建迷信行为。一是按方位找对象。祖先对大千世界的位置定位有"五行方位",讲究"五行相生"(即金生水、水生木、木生火、火生土、土生金)和"五行相克"(即金克木、木克土、土克水、水克火、火克金)。过去,冀州农村大都相信天命,按人的出生年月定有金命、木命、水命、火命、土命五种,根据五行相生相克的理论,找配偶时往往按照五行方位去找。属金命的要到西方和中央去找,不到南方去寻;木命的要到北方和南方去找,而不到西方去寻;水命的要到西方、东方和北方去找,而不到中央去寻;火命的要到南方、东方去找,而不到西方和北方去寻;土命的要到南方、西方去找,而不到东方和北方去寻。如果方向不对,即使有合适的对象也不敢问津。二是按属相定配偶。中国人有十二个属相,在冀州按属相定配偶俗称合婚,有大相相合、大相不合和小相不合之分。属相大合者是指:子丑(鼠与牛)、寅亥(虎与猪)、卯戌(兔与狗)、辰酉(龙与鸡)、乙申(蛇与猴)、午未(马与羊)相合。大相不合者歌曰：羊鼠相逢一旦休,自来白马怕青牛,兔见青龙如刀断,亥猪一生怕猿猴,蛇见猛虎总有散,金鸡遇犬泪交流。一般父母按属相给子女找配偶遵循的原则是：大相相合最好,大相不合的不要,小相不合的不必在意。三是按行嫁月择婚期。所谓行嫁月,是指按属相确定女子出嫁的最佳月份。以农历月份编成的歌谣曰：正、七迎鸡兔(指正月和七月是属鸡和属兔女子的行嫁月,以下类推),二、八虎和猴,三、九蛇与猪,四、十唯龙狗,五、十一牛羊欢,六、腊鼠马游。一般父母会在这些月份中选择婚期。此外,女子定婚期还要避开不少的所谓忌日;如：每年的"四离日"(立春、立夏、立秋、立冬的前一天)、"四绝日"(春分、秋分、夏至、冬至的前一天)、"月忌日"(每月的初五、十四、二十三日)、"暗九日"(每月的十八、二十七日)、"杨公忌"(指正月十三,二月十一,三月初九,四月初七,五月初五,六月初三,七月初一和二十九,八月二十七,九月二十五,十月二十三,十一月二十一,十二月十九,据说这十三个日子是宋朝名将杨继业出兵不利之日)。

(4)冀州婚嫁礼俗。娶媳：若遇街坊娶媳,邻里送喜帐、现款或其他实物,这是贫穷落后的农村社会长久以来逐渐形成的,遇到谁家办大事,邻里之间互相帮助、帮衬的良好风俗。亲友因为关系更近一层,则按辈分和惯例拿定量的拜钱,如果关系好还可私下另多送钱物。当天,主人公设宴款待。嫁女：女子出嫁前,亲友邻里送喜幛、衣物或现款,称之为"填箱礼",亲友拿拜钱,设宴招待。结婚当日,女方亲友随娶亲队伍到男方家"送饭",拿礼物,押"鞋钱",婆家待客,钱归新娘。

(5)冀州旧时婚嫁禁忌

一禁姑家女儿嫁舅家儿子。古时冀州有"骨血不倒流"之说。

二禁不出"五服"者结婚。

三新婚前男女双方馈赠礼物,禁忌送梨。因"梨"与"离"谐音。

四忌婚期确定后更改,当地有"动一动,死公公;错一错,死婆婆"的说法。

五女子出嫁,姑不接,姨不送。

13.1.2　冀州婚嫁新风尚

新中国成立后,颁布了《中华人民共和国婚姻法》,旧婚俗大多取消。

(1)婚姻自主。在冀州,农村男女婚嫁多有亲友介绍,家长参谋,本人做主。双方基本同意后,选定地点面谈即相亲,然后交换信物。经过一段时间的来往,双方情投意合,即登记结婚。婚礼日期,多在春节前,选择农历三、六、九日,也有些选择双日娶亲,取进双之意。但是,衡水一些地区,请宾朋、贴喜联、拜天地的习俗依然在沿用。城镇青年结婚,大多数为自由恋爱,自己做主,牵线人仅起牵线搭桥的作用。也有的双方同意,特约介绍人。结婚仪式简单:单位或家长举办茶话会,介绍人、证婚人、主婚人分别讲话,来宾致辞,新郎新娘答谢、致礼。会后设宴招待来宾,一天了事。

(2)移风易俗。订亲。新中国成立后,订亲换帖习俗逐渐废除,一般由男女双方互赠信物,或男女相伴为女方购买订婚礼物。女方要彩礼,由媒人传至男方家置备或女方直接告诉男方。但是订亲这一习俗在现今的衡水仍然沿用,一般是男女双方通过后,再由双方家长出面走动,两家人坐在一起吃饭,以表示同意两人婚事,同时男方向女方赠送聘礼(彩礼),现以现金为主,多达上万。随后,双方由工作单位或村出具证明,到当地民政部门登记,履行结婚的法定程序。

彩礼。结婚男方向女方施彩礼是衡水的一项习俗,现在还不同程度地存在,但已经是象征性意义。大多数是双方合作完成。上世纪80年代,结婚彩礼由衣物到陈设,由"三转"(手表、自行车、缝纫机)到"三机"(收录机、电视机、洗衣机);家具有大衣柜、写字台等高级组合;结婚一般男方会配置新房,以商品房居多,里面采购新的家具电器。往往是男方负责住房,女方负责购买床上用品和家电设备。

婚礼。改革开放以后,随着经济的发展、社会的进步和人民生活水平的提高,婚事的举办发生了天壤之别的变迁。婚礼是婚事的重头戏,一般搞得很现代:有的请专业公司策划、专业人士主持;有的到酒店举办;有的典礼内容增加了交换戒指、喝交杯酒、谈恋爱经过;有的聘请专业文艺团体助兴;有的在典礼现场布置彩门、气球、鸣礼炮等等。婚后夫妻两人还会出去一起旅行度蜜月。新时代的婚嫁摒除了旧时的陋习,提高了人民的幸福感。

(3) 新事新办。随着新中国成立后,提倡新事新办,新式婚礼剔除封建迷信、糟粕,逐渐改为四种形式:一是新旧夹杂。即在旧式婚礼的基础上,娶亲由骑马坐轿改乘马车。随着经济的发展,娶亲形式不断变换。上世纪 60 年代骑自行车、70 年代坐拖拉机、80 年代以来改成小轿车。新婚夫妇穿新式服装,佩戴红花。二是新式婚礼。不迎娶、不会客,仅举行结婚典礼。首先主婚人、证婚人分别致辞,然后由新郎、新娘介绍恋爱经过,后请宾客吃喜糖、喝喜酒。三是旅行结婚。登记后,男女双方赴名胜之地旅游,归来后向亲朋乡邻散发喜糖喜烟,此方式由城镇逐渐向乡村发展。四是一些团体或单位举行集体婚礼。近年来,随着我国开放程度的不断扩大,西式婚礼逐渐成为广大年轻人选择的主要结婚。大多数年轻人结婚都选择穿婚纱、西服,有的甚至选择在教堂举办婚礼。

13.2　古今衡水丧葬文化

丧葬习俗流传至今,已有几千年的历史。中国各个民族都有自己的丧葬习俗。虽然丧葬品准备及丧葬程序不断简化,但是主要内容并没有太大变化,并且流传至今,家家躲不开,离不了。丧葬文化也是中华民族几千年文明史中的一部分,它涵盖了儒家、道家、佛家三大教派的思想理念。另外,葬礼作为人一生的最后一件大事,也历来受百姓重视,特别是中国人尊崇孝道,晚辈更是注重对长辈的丧葬礼节。衡水的葬丧文化也历经了上千年的变迁,有着深厚的文化底蕴。这一部分主要探讨冀州丧葬文化的变迁。

13.2.1　丧葬过程

衡水各县婚丧嫁娶的习俗差异不大,但细节上略有不同。随着社会文明的发展,一些封建迷信成份已经逐渐被抛弃。

（1）治丧人员

家族域内家庭以父系血缘为基础,有"五服"内外之分。办丧事时,"五服"之内者服孝,以外者一般不服孝。"五服"再延伸构成家族。旧时,以族中辈份最大者为族长,族中大事由族长定夺。每年族中男子聚会一次,吃会饭,费用由族产或按户分摊。多数家族有续家谱之习,每年续修一次,春节期间将家谱挂出。这些习俗新中国成立后逐渐淡化。

（2）丧葬程序

旧时丧葬礼仪甚细,大致有以下程序。

抬箔:当年老者久病在床生命到了垂危时期,家人即子女将寿衣备好。人到病危,都要倒头（头朝西）,净身（洗脚）,断气前穿好装裹,抬至堂屋箔上,呼吸停止,盖上"蒙子"或叫"蒙头"。停放尸体的床位于北屋正门靠近北墙的地方,头朝西脚朝东。安排就绪后,晚辈赴土地庙烧"倒头纸"。

初丧:人死后,立即给老人洗净手脸、洗脚、理好头发、剪了指甲,穿好寿衣。家人于堂屋支"灵床",将尸体仰卧灵床上。设立灵桌,摆放祭品,燃香烧纸,家中男女哭泣尽哀。

报庙：也称"倒头轿"或"倒头纸"，古时人死后，子孙后辈列队到土地庙，或到十字路口烧纸钱并号哭，为死者到阴曹地府报到。入殓前，每天早中晚烧纸三次。

报丧：人死后，停枢一段时间之后，诸事准备就绪，亲属和子孙就要把死亡的消息报告给死者亲朋好友，讲究死女必先报娘家人，死男必先报老娘人。

吊丧：人死后，即请主丧人，料理丧务。在死者家门前或巷口挂"门幡"男左女右，院内搭灵棚，派人告知亲友去世的消息，亲友得知后在当天或者次日前来逝者的灵堂吊唁。吊丧是一件很严肃的事情，吊唁者着装打扮以清淡、素雅为宜；言行举止以端庄沉静为宜，应与场合的气氛相协调。切忌三五成群、漫不经心或中途退场。每有人吊唁，行礼前烧纸钱，孝子叩拜回礼。

停灵：人死后至入殓，一般停灵三、五、七天不等，个别大户有停"三七"二十一天，多的为"五七"（三十五天），老者停灵时间长些，有父母在者，停灵时间短些。停灵期间，门口挂起一束引魂幡，有亲友相邻吊唁时，死者的子女、儿媳披麻戴孝于灵前恸哭。灵堂外搭设灵棚，死者侄、孙辈于灵棚一同吊唁孝者并同哭，称为陪灵。其间，每日晚间赴土地庙烧纸，直至入殓为止。富裕人家请人树碑立传，砌砖房，搭牌坊，请唢呐吹奏，请戏班唱大戏。还有的大户人家设祭坛、摆道场礼佛念经，以超度亡灵。

掘坟：有坟地的按照支派或辈分排列定穴位刨坑；如果要从老坟地迁葬，则请风水先生选定新址，叫做看"阴宅"，古冀州人们对此十分重视，认为这关系到当代及后代子孙的兴旺与衰败、富贵与贫穷。

入殓：在古冀州地区，一般在丧葬仪式的第二天傍晚装棺入殓。入殓之前先行"开光"，孝子或孝女以棉蘸水，擦拭死者眼、耳、鼻、手、脚、口等。富裕人家惯用松、柏木做棺材,甚至棺外套椁;一般人家用杨柳木做棺材;个别穷人,买不起棺材木则箔卷席埋。入殓前要"垫背",富家用银元;一般人家用铜钱;穷人用烧纸,现已改为硬币。死者口含珍珠,脚蹬"元宝",怀揣"聚宝盆",手拿"打狗棒"。孝子抱头,众人抬身,将死者移入棺内。祭奠完毕后,即行钉棺,举家恸哭,烧门幡,将纸糊的车马、花轿、侍从、冥器焚化,送亡灵上"阴曹地府"。

送魂:入殓的当天晚上,孝子孝孙及全部亲眷抬起一把椅子(之前要象征性地把死者请到上面,做些洗面、梳头、照镜子之类的动作),到街心某个空地去,在那里举行一个送行仪式,烧纸哭嚎一番后,便算是把死者灵魂送到丰都城去了,一帮人回归时,既不哭,也不回头,据说是怕鬼魂跟回来,这一仪式称为"送魂"。

出殡:指把棺材移至墓地。这一天亲朋好友,乡里乡亲前来吊唁,主家备饭招待。午饭后,由乡邻将棺木移至灵架。大多数人家都雇吹鼓手,棺材用杠抬,罩以"棺罩"。富户雇杠带腿,有二十四抬,三十六抬,四十八抬之分。起灵前,亲友摆席祭奠,孝眷披麻戴孝,长子或长孙打幡摔瓦,长媳或长孙媳抱罐。长子持"招魂幡"与众孝子在灵前边哭边行,抬杠者换人时,孝子回头跪谢;女眷乘车送殡,按长幼次序排列。执事人前行,沿途撒"买路钱"。一路上鼓乐吹奏,哭声不绝。至坟穴处,将棺木降至穴内,在众亲属嚎啕大哭声中由开坟者埋之。随后,子孙后辈"圆坟"即用土掩埋,封起坟头,将"引魂幡"插在坟头上,其余冥器就地焚烧。完毕后,孝子孝孙对乡邻、亲朋行"谢孝礼"。

祭坟:首次上坟为葬后第二日,孝子和同宗近亲晚辈一同到墓地祭奠,把坟头封好,称为"圆坟"。以后还有三日祭、七日祭、三七祭(二十一天)、五七祭(三十五天)、七七祭(四十九天)、百日祭、周年祭。在此以后只是在每年清明节(寒食节)、农历七月十五(放鬼节)、十月一日(寒衣节)三次照例祭坟。

忌日：亲人死后一周年为"忌日"，每逢忌日，均上坟祭奠。两个月和两年时，逝者的女儿不上坟。除此之外照常祭奠父母。

程序很规范，主要是对较富裕人家有用。新中国成立之前，穷人买不起"寿衣"和棺材者很多，往往以死者生前较干净的衣服来替代，再贫穷者，就扯块旧破布一裹。没有棺材应用席卷起尸体入土。所以古时有子女卖身葬父母的悲剧。

13.2.2　丧葬习俗

古代，衡水人惯行土葬，贫富人丧葬习俗略同，但是葬礼因家业大小而相差悬殊。人到暮年或病危时，子孙均为老人备下寿衣、寿材，做好后事准备。

(1) 丧事礼仪

在古衡水地区，特别是农村地区，办丧事写白帖也相当复杂：首先，要用白纸写丧告，丧告有不同写法，有丧父的、丧母的、父丧而继母在世的、丧妻而丈夫主丧的、夫死而妻主丧的、兄死而弟主丧的、弟死而兄主丧的。其次，上文提到报丧，报丧帖也根据丧父母、丧叔伯长辈、丧同辈或小辈的不同而分成三类。最后，丧事过后要写谢帖，主要是死者的晚辈(指孝子)对亲朋的、还有对祖父母死而由长孙代父写的(这种情况为父亲已过世)、过继子写的，丧妻而由丈夫回谢或丧夫而由妻子回谢而写的。

写丧告时，称亡父为先考、府君、正寝；称亡母为先妣、太君、内寝；丧老年人写享年多少岁、寿终，丧中年人写行年多少岁，丧年轻人写得年多少岁；丧中年人和年轻人不写"寿终"，而写"以疾终于××年×月×日正(或内)寝"。另外，在丧事完后的谢帖里，不同辈分、不同血亲关系的人，悲痛程度不同，其用词也不同，孝子用"泣血稽颡"，亲孙子与侄子用"泣稽首"，期服侄孙(侄子的儿子)用"稽首拜"，堂叔伯侄子用"顿首拜"、曾孙用"拭泪拜"、玄孙用"拭泪"。如果是长子丧而由其父谢亲朋,用"杖生×××拭泪(表示其手扶拐杖掉眼泪)",如果是次子等儿辈丧(或长孙丧)而由其父(或祖父)谢亲朋,用"期服生×××拭泪";如果是兄长(或弟弟)丧而由其弟(或兄)谢亲朋,则写"期服弟(或兄)×××拭泪顿首"。

如果有少妇亡故,暂时不进坟墓,等丈夫死后再合葬并骨。夭亡子女多葬于坟地边沿。

(2)衡水旧时丧葬禁忌

一忌报丧者中途串门。

二忌老人死后穿裤子。寿衣用绸子或其他布料做,忌用缎子,忌缀扣子。

三忌棺材用时不刷漆,忌有白茬。

四忌丧礼中白用别人家的东西,要给人家用钱。

五忌破土、出殡、圆坟时孝子来去走同一条道。

六忌父母死后,一个月内理发,第一年春节不起五更,不贴对联。

七忌身穿孝服串门,会给别人家带来霉运。

八忌死了老人,当年娶妻嫁女,所以,有特殊情况者可以采取压丧不办先办红事。

13.2.3 丧葬新风俗

新中国成立后,丧葬仪式逐渐改革,有些农村组建"红白理事会",建立公墓,用黑纱代替孝服,废除很多繁琐复杂的习俗。人死后通知亲友,举行简单的葬礼即可。

上世纪70年代,政府大力废除陋习,鼓励火葬。人死后,通知亲友向遗体告别,尔后选择日子举行简单葬礼。但是火葬一直没有推开。80年代以后,政府推行殡葬改革,严格执行火化制度,使得葬礼更加简单、科学、卫生。现代丧礼程序通常在医院冷藏遗体,一般在家设灵堂、刊发讣告,开追悼会后下葬,聘请红白理事会或有经验的邻里按程序进行,骨灰可以下葬,也可以放置殡葬馆,一般如果丈夫先去世,可直接下葬;而妻子先去世则将骨灰放置殡葬馆,以待丈夫去世后合葬。

13.3　婚丧文化研究的意义

从古冀州地区到现今的衡水地区,其社会、政治、经济、文化都经历了数千年的变迁,有着深厚的历史底蕴。探究古冀州的婚丧文化,不仅增加人们对衡水一带历史、文化的了解,而且对冀文化的研究及形成有极其重要的作用。

文化总是蕴含着一定的社会意义和道德意义,特别是婚丧嫁娶文化所体现出来的孝道、家庭和睦之道、邻里相处之道是值得每个现代人学习和思考的。

任何文化都有着其精华的部分,探究衡水婚丧文化的变迁,对于中华优秀文化的传承同样有着深刻的意义。

参考资料

[1] 康占营. 衡水西门口的博客,http://blog. sina. com. cn/u/1801229977.

[2] 冀州婚嫁旧俗,你知道吗? 本地通·衡水,http://hs. bditong. com/news/bencandy. php? fid＝34＆id＝6833.

[3] 衡水晚报,大周刊,各县区文化专刊,2016 年.

第14章 生活方式 农耕模式

生活方式是一个内容相当广泛的概念，它包括人们的衣、食、住、行、劳动工作、休息娱乐、社会交往、待人接物等物质生活和精神生活的价值观、道德观、审美观以及与这些方式相关的方面。可以理解为就是在一定的历史时期与社会条件下，各个民族、阶级和社会群体的生活模式。

14.1 生活方式的基本内涵

生活方式是不同的个人、群体或全体社会成员在一定的社会条件制约和价值观念制导下所形成的满足自身生活需要的全部活动形式与行为特征的体系。除这一规范表述外，亦有在下述两种情况下使用生活方式概念的：①限指日常生活领域的活动形式与行为特征。这是狭义的生活方式含义，相对来说前者则为广义概念。②仅指个人由情趣、爱好和价值取向决定的生活行为的独特表现形式。在这个意义上相当于生活风格的概念。

生产方式是生活方式的基础。马克思、恩格斯在创建历史唯物主义原理时，把生产方式和生活方式两个概念同时提出。他们指出，在社会生产的每个时代，都有"这些个人的一定的活动方式、表现他们生活的一定形式,他们的一定的生活方式"(《马克斯恩格斯全集》第 3 卷,第 24 页)。马克思、恩格斯还在其他著作中多次使用这一概念,用以揭示一定历史时期的社会关系和社会过程,从中阐述了有关生活方式的重要思想。生活方式的类型有多种划分,就最初的第一产业视角划分,有农耕模式、游牧模式、渔猎模式等;就三大产业划分的视角看,有农业模式、工业模式、商业模式。衡水地区的生活方式属于典型的农耕模式或农业模式。

14.2　衡水生活方式

生活方式是生活主体同一定的社会条件相互作用而形成的活动形式和行为特征的复杂有机体,基本要素分为生活活动条件、生活活动主体和生活活动形式三部分。

14.2.1　生活活动条件

(1) 生活活动条件是生产和生活方式形成的基础。在人类历史的每个时代,一定社会的生产方式都规定该社会生活方式的本质特征。在生产方式的统一结构中,生产力发展水平对生活方式不但具有最终的决定性的影响,而且往往对某一生活方式的特定形式发生直接影响。当代科学技术的进步和生产力的迅猛发展,成为推动人类生活方式变革的巨大力量。而一定社会的生产关系以及由此而决定的社会制度,则规定着该社会占统治地位的生活方式的社会类型。当代世界上存在资本主义和社会主义两种社会制度,与此相适应,也存在着两种类型的社会生活方式。社会主义生活方式价值目标的提出,是人类社会进步的重要标志之一。

不同的地理环境、文化传统、政治法律、思想意识、社会心理等多种因素也从不同方面影响着生活方式的具体特征。如居住在不同气候、山川、地貌等地理环境中的居民,其生活方式就具有不同的风格、习性和特点;一个民族在长期发展中所形成的独特的文化背景,又使其生活方式呈现出丰富多彩的民族特色。对某一社会中不同的群体和个人来说,影响生活方式形成的因素有宏观社会环境,也有直接生活于其中的微观社会环境。人们的具体劳动条件、经济收入、消费水平、家庭结构、人际关系、教育程度、闲暇时间占有量、住宅和社会服务等条件的差别,使同一社会中不同的阶级、阶层、职业群体以及个人的生活方式形成明显的差异性。

(2)衡水属于典型的北方农业种植区,必然形成衡水人的农时意识、农时节日、农业生产习俗。衡水市地处河北冲积平原,地势自西南向东北缓慢倾斜,地面坡降,境内河流较多,流经衡水境内的较大河流有潴龙河、滹沱河、滏阳河、滏阳新河、滏东排河、索泸河——老盐河、清凉江、江江河、卫运河——南运河9条,分属海河水系的4个河系。其中潴龙河属大清河系,滹沱河、滏阳河、滏阳新河属子牙河系,滏东排河属南大排水河系,索泸河——老盐河、清凉江、江江河属南大排水河系,卫运河——南运河属漳卫南运河系。由于河流泛滥和改道,沉积物交错分布,形成许多缓岗、微斜平地和低洼地。洼地分布也很多,仅万亩以上大型洼地就有46个,其中冀州市、桃城区界内的千顷洼为全市最大洼淀,总面积达75平方公里。衡水属大陆季风气候区,为温暖半干旱型。气候特点是四季分明,冷暖干湿差异较大。农业气候资源较丰富,但是自然灾害也频频发生,干旱、冰雹、洪涝、低温、大风等,常给农业生产造成一定影响。衡水市土地资源共有3个土纲,4个土类,7个亚类,26个土属,111个土种。面积最大为潮土土类。全市潮土亚类面积43.40万公顷,占土地总面积的62.10%,广泛分布于各县市区,是农用土地主要土壤类型。其土层深厚,质地多变,但以轻壤土为主,部分为砂质和粘质。土壤矿质养分较为丰富,但有机质、速效氮、磷养份缺乏,易受旱、涝、盐碱化威胁,历年以种植业为主。

14.2.2　生活活动主体

（1）生活方式的主体分个人、群体（从阶级、阶层、民族等大型群体到家庭等小型群体）、社会三个层面。任何个人、群体和全体社会成员的生活方式都是作为有意识的生活活动主体的人的活动方式。人的活动具有能动性、创造性的特点,在相同的社会条件下,不同的主体会形成全然不同的生活方式。在生活方式的主体结构中,一定的世界观、价值观和生活观对人们的生活活动起着根本性的调节作用,规定着一个人生活方式的选择方向;社会风气、时尚、传统、习惯等社会心理因素也对生活活动具有很强的导向作用,成为影响生活方式的深层力量。个人的心理与生理因素以特有的方式调节着人们的生活活动和行为特点。生活方式的主体在生活方式构成要素中具有核心地位。特别是在现代社会,个人的价值选择在生活方式形成中的规范和调节作用日益增强,现代人的生活方式具有明显的主体性。

（2）衡水作为典型的农业社会,生活方式的主体个人、群体、社会 3 个层面都紧紧围绕农村、农业、农民、土地而展开。

衡水地区适合人类居住和生活,但又是战争高发洪水泛滥之地。现在的衡水地区居民大多来自明初经山西洪洞县大槐树处迁往枣强县的移民。元末战乱之后,历经 20 余年,朱元璋统一了天下,但是,此时的江山已是遍地疮痍,布满了战争的创伤;山东、河南、河北一带多是无人之地。为了恢复农业生产、发展经济,为了使人口均衡、天下太平,巩固明王朝的统治,明洪武年间,朱元璋采取了移民政策,按"四家之口留一、六家之口留二、八家之口留三"的比例迁移。

衡水地区积淀形成浓厚的个人自律勤奋耐劳;家庭和睦孝老爱幼;集体主义和衷共济;开放包容爱国主义的生活态度。一是开拓进取性特征。大批人群聚集,为了建设家园,必须不断开拓疆土、辛勤劳作,想方设法克服困难,维持家人和伙伴的生存。二是开放包容性特征。比较而言,移民容易接受新生事物,比较容易进行新的探索和试验。来自不同地区的移民带来各自的地域文化,这些色彩丰富多样的地域文化互相交流、融合,从而使移民具有一种开放的文化。三是敢为天下先的特征。移民精神的开放性、包容性等特征,必然孕育出勇于探索、求新求异、敢为天下先的精神气质,率先形成新的思维方式和生活方式,提出新的思想观念。

衡水地区是儒家思想孕育发展的基础,其中忠孝两全是这里世世代代流传下来的优良传统。孝是儒家信条之一,为人之大德,几千年来影响颇深。在衡水到处流传孝敬父母长辈的故事,到处修建有忠君碑匾、孝子祠堂。

14.2.3 生活活动形式

(1)生活方式地位作用。依据马克思主义的基本原理,生产方式是人类社会赖以建立的基础和发展过程的起点,没有物质资料的生产,就谈不上人们的生活活动。但是,如果没有人类满足自身生存、享受、发展需要的生活活动即一定的生活方式,也就没有人类自身的生产和再生产,整个社会的发展就不可能。人类社会的历史表明,生产力越发展,科学技术越进步,人们生活的空间和时间也就越扩大和增多,人们的主体性在社会发展中的作用越增强,生活方式在社会的生产和再生产中的地位和作用就越重要。生活方式的研究,对于丰富和发展历史唯物主义原理、加强社会学学科建设和多学科的综合研究,具有重要的理论意义;对于正在进行社会主义现代化建设的国家来说,建立新型的生活方式是社会主义事业本身的价值目标和总体效益,它对于保障社会的协调稳定发展,促进每个人的个性全面、健康发展,以及合理地组织人民的日常生活,都有着重要的现实意义。生活活动条件和生活活动主体的相互作用,必然外显为一定的生活活动状态、模式及样式,使生活方式具有可见性和固定性。不同的职业特征、人口特征等主客观因素所形成的特有的生活模式,必然通过一定典型的、稳定的生活活动形式表现出来。因此生活方式往往成为划分阶级、阶层和其他社会群体的一个重要标志。

(2)衡水人生活活动特征。

第一,好学。《隋史》载:冀州人"务农桑,好儒学","勤耕读"。清乾隆《冀州志》载:冀州人"子女皆送之师。读书修业,不限贫富。"《冀县新乡土志》载:"士人雅好儒俗。"冀州人"幼而读书,长而经商"。冀州办书院、学堂、师范早,"倡办女学早"。旧志载:"冀为古名郡,旧有学,冠于他州。"冀州早在西汉时就有私人设的书馆,距今已 2000 多年。早在南北朝后魏时就设了郡国学校,距今已 1500 多年。明朝万历四年(1576),冀州知州赵宋创建信都书院。清朝光绪八年(1882),信都书院"率一州五县高材子弟"入学,学生"连续登甲乙榜者数十人","人才最为一时之盛"。明、清时,冀州无论是城里还是乡村,办学风气甚浓,州学、社学、义学"三学"鼎立。"每堡立社学一所"。有义学 12 所之多。民国时期,冀县教育事业也十分发达。"有省立者,有县立者,有区立者,有私立者。""全县男女学校,共二百四十余所,学生七千余人。"其中,省立第十四中学,"宿舍于东偏;西面地宇宏敞,置浪木、铁杠等器械,以资运动;东南筑土山。开院内隙地,列为长方形,植以各国花木。"当时,有一运动场,"介于中学、高小之间","周围环以立木,木孔以铁丝欄之"。平时,"两校学生入场运动";"春季,开全县小学之观摩会;秋季,开六县小学之观摩会"。"此场平坦宽广,冠于津南各县。"过去的冀县 1 个县内,就有赞化印刷局和中和印务局 2 家印制单位,足以说明文化产业的发达。

第二,好商。《冀县新乡土志》载:冀州人在外经商者颇多,"几乎全国 22 个行省,无一处无冀人之行踪。幼而读书,长而经商,是吾冀人之习惯"。冀州商贸活动在春秋战国时候就有了发展的条件,据《汉书》记载,春秋战国以赵国的经商之风最为浓厚,而冀州就是一块主要的经商之地。后来到了秦汉时期,冀州成了汉武帝设置的十三刺史部之一,当时冀州的主要商业活动是买卖名马。到了明清时期,物质条件不断成熟,交通道路的不断开辟,冀州商贸活动到了鼎盛的时期,"热衷于外出经商赚活钱",是冀州明、清、民国时社会的风尚。男孩儿十五六岁就离开家门,外出学徒、做买卖。衡量人也以能否经商、做买卖赚钱为标准。据《冀县志》载:到 1947 年,"全县 264323 人中,有 40289 人在外经商、谋生,约占人口总数的 1/6 左右。"据史料记载,"冀县僻邑也,无富商大贾,而在外营商者颇多。近者京、津、保,远者江苏、奉天、库伦,几于全国二十二行省,无一处无冀人之行踪。幼而读书,长而经商,是岂吾冀之习惯使然欤。"北京、天津、保定、济南等地不少行业由于冀州人经营者居多,有"冀州帮"之称。

第三,好客。据《汉书》载:"冀州世风慷慨。"《宋史》载:冀州人"质厚少文","大率气少尚义"。明天启六年《福庆寺碑》记:冀州人"重宾客。客至,必备物,款留。惧以简亵见鄙"。明朝嘉靖四年《重修玉皇庙碑》记:冀州人"敦尚礼仪,有晋之遗风"。冀州人招待宾客,热情有礼,尽其所有的来对待客人,让客人吃好睡好玩好。冀州人崇尚以礼待人,长幼有序,上下有别,谨慎恭让。遵守严格的礼仪规矩,如:吃饭时,先给长辈盛饭;盛好饭,由长辈先动筷,方可大家动筷。吃完饭后,要先等长辈、领导、年龄大的人先离席。多人在一起时,一定让长辈坐"上席"。多人一起走路时,有"长者先,幼者后"的规矩。

第四,好睦。据史料记载,明天启六年《福庆寺碑》:记冀州人"崇亲睦。贼道相防,疾病相问,庆吊相来,岁时相馈,词讼相保诉"。《冀县新乡土志》载:冀民"闾阎之家,礼让是崇"。冀州人自古以来就懂得以和为贵,邻里之间互帮互助,相敬相让已成为一种传统。旧时,村里人家修房盖屋,都是邻居们相互帮忙,不谈工钱,最多是上檩的那天管一顿饭。夏秋"打场"(麦、谷等作物脱粒)是一家一户办不了的,也多是乡里乡亲一起干活。遇有婚丧嫁娶等大事,多由同姓同族来帮办,或者邻里来帮忙。邻里之间平等和睦,没有像现在有的这些隔阂。

(3)衡水人的服饰特征。生活的方式要求一定的栖息场所、栖息方式,活动类型等的行为以及营养的种类、摄食法、繁殖方式等所有的生活习性的总合。各种生物种间常具有特有的生活方式,诸如自由生活、附着生活、寄生生活、浮游生活、集群生活等,每表现出一定的类型。生物的生活方式在其一生中并不完全一样,通常在发育阶段的表现常是特殊的。所谓种的生活方式实际是指整个生活史的生活方式的总体形式。一个人的着装与他的生活方式高度相关。

第一,从基本服装可以发现衡水人的等级、农业生态和创新意识。旧时,农民多用自织的土布或粮食换来的估棉、估衣、粗布缝制衣服,大多数群众破衣烂衫。夏季,男子赤上身,穿短裤。冬季衣不蔽体者甚多。闺女出嫁,做身绸缎衣裳、买条裙子的已属富户,贫家女子大多买不起,即使买了也只在新婚之日穿一二天,过后压在箱底,辈辈相传。衣服样式不论长衣短褂,女衣是带大襟的,从脖颈至右臂下缀蒜疙瘩扣或铜纽扣,男衣是对襟的,也用疙瘩扣或铜纽扣。裤子一般缝半尺宽的裤腰,捻住后用布条腰带捆住,俗称"捻裤腰"。为了方便劳动,出现了只有裤腿而没有裤裆的"棉衩裤"。少数商贾、富户绫罗绸缎,长袍马褂。长袍马褂、中山服以青、蓝、灰为主。旧时县人服装衣帽样式色调单一。民国年间,马褂渐少,富者外罩长衫,女子时兴旗袍。30年代后,逐步改变成对襟式。女子上衣过膝,裙子扫地。夏季,女穿短袖衫,男多穿布衫。50年代,流行中山装、学生服、军便服、棉毛背心。70年代末,开始流行西服、裙服、蝙蝠衫等。冬装流行棉、皮、呢大衣及风雪大衣、羽绒服。成人基本服装：旧时着装上衣男女有别，妇女为圆领口、掩身、大襟，系疙瘩扣。男子为圆领，对门襟，系疙瘩扣。下衣男女无别，前后裤片相同，在裤裆上缝上半尺宽的裤腰，掩腰，系腰带，俗称中式服装。新中国成立之前只有富商长袍马褂，质地为绸缎。劳动人民为粗布衣服。新中国成立后，20世纪50年代用细布；70年代人造棉、呢子、毛料等；80、90年代后人们穿着多样化发展。50年代：男：夏季穿背心、半袖对襟小褂；时兴小伙穿"学生服"制服。妇女：蓝士林上衣。60年代后期：男女：喜穿草绿色制服、条绒。70年代：男女：主要穿制服裤子、绒衣、绒裤、秋衣、秋裤。80年代：男女：喇叭裤、牛仔裤、健美裤、夹克、羽绒服、大衣、风衣、西装、T恤衫、文化衫、各式裙子、毛衣、毛裤。

第二，重要场合服饰。妇女头饰，民国时期少年扎辫，婚后挽髻。婚前梳独根辫子，辫根缠红头绳，辫子越大越美。1986年后，服装凸显三个特点：个性化、纯棉面料重新走俏、老来俏。婴儿诞生带红线、手镯、项圈和长命锁等；婚丧嫁娶服饰颜色方面主要遵循婚红丧白的原则。旧时成亲，新娘身着红袄、红裤、红裙、红绣鞋、蒙红盖头；现在多数新娘穿婚纱；旧时老人亡故，子女要披麻戴孝，寿衣用绸子做，忌用缎子，守孝期间要脚穿白鞋。本命年穿红，穿红内衣，红袜子，系红腰带；小孩多色彩艳丽，穿红、猪头鞋（小孩）、织粗布、百岁衣（婴儿）。

第三，服饰风俗发展。人类服饰是物质文化的表现形式之一，透过各式各样的服饰，客观而生动的反映了时代精神，社会风俗，审美情趣和民族心理等。新中国成立之前，广大劳动人员生活贫苦，大多数身穿粗布衣，款式单调，且多为七分的短袄长裤，男女衣着样式保守，均由手工缝制。只有少数富户穿着绸缎质地的长袍马褂。今天，经济不断发展，劳动人民地位不断提高，服饰风俗也在不断进步。一是衣服面料开始丰富起来。20 世纪 50 年代至 60 年代,农村粗棉布已经呈现花样化的趋势,并出现洋布、咔叽布、平底绒、条绒等面料。二是服饰样式不断更新。男子,解放前的汉唐农民服装,解放后改革开放前多为中山装、列宁装、学生装。女子由解放前的大襟妇装,解放后时兴蓝士林上衣。"文革"时期男女都流行军绿装。70 年代至 80 年代后,呢子、毛料、化纤混纺等面料开始畅销,秋衣秋裤渐多,衣服款式已经向上衣简短裤腿较细发展。20 世纪 80 年代到 90 年代后,衡水人们的衣着呈现个性化的趋势,服装的款式、色彩、面料层出不穷,尤其是进入 90 年代后,女性穿着一改以往的保守,大胆露出一些皮肤,服装文化渐渐繁华起来。

(4)衡水人的住行特征。

第一,衡水居住历史。上世纪 70 年代改革开放之前,衡水人民的住房情况很差。从住房质量上来看,墙壁材料都是土坯砌墙,然后用土和草的混合物,加上水搅拌成稠泥浆糊制墙面,起到保护和美观的作用。家里条件好点的,可能会加上石灰粉,再好的砖砌墙。房梁是木质的,房顶就是玉米杆扎的秸秆,然后在上层糊上一层泥,再把稻草均匀的布在上面。很少有农户全用砖来建房子,房屋不仅质量差,而且数量也较少。一家三四代人住在一个院子里,三四个成年人住在一个屋子中。房屋结构多为四合院,一家一院,坐北朝南,建筑样式多为平顶房,一般为正方三间,厢房二三间一门楼,配有锅台厕所等。富户才有经济条件住四合院,贫困户多数只有正房。改革开放后,冀州经济发展,冀州人民的生活水平得到了提高,人们的住宅的质量和数量都显著上升。越来越多的商品房出现了,整整齐齐,错落有序,配套设施齐全,环境优美,安全性能和住房环境都上了一个台阶,冀州人民的生活也越来越好。

第二,房屋建筑体现生活质量和生活方式特色。

① 衡水宅院和民居样式。宅院和民居院落呈规则方形或长方形,房屋以平顶居多,有少量斜顶。由于冬天北风寒冷,形成了坐北朝南建房习惯。旧时,富户人家的三合院、四合院最上讲究,这种院落是上房(北房)高于厢房,而靠大门的厢房高于对面厢房。大门楼按院落的方向选择,门楼建筑朴实大方,内配影壁,影壁上写吉祥字或画吉祥图案,民族风格浓厚。新中国成立后,多建三间两耳室房屋。随着时代的变化,样式也更大方可观。上房凡四间者,都设一单明间,再设两暗一明,明间居中设门,内盘灶,摆设做饭用具,东西暗间临窗炕,为寝室。一般长辈住东间,晚辈住西间。上房两间者,多为一明一暗,即外间盘灶做饭,里屋盘炕做饭。一般是炊烟过炕,炕热室暖。夏季另备厨房。房屋结构多为纯砖结构,正房讲究三间两跨,房屋(农村住房,多为独门独院,以起脊瓦房、平房为主,城镇住房以楼房为主)多为土坯平顶房;砖挂皮起脊房,北方为正,东西为厢,俗称下房。新中国成立前,县城内居民的住房有青砖房和坯房两种,坯房略多,个别富户住青砖瓦房。砖房为外砖内坯结构,外面砖分一斗一卧、两斗一卧和三斗一卧,还有后面砖的、罗汉衣砖(左右两面均无砖或一面无砖)。用砖多少视贫富而定。房顶多为土顶,一遇阴雨连绵则难免漏房,外面雨住了,屋内仍漏个不停,甚至漏得无立足之地,困苦不堪。新中国成立后,由于生活安定,经济状况好转,人口增加,住房根据需要而增加,所建的都是外砖内坯房,坯房逐步淘汰。60—70年代的房子一般质量较差。80年代,农村翻盖和新建房屋增多,建筑质量不断提高,不再用土坯,始建卧砖房,门窗加大,水泥地面、灰渣和水泥屋顶越来越多,多数房屋坚固、美观、宽敞、明亮。近年来,机关、单位盖家属院和职工私人盖房者增多,多数为平房,少数为楼房,房屋质量一般优于农村。

② 屋内外装饰及传统家具。屋外多用瓷砖贴墙面,屋内用涂料

粉刷,讲究点的装修更加追求美观。农村装饰:砖木结构、胶制上下圈梁和柱角。90 年代后流行铝合金门窗,大立橱、书橱、写字台、各式吊灯、台灯、座钟或挂钟、沙发、茶几、高低柜、电视机、收录机、新式床铺、名人字画;旧时建房用土坯、富者四面包砖,现在房屋门脸多镶有瓷砖等造型图案装饰,大门口有狮子或狮子图案辟邪镇宅。城市有配套基础设施,房屋建筑规格高于农村。传统必备家具:旧时,在住人的里间屋里冲隔山门放迎门橱,橱上放大戳镜,两边各放一瓷花瓶,旁有梳头匣,戳镜后挂中堂画,两边挂对联。靠后山墙放连三橱,橱上放箱,橱前放三尺柜。柜侧放脸盆架、火盆墩,靠迎门橱一侧的炕头放炕橱。此为全套家具。有的只有一个立橱、一个箱、一个柜和一个迎门橱。外间屋靠北墙放条案,条案前放方桌,方桌两边各放一把太师椅,靠隔山墙放碗橱、春凳等。70 年代始有大衣橱、写字台。写字台上方墙上吊有带对联的大挂镜,挂镜前放茶具、梳妆匣、收音机等。外间屋放酒柜、圆桌、折叠椅。80 年代,农户的主要家具新旧兼备,有大立橱、三尺柜、迎门橱、方桌、大衣橱、写字台、圆桌、橱顶箱、床、组合家具、酒柜、沙发、茶几等;炊餐具、茶具、盛粮器、卧具、家具、取暖用具、照明用具、洗涤用品、雨具。

　　③ 房屋的选址建造禁忌、偏好。宅院内:不种杏、桃、梨、槐、柳、松、柏树;建房不能在庙后和庙右,门不能对着窗户、墙角、烟筒,不能直冲着道,两家大门不能相对,亦不能交错,前邻房屋不能高于后邻房屋,旁房不能高于正房,从正房不能看到旁屋的屋檐;讲究坐北朝南,西门较少。坐北朝南,聚居。兴土木,修房屋,是民间大事。旧时迷信之说极多,破土动工看吉时,上梁立柱前选吉日,放鞭炮,崩鬼神,并写梁符"姜太公在此,诸神退位"或"此日上梁,大吉大利",并用红线在梁上绑红筷子;房建好后,给扫帚穿衣、戴帽放进新房,表示人已住,神鬼莫进。如房子对着过道,墙上要垒石头,上刻"泰山石敢

当"或用砖刻"泰山石"。选吉日良辰搬迁,迁入后,乡邻送中堂画、匾庆贺,富户设宴招待,曰"稳锅饭"。正房以 4 间居多,大门内有影壁,上面有吉祥图字"三合院"居多,北房为正,称上房,高于东西厢房,东房又略高于西房,"厢房"多为一明一暗两间。忌住宅外边能直接看到非常高大的烟囱,甚至是坟场。住宅忌种松柏、打砖井忌讳妇女靠近、住宅忌猫头鹰来叫。旧时,盖房看风水选吉日,将红纸联贴于门框窗户,上梁后贴上上梁大吉等话,放鞭炮求吉利,正房比自己家的东西南房高,偏房在正房后盖,不可以下犯上。6 月、腊月、闰月不搬家。

(5)冀州市的手工业。民间手工艺是民俗文化的重要组成部分,凝聚着历代劳动人民的辛勤和智慧。纺织、年画、刺绣、剪纸等是中华民族的文化瑰宝,也是反映冀州精神的物化形式。冀州的民间手工业品以田园棉、刘汉中烙画、工艺穗子等为精品。

田园棉是冀州市田园棉被服有限责任公司主营商品,创始人是冀州市漳淮乡青年阴宗杰,他第一个把手织粗布在国家工商总局注册商标,做成品牌,第一个通过国家纺织行业标准检测,第一个申请了国家专利"无浆织布法"。田园棉具有纯棉质地,手工制造,民族图案等特点,以其形象的民族文化的语言,独特的民间艺术风格,表达出了冀州劳动人民的美好愿望和丰富情感。为了拯救这一濒临失传的手工艺品,为了继续在冀州保存这一独有的民间艺术,冀州政府举办过"田园棉杯"民间手工技艺大奖赛,目的就是充分展示这些民俗文化瑰宝,深度挖掘和传承这些特色,使民间艺术发挥其商业价值。

刘汉中是中国美术家协会会员,以其独具特色的烙画让人称奇。刘汉中以电烙铁在木板上作画,熟练控制烙具的温度、速度、重度等,再现了传统画的艺术美,使得线条粗细不一,简洁明快,有立体感,也不失中国画的精致典雅。烙画较以往的传统纸画也有他特殊的工艺,烙画需要经过烙完上色,然后用细纱布仔细打磨,最后还要打蜡,以后就不会褪色了,甚至在水里都不会损坏。

小齐村的工艺穗子可是来头不小,北京人民大会堂主席台上有十面红旗,而红旗边缘上做工精细的金黄色穗子就是出自小齐村的冀州市工艺穗子厂。据厂里人介绍,从上世纪八十年代中期开始,给北京人民大会堂做的穗子厂里已经做了六次了。现在,厂子效益不好,这一门传统手艺也面临失传,如何传承这一工艺,还需要社会的关注和政府的扶持。

14.3 衡水特产和饮食

14.3.1 地方特产和饮食

(1)地方特产和饮食具有鲜明的时代性和民族性。当今世界经济全球化,人们的生活方式也越来越国际化,"生活方式"一般指人们的物质资料消费方式、精神生活方式以及闲暇生活方式等内容。它通常反映个人的情趣、爱好和价值取向,具有鲜明的时代性和民族性。

生活方式是人的"社会化"一项重要内容,决定了个体社会化的性质、水平和方向。生活方式是一个历史范畴,随着社会的发展而变化。不同社会、不同历史时期、不同阶层和不同职业的人,有着不同的生活于一个人的思想意识,又会反作用于一个人的思想意识。总之,生活方式的变化直接或间接影响着一个人的思想意识和价值观念。因此,社会生活方式是通过一个人的思想意识与心理结构的形成影响着一个人的行为方式和对社会的态度,反映了一个人的价值观念,即世界观的基本倾向。

时代在变,家居观念在变,生活方式的改变也非常明显,金质生活成为非常主流的生活方式。金质生活是形容注重品位和质量的日常生活习惯的修饰性名词,属于人们心理对生活感知范畴,其内容可以是独特的个人爱好、事业观念、感情观念、生活品质观念、精神追求的世界观、人生观、价值观等等,同时也包括在居住、服饰、饮食、旅游、休闲、体育运动、事业追求方面的金质要求。金质生活这种生活方式的产生与品牌商业行为紧密关联,最初时金牌卫浴提出"品鉴金质人生"的品牌口号,打造"金牌设计、金牌工艺、金牌品质、金牌服务"的金质标准,倡导金质生活,随着推广的深入,金质生活为人们所了解和熟悉,成为一种主流的生活方式。

学会去发现身边的美好,创造美好,拥有美好,维护美好,然后把它们整理好,不断追求,不断完善、完美。追求金质生活是一种追求品位、舒适的体现,同时也是一种博雅的情怀,更是一种静水深流的境界。金质生活强调品位、品鉴,注重外观和内涵的统一协调,它不仅仅只是表象的金质,而且是自然内涵的流露,更重要的是对生活要有一种成熟理性的思想认识。居家生活重细心,家里的房子不一定很大,但陈设一定很合理。装修不一定很豪华,但一定很舒适。穿着不一定是名牌,但一定很得体很干净。其实,每个人的生活都不一样,犹如瓷器,有的裹着华丽的外衣,有的素雅而毫不起眼。生活朴实自然,心灵自然也会追求精致高雅。

(2)冀州丰富多彩的饮食文化,具有北方农业地区的代表性。曹记驴肉与冀州焖饼很典型。

为什么曹记驴肉国内外闻名?衡水地区是典型的北方农业种植环境,耕地、拉磨、拉车都要用大型牲畜,其中驴最普遍,比马好养,比牛速度快。所以,养驴用驴吃驴肉是冀州长期形成的生产方式和生活习惯。

冀州的曹记驴肉起始于清嘉庆末年,起源于冀州,成名于天津,距今已经有二百年的历史了,创始人是冀州市的农民曹老汉。曹记驴肉,富含蛋白,酥烂易嚼,味道鲜美,远近闻名,选新鲜优质驴肉,配以多种香料,放进锅里慢火煮七至八个小时。80 年代它被收录进《天津名吃》及《中国名吃大辞典》等书中。

关于冀州焖饼则具有普遍的北方盛产小麦地区的特色。熟面食品能随身携带,方便食用,大饼比馒头、包子、饺子都方便。不仅可以随时凉吃,也可以加热加菜焖烩吃。所以,冀州焖饼成为冀州所独有的特色饮食,已经有上百年的历史。据史料记载:"每月二月二,冀州人有吃焖饼的习俗,象征着'烙干大田不生虫'。"相传冀州焖饼起源于三国时期,袁绍大军坐镇冀州,经过厨师改良后成为士兵们喜爱的冀州焖饼。1966 年,周恩来总理来到冀州时候,杨占长师傅做的冀州焖饼赢得了周总理的高度赞扬。

14.3.2　衡水特产和日常饮食

(1)衡水特产。小吃:十八卤面,百年罗锅烧鸡,王集灌汤包,霞口片粉;八大碗特产:鸭梨、杏梅、西瓜、黄瓜、酥鱼、馒头、枣强甘薯、红富士苹果、赵记熏肉、马莲小枣、大营裘皮、石磨香油、鞋底儿烧饼、脱毒甘薯、龙店鸭梨、金丝大枣;衡水湖烤鸭蛋、丸子串、"养元牌"核桃乳;深州蜜桃,深县猪,黄韭,"天津鸭梨"、支恒良酥糖、润家庄烫面饺;龙凤贡面、蝴蝶烧饼、故城熏肉、故城藕夹。

(2)特色饮食。衡水在冀菜中属于冀中南派。口味酱香浓郁、器皿华贵大气、文化内涵丰富。米饭、馒头、面条、各种菜、焖饼、面条、小米粥。习惯一日食三餐,一般比较重视午饭,饭食主要有粥饭、汤面、干粮三类。民国时期,玉米,高粱,红薯,绿豆,黄米等做成主食。90 年代后西式餐点走上餐桌,粗粮野菜也受到欢迎。早餐有干有稀,以咸菜佐食,一般不炒菜;午饭较讲究,多炒一两个菜;晚饭质量一般好于早饭次于午饭。

（3）衡水重要节日饮食。除夕：中午吃馒头、肉菜；晚上吃饺子。初五：吃饺子"破五"；初六：为虚岁 66 岁老人过寿，送 6 张饼，饼中裹肉；立春：早晨吃瓜饭；正月十五：中午吃馒头、肉菜；二月二：吃咸食；五月初五：包粽子，中午吃肉菜；八月十五：月饼，中午吃馒头、肉菜；九月初九：中午吃饺子；腊月初八：腊八粥、腊八蒜。

（4）衡水特殊情况饮食。产妇：鸡蛋、馒头、小米饭、挂面、白山药、芝麻盐、鸡、鱼、猪蹄等；孕妇饮食：不能吃兔肉，婴儿出生头三天，产妇只能吃煮鸡蛋喝小米粥。

重要客人：用餐丰盛，菜不能为单数宴席：每桌八碟八碗。八碟分四冷、四热。四冷为猪耳、猪心、猪肝、猪舌。四热为豆腐、鲜蘑、辣子肉等。八碗一般有红肉、白肉各二，皆为一方一条，另有虎皮肉、丸子、杂拌、江米干饭等。过年宴席：增加鸡、鱼、肘子、排骨等。

参考文献

［1］王丹凤.衡水非物质文化遗产内画艺术的产业化探究［G］,2013.9.24.

［2］吕艳梅.衡水侯店毛笔文化产业发展研究［G］,2013.9.24.

［3］郭丹.衡水市居民生态文化消费模式研究［G］,2013.12.

［4］黄伟.社会变迁视角下的农村居民生活方式研究［G］,2011.6.

［5］杨庆玲.新农村建设背景下藏族乡村居民生活方式变迁研究［G］,2014.5.

［6］杨文龙.非物质文化遗产视阈下衡水传统武术的传承研究［G］,2014.5.

［7］王景妍.浅析衡水地域文化与特色经济［J］,2011.第 33 期.

［8］闫丽琴.大力发展文化产业,促进衡水经济发展［J］,2009.4.第 11 卷,第 2 期.

第 15 章 风土民情 古朴敦厚

风俗文化是人民群众在社会实践过程中所创造的物质财富和精神财富的总和,是一个国家、民族、地区中集聚的民众所创造、共享、传承的风俗生活习惯,它存在于广大人民生产生活的历史长河中,传承这个地方千百年来延续至今的文化血脉。风俗文化对于增强民族的认同,强化民族精神具有不可替代的作用。民俗文化中的社会风俗作为一种社会意识对社会存在具有反作用,其中先进的、革命的、科学的社会意识对社会存在的发展产生巨大的促进作用。因此,研究冀州市的风俗文化具有一定的理论和现实意义。

15.1 风俗

风俗文化是衡水文化的重要组成部分。在众多的风俗文化中,县情特性、民间节日、民间艺术活动、生活风俗、婚丧嫁娶风俗、民间武术、民间手工艺等社会风俗无不从侧面体现了衡水人民崇文重商,大气谦和,自强不息,敢为人先的精神。

15.1.1 民间节日风俗

(1)打囤。省级非物质文化遗产,每年正月二十五,为祈祷五谷丰登而做的仪式。旧历正月二十四早晨或傍晚,用木棍敲打用苇席圈成的盛粮食的容器,象征着粮仓已清整好,准备着粮食源源不断地入囤。晚饭后,用白色的粉笔在院中或街中心的地上,画一个圆圈,比作粮仓;然后把春节期间门窗上悬挂的"掉钱儿"撕下几个"钱儿"包好,或者包些米、豆等,搁放在所画圆圈的中心,用砖块压好,谓之已打囤。二十五早晨"崩囤",所谓"崩囤"就是早晨起来放鞭炮。"崩囤"重点在于崩,寓意新的一年里收获的粮食把囤撑崩了。

(2)拜年。春节拜年,世代沿续。除未嫁女外,大年初一凌晨晚辈首先给本家长辈拜年,然后到本族长辈家拜年,最后到本村长辈家拜年。初二到姥姥家拜年,初三带着媳妇孩子到岳父家拜年。串亲戚拜年一般不空手,要带饺子、卷子(馒头)、包子之类过年食品。旧时拜年均双腿跪地叩头。亲友乡邻平时有些隔膜,一拜即解。小孩拜年,长辈要给"压岁钱"。

(3)生育。生育前,本户备足食品,娘家缝制小袄、小褥。产后,母亲侍候"月子"。新生儿出生第三天,由爷爷奶奶为婴儿取名,邻里赠送鸡蛋、挂面、红糖等,称"过三日"。婴儿出生第十二天,过"十二晌",亲朋好友带上鸡蛋、挂面、红糖等补品或现钱,前来探望祝贺。本户设宴待客。满月,产妇回娘家小住。生日:婴儿周年时过"生日"。是日,邻里赠送花布,亲友多送挂面、豆芽、石榴、花篮、童装、生日鞋。讲究姥娘挂锁,长命百岁。"姑做裤子,姨做袄,妗子的袼褙跑不了",均取吉祥意。有的连做三年,十二岁还做一次。

(5)分家。一般是弟兄多,都结婚生子,可以独立之时,家长与儿子们分家。分家时,家产及债务,一般只分给男子,未嫁女儿可留些衣物浮财。旧时分家,多请本族长辈及母舅主持,先给老人留下养老地,其余各股均分。新中国成立后多请长辈和村干部主持,粮食按人分,其他财产或债务按股分。家产搭配完毕,多由小兄弟先挑一份,其余抓阄。分家单写明财产(债务)分配、老人赡养、未成年弟妹照顾等内容,分别由当事人、中证签字、盖章或按手印。随后吃"散伙饭"。按《继承法》女儿有继承权,但农村多沿用旧习。

(6)温锅。迁居新房或分家另立锅灶,亲友携礼前来庆贺,称"温锅"。礼物中要有一张饼,且只烙一面,另一面在新居锅灶烙熟。近年烙饼之俗渐淡,一般送新家锅灶用品,或床上用品,也有送钱的,以贺乔迁之喜。酒席待客。

(7)祝寿。60 岁要过生日祝寿,66 岁为大寿。旧时,有钱有势者,到 50 岁开始作"整寿"(每增 10 岁做寿)。普通农家,老人 66 岁作"六十六",闺女要送一刀肉(一般一二斤,一刀切下来有多少算多少),80 岁作"大寿"。亲友前来祝贺,晚辈给老人拜寿。寿礼多为寿桃、寿面、寿联、寿幛。酒席待客,吃"长寿面"。

(8)走亲访友。亲朋之间,或多日不见,或探亲问病,或对方遇有重大事情,相互走动探访,多带有一定礼品。走亲访友多在春节及亲朋中有婚、丧事宜或有生病者之时。麦收后,有携带礼品看出嫁闺女之俗。

15. 1. 2　民间节日

中华传统节日多种多样,是我们中华民族悠久的历史文化的一个组成部分。传统节日的形成过程,是一个民族或国家的"历史文化长期积淀凝聚的过程"。衡水地区也有自己特色的民间传统节日,如老鼠节、庙会、立夏会等。

(1)老鼠节。每逢正月十二,衡水各地的乡里乡亲以各种各样的形式来希望驱除老鼠。这天是不可以动用剪刀的,因为剪刀的咔嚓声类似于老鼠啃咬家什的声音。人们还需要手持木棍将房屋中可能藏有老鼠的角落或者旮旯敲打几遍,希望老鼠无处藏身。早饭之后,由孩子们去各家各户收集各家不穿了的旧鞋子,再统一垒成老鼠窝的形状点燃烧掉。象征着老鼠都不再出现。到了中午,家家户户包起饺子,并将饺子嘴捏得死死的。吃过了午饭,便开始老鼠娶亲的节目了,人们将皮被翻出来,露出毛,扮作老鼠新娘与新郎,放于轿子中,有人打扮成轿夫,还有小孩打扮组成小老鼠的队伍,队伍的最后还有坐驴车的送生婆。晚饭的时候人们习惯喝稀粥,家家户户熬起了棒子面或小米面熬成的粥,意思是迷住老鼠的眼睛,让它看不清东西,饭后还要炒花生,希望吵聋老鼠的耳朵。不过现在,随着互联网和电视丰富了人们的文化生活,老鼠节有的活动已经消失,但是正月十二捏饺子嘴吃团圆饭仍然是冀州人民家家户户的传统习俗。

(2)庙会。衡水各县都有庙会。仅冀州就有若干远近闻名的庙会。冀州市徐家庄乡淄村每年的庙会隆重而远近闻名。清朝时候有记录:"清嘉道之时,庙会极盛,会期四方归之若市。"据记载淄村庙会的规模很大,集祭祀、戏曲、舞蹈、杂耍为一体的民间聚会。庙会地点在金龙大王庙周边,从农历三月初一持续到初六。初二开始演戏,剧种丰富,老一辈的京剧艺术家如李和曾、吴素秋等人都曾上演过节目。正月初三是最热闹的一天,各种秧歌队、架鼓队、舞狮队、刷龙灯、跑旱船等一一表演,人流最密集的地方在金龙大王庙前,庙内香客一个接着一个,锣鼓声声好不热闹。

冀州城隍庙会则是老冀州最隆重的民俗活动之一,每年的五月二十八开始,为期五天,吸引了方圆数百里的人纷至沓来。该庙会的主要活动地点在城隍庙周边,庙会上的商品异常丰富,有农具市场,有布匹、百货市场,还有各式各样的小吃摊点,应有尽有。冀州的传统花会、武术队,如舞狮、高跷、龙灯等特色都列队在街上亮相,随后进行表演。老冀州围绕着城隍庙形成了一套丰富的民俗活动,像腊月的"放小粮",正月的"城隍"出巡都反映了其浓郁的历史文化积淀。

冀州西王庄庙会是冀州西部影响最大的民间庙会之一。活动举办在每年的立夏那一天,人们祭祀神灵,祈求风调雨顺。会期五天,首先参加祭庙仪式,立夏上午 8 时,人们进行放炮游街,祭拜三座庙后念祭文,祭祀之后将祭品埋在地下。此类祭祀活动带有一定的农耕色彩。

(3) 时令节日。衡水人民的节日有的与全国人民的一样,有些有衡水独有的特色。

① 腊八节。每年腊月初八这天,很多地方都有吃腊八粥的习惯。衡水一带出了吃腊八粥还有泡制腊八蒜的风俗,将干净的蒜瓣泡在醋里,封闭,到了春天蒜已呈现绿色,蒜有阵阵醋香,别有一番滋味。冀州这一带还有新媳妇不能在婆家过腊八的习俗,意思是吃了婆家腊八米,日子穷到底。

② 春节。春节是我国的传统佳节节日,是一年中最大的节日。腊月二十三,被称为"小年",衡水如全国人民一样清扫房舍,祭灶王,开始置办年货迎接新年。到了除夕,也就是腊月三十或二十九,全家一起贴对联,贴门神,上坟请家神(祖宗)、烧香、烧纸、点蜡烛,放鞭炮,包饺子,守岁。外出的人尽量在除夕前赶回来。冀州一带的风俗是中午请家神上大供,晚上吃隔年饭。正月初一,全家都换上了新衣服,一起吃饺子;辈分小的出门去拜年,辈分大且年龄大的在家等别人来拜年。年龄大但辈分低也要先去给辈分高的人去拜年。一般在太阳出来之前拜年。冀州有"没有隔年的仇"之说,即使平时有点矛盾,过年一拜年一笑泯恩仇,如果不去拜年就真结下仇了。所以,拜年也是一个化解矛盾的契机。

③ 立春,俗称"打春"。一是,吃瓜馅饺子,称"咬春";二是,交立春节的时刻,不能躺在炕上。到了正月初五,俗称"破五",家家吃饺子。过了初五,商店开业,农民下田开始劳作。

④ 正月十五,元宵节,吃元宵;悬灯,放鞭炮,放烟火,有的社区组织踩高跷、猜谜、唱大戏等文艺活动。

⑤ 农历二月初二日，"龙抬头"，吃煎"灯盏"、吃焖饼。冀州一带在这天在早起不出太阳时，手持棍棒，各处敲击，念祈财求福的谚语。

冀州一带每年二月二，还有吃煎"灯盏"的习俗。源于冀州产黄米。先将黄米面制作的窝窝头形状蒸熟，再趁热将窝窝头糅合成面，抻撑条，剁成段。搓成一号大电池一样形状，上头做一深窝，插上用线做的灯捻，放上香油，晚上上供时当灯点着。上完供后拔掉灯捻还可吃。煎灯盏是将熟黄米面糕趁热做成手掌大的圆形饼，也可以内部放馅，包成圆形或半月形大扁饺子形状，用油两面煎熟。吃起来外焦里软，又酥又嫩。类似于天津耳朵眼炸糕。

15.2.3 民间艺术

衡水民间艺术活动是风俗文化的重要组成部分，也是表现衡水人民精神风貌的窗口。衡水民间艺术活动多种多样，其中，冀州就有民间花会、西河大鼓等，独具特色。

（1）冀州花会历史悠久，古时有"社火""香会"之称，多为人们祈求五谷丰登，祈求神灵的庇护。冀州花会则是有组织的各类民间艺术汇集演出的盛会，其在表演形式和内容方面丰富多彩。冀州花会是冀州普及面最广，人民群众所喜爱的娱乐花会，涉及到村村有会，全市还有花会表演，内容丰富，气势恢宏。花会的主要形式有：架鼓、拉碌碡、杠官、老鼠娶亲、旱船、跑驴、玩狮子、高跷、腰鼓、秧歌、二鬼摔跤等形式。冀州花会具有独特的冀州风格，植根于人民生活的沃土上，所反映的都是各个时期的生活状况及人民思想情感。冀州花会作为民族文化的重要组成部分，在创作和流传的过程中难免由于特定的历史社会环境，带有一定封建色彩，这就要求我们在当前的时代背景下对民间花会这一民俗活动在挖掘其精神文明价值的基础上，积极引导，取其精华，去其糟粕，使之为建设精神文明发挥积极的作用。

（2）冀州西河大鼓由木板大鼓发展而来，唱腔和谐流畅，生动活泼，似说似唱，易唱易懂。冀州西河大鼓演唱一般是走乡串村及茶社书唱，基本上是游艺演唱。说唱的内容多是历代战争故事、历史演义、神话故事和寓言笑话等，很得人民喜爱，其中不少书目反映了劳动人民的思想感情愿望，继承了中国民族民间文学的优良传统。生于冀州市南午村镇田村的孙来奎（已故）是新中国第一届曲艺家协会会员，他在西河大鼓传统演唱方式的基础上，进行了大胆的改革与创新，率先运用冀州方言演唱，在全国曲艺界独树一帜，被誉为我国"北口"西河大鼓创始人。然而，近些年来，西河大鼓创演凋零，它的传承与发展也出现了危机。为此，冀州市文化馆的工作人员展开了调研和搜集工作，着手抢救这一宝贵的非物质文化遗产。

（3）冀州市宫廷剪纸源远流长，其传承人康晓燕的老祖奶奶为宫廷剪纸艺人，皇室剪纸的精髓代代相传，在继承中不断融入新的内涵。康晓燕把剪纸的实用性与观赏性相结合，实现了冀州宫廷纸雕剪纸艺术性、知识性、欣赏性、收藏性的有机融合，形成了自己独有的剪纸风格，宫廷剪纸成为当地文化的一大亮点。

（4）衡水民间舞蹈——安乐秧歌。安乐秧歌是流行于衡水市桃城区邓庄乡北苏闸村一带的歌舞表演形式，最初叫太平车，它历史悠久传承有序，距今已有三百多年的历史，辐射方圆百里。1931 年该村在东北鞍山做工的安云亭回乡后将本地秧歌加入东北大秧歌。

（5）深州民间技艺——形意拳。形意拳是我国三大著名内家拳拳种之一（形意、太极、八卦），位列中国四大名拳。但是，形意拳的风格却是硬打硬进，几如电闪雷鸣，在内家拳中独树一帜。

（6）闹元宵秧歌舞。衡水市枣强县闹元宵民间花会表演包括扭秧歌、跑驴儿、抬花轿、划旱船、二鬼摔跤等，具有浓郁地方特色。

（7）冀州市民间武术。衡水民间武术历史悠久，涌现了一批批武林界的名人,如宋氏三皇炮锤创始人宋迈伦,尹式八卦掌创始人尹福,梁氏八卦掌创始人梁振圃,豫中南梅花拳流派开创者曹振谱等等。民国时期的冀州志有记载:"武术,吾冀业者从业颇多,有三皇炮锤,有八卦,弹腿,地宫拳,大洪拳等类,分门别派,名守师承……延聘武术教师,转相传递,以科青年学子。不惟有裨体育,抑亦保存国粹之一道也。"无不体现了冀州是武术的重地。

被列入国家第三批非物质文化遗产保护名录的八卦掌,创始人是董海川的掌门弟子尹福,北漳淮村人,他创立了以冷掌技击见长的尹派八卦掌。他功法纯熟,指力过人,且人长得清瘦高雅,故武林有"铁镯子瘦尹"之称。清光绪帝曾拜他为师,他多年持御帝手谕进宫授艺。其四子玉璋继承家学国术,于民国二十一年(1932)在青岛国术馆编著了《八卦掌简编》,为今天我们了解尹氏八卦掌的早期风貌和古冀州风土文化环境提供了有力依据。

形意拳是19世纪60年代由徐家庄乡冯家庄村民陈德勇从深县传入冀州的,已被列入国家第二批非物质文化遗产保护名录。他先后师从陈洛维、刘晓岚、张继鼓、宋世永、郭云深学习多种拳法。在清朝社会动荡不安的时期,为振奋民族精神,抵抗外敌,他将攻防实战能力极强的形意拳从深县传入冀州,从而开创了冀州武林新门派之先河,他是第一个把形意拳传入冀州的人。正如原中国八卦掌研究会会长李子鸣在他的回忆录中说:"各州县均知其名。"到民国末期,他一直是众口皆碑的冀州形意拳的奠基者和开创者。

2007年7月,冀州举办了以"汇八方英雄,扬武术神威"为主题的《迎奥运武术散打擂台赛》。2008年在北京奥运会上冀州姑娘宋爱民获得好成绩。2012年8月7日,冀州市隆重举办了"中国·冀州2012三皇炮锤武术表演大会"。这些都说明了衡水市健身强体的群众性体育活动正在不断发展,这一传统的民族民间文化已经成为新农村文化建设的发展源泉和持续动力,成为提高衡水文化品位和发展社会经济不可缺少的重要支撑。

(8) 民间艺术。在艺术方面,衡水可谓是卧虎藏龙、深藏不露。剪纸,华北最大的民间集散地之一,全国最大生产基地。大冯营汉墓、马君起造像碑,茄皮紫釉砚滴、巩县窑三彩炉、酱釉瓷钵、白釉碗、内画(张增楼)。

民间花会又称民间舞蹈。狮子舞、跑旱舞、竹马、跑驴、江老背江婆、杠箱官、踩高跷、扭秧歌、太平车、鼓会、霸王鞭、腰鼓、龙灯、吹歌、表演唱。杂技魔术:车技、口技、顶碗、走钢丝、武术、气功、晃板、椅子顶;空中飞人等魔术:空中取水、仙人摘豆、吞剑、大搬运。

民间传统的文艺形式很多,常见的有吹歌、高跷、旱船、狮子舞、太平车、跑驴、竹马、姜老背姜婆、老猪背媳妇、二鬼摔跤、什不闲儿、跑荷灯、龙灯、腰鼓、霸王鞭、十二美女、懒老婆拉碌碡、老和尚度刘翠、假面舞(大头舞)、架鼓会、灯会、秧歌、牛斗虎、仪式歌舞、笊篱舞、打花棍、小放牛、少林(舞钢叉)等等。从 2005 年起,每年的正月都举行一次全市民间花会汇演。

特色工艺有衡水法帖雕板拓印技艺,入选第三批国家级非物质文化遗产名录,传统技艺项目类别,序号 14。侯店毛笔,衡水湖苇草工艺,内画工艺(王习三内画博物馆)。

15.2　道德

15.2.1　优秀儒家传统

(1) 衡水儒家文化传统深厚。衡水人杰地灵,人才辈出,孕育了一代代历史名人。其中最有影响的有:"文景之治"时期的皇太后窦漪房(古观津,今武邑人),西汉名相窦婴(西汉武邑观津人),儒学大师董仲舒(西汉广川,今景县人),北燕国的建立者冯跋(故信都,今冀州人),北魏改革家冯太后(古信都,今冀州人),隋末农民起义领袖窦建德(古漳南县,今故城人),唐朝名儒孔颖达(古下博孔贤庄,今桃城区前马庄人)、边塞诗人高适(古渤海郡,今景县人)等。革命战争时期造就了张海峰、贾殿阁、严镜波、弓仲韬、李锡九等优秀领导者和节振国等英雄人物。老一辈革命家宋任穷、王任重、陈再道、吕正操等在这片土地上留下了奋斗的足迹。新中国成立后,涌现了耿长锁、王玉坤、宋欣茹、郁洛善等许多全国著名的劳动模范。

(2)董仲舒的贡献。董仲舒(前179年—前104年),汉族,广川郡(今衡水景县广川镇大董古庄)人,汉代思想家、哲学家、政治家、教育家,为衡水历史名人之首。汉武帝即位后,让各地推荐贤良文学之士,董仲舒被推举参加策问。汉武帝连续对董仲舒进行了三次策问,基本内容是天人关系问题,所以称为"天人三策"。第一次策问,汉武帝问的主要是巩固统治的根本道理,第二次策问,武帝主要是问治理国家的政术,第三次策问主要是天人感应的问题。董仲舒在对策中,作了非常深刻的回答。董仲舒缔造了儒家思想统治中国2000年的局面。提出了"罢黜百家,独尊儒术",加强和巩固封建社会儒学核心价值观建设的重要思想。

第一,大一统思想。汉初实行黄老之学,无为而治。经济发展很快,出现了文景盛世。但在景帝时代出现了吴楚七国之乱。统一的国家将面临着分裂的危险。景帝时任博士的董仲舒认为,重要的问题是要巩固集中统一的政权,防止分裂割据的局面出现。董仲舒从儒学经传中寻找统一的理由,他从《公羊春秋》中找到了"大一统"。董仲舒就根据《公羊春秋》的记载,提出了"大一统"论。他在《天人三策》中说:"《春秋》所主张的大一统,是天地的常理,适合古今任何时代的道理。""大一统"既然是宇宙间最一般的法则,那么封建王朝当然要遵循。这就是董仲舒所要设立的政治哲学的核心。他根据"大一统"的普遍法则,提出了思想也要"大一统"的论点。董仲舒在《天人三策》中说:只要不是在六艺之列的,和儒家思想相悖的理论,都不许其发展下去,不允许和儒家思想一起存在。只有用儒家思想占领思想文化阵地,"罢黜百家,独尊儒术",统一全社会的核心价值观,那些乱七八糟的教派和学说才不会再来迷惑百姓,国家的法律和制度才能显示出地位。老百姓也才知道用什么样的方式去教育子孙后代。只有思想统一才能有统一的法度,百姓才有行为的准则,这样才能维护与巩固政治的统一。他提出用思想统一来巩固政治统一的主张。强调思想应该统一于以孔子为代表的儒家上,百姓也知道该遵循什么,怎么做了。只有政治统一才能长治久安,当时汉代的政治是统一了,但不稳固。统一思想成了大一统的关键。于是,董仲舒多次强调要用孔子儒学统一天下的思想。在汉武帝采纳了董仲舒思想要大一统的建议之后,施行了"罢黜百家,独尊儒术"政策,将儒学作为正统思想,从此汉代思想界树起了儒学的权威,产生了中国特有的经学以及经学传统。汉代立五经博士,明经取士,形成经学思潮,董仲舒被视为"儒者宗"。

第二,以德治国理论。西汉王朝统治人民虽然奉行黄老的"无为而治"的思想,实质上仍因袭秦制,以严刑峻法统治人民。武帝好法术、刑名,重用酷吏,以严刑峻法来加强统治,给人民带来了极大的灾难和痛苦。为了社会秩序的稳定,为了封建统治的长治久安,董仲舒认为要缩小贫富差别,协调各种社会矛盾,提出"调均"的主张。上疏汉武帝"限制私人占有土地的数额的主张,限制豪强兼并土地,不允许官吏与百姓争抢利益,盐业、金属业都有百姓自己掌控,除去奴婢制度、擅自斩杀的威严,降低赋税,减少徭役,让人民休养生息,减少民力消耗"。这些主张,首先,打击豪强势力,加强中央政权的力量;其次,暂时缓和地主阶级和农民之间的阶级矛盾,加强了封建统治阶级专政,防止社会进一步动乱,防止农民起义。董仲舒吸取秦灭亡教训,为了缓和地主阶级和农民的矛盾,提倡德治,革除秦时的弊政,进行"更化"。他的"更化"思想,就是以儒家的礼义仁德来限制对人民剥削,维持和巩固汉王朝统治阶级专政。他认为,严刑峻法,给统治阶级带不来稳定的统治秩序,不能维持和巩固封建地主阶级的政权。他提出:实行礼义,布施仁德的政策,以德治理为主,重视"教化",主张用仁德代替严刑。他视"德治"主张为巩固封建统治的基本治国原则。并上疏汉武帝:作为帝王应该秉承上天的意思进行办事,因此,应该用仁德的教化而不是用刑法治理,以"德治"为主,"法治"为辅。

第三,天人关系说。董仲舒"天人感应"论,是以社会、政治来说的。他把《春秋》中所记载的自然现象,都用来解释社会政治衰败的结症。他认为,人君为政应"法天"行"德政","为政而宜于民";否则,"天"就会降下种种"灾异"以"谴告"人君。如果这时人君仍不知悔改,"天"就会使人君失去天下。

通过秦末农民大起义,董仲舒认识到农民阶级的政治力量可决定一个封建王朝的兴亡。董仲舒在这里所说的"天",是指秦末农民起义的武装力量。他要借用这一象征农民阶级政治力量的"天",来戒惧皇帝,使之自敛。用"天"来限制他。

当时董仲舒为什么要采用"天人感应"的形式来戒惧皇帝呢?原因是:西汉时期社会科学水平低,天命论在人们思想中的影响极深。董仲舒就采用了"天"来限制皇帝个人的私欲,制约他至高无上的权力。并把秦始皇权力不受制约,引发农民起义,快速亡国的惨痛教训,变成皇帝的精神枷锁,来限制皇帝的权力。从这方面看,董仲舒"天人感应"的思想限制了皇帝的私欲和权力,为整个封建社会的长治久安作出了重要的贡献,其意义是深远的。

15.2.2　良好的家风、家训

（1）家风是一个家族代代相传沿袭下来的体现家族成员精神风貌、道德品质、审美格调和整体气质的家族文化风格。家风对家族精神的传承至关重要。家风是包罗文化密码的中国书本，是建立在中华文化之根上的集体认同，是每个个体成长的精神足印。家风的建设、传承，影响一个人的一生、一个家庭的现状和未来、一个民族的传统与创新。好的家风形成，没有世易时移的陌生感。好家风是当代人不可或缺的精神血脉，是社会生活的丰富内化，是精神文明建设的有力抓手。家风有有形无形之分。有形的家风会用家训、族规等形式，记载和规定后代的发展方向和行为规范。无形的则是没有成文的规范，是以约定俗成的习惯养成，体现在家族成员的言谈举止和日常生活之中，成为家族崇尚遵守的行为规范。

（2）家训是家风的载体之一，是中国传统文化的重要组成部分，也是家谱中的重要组成的部分。家训在中国历史上对个人的修身、齐家发挥着重要的作用。是国家更加富强的必不可少的一点。在国家不安定和国法不明确之际，家训即可发挥稳定社会秩序的力量。因为，家族为了维持必要的法制制度，就拟定一定的行为规范来约束家族中人，这便是家法家训的最早起源。自汉初起，家训著作随着朝代演变渐丰富多彩。许多家谱中记录了治家教子的名言警句，成为人们倾心企慕的治家良策，成为"修身""齐家"的典范。例如"一粥一饭，当思来之不易"的节俭持家思想，今天看来仍有积极意义。在家谱中有不少详记家训、家规等以资子孙遵行的。当中，最为人称道的名训，如颜氏家训、朱子治家格言等，至今脍炙人口。家训之所以为世人所重，因其主旨乃推崇忠孝节义、教导礼仪廉耻。此外，提倡什么和禁止什么，也是族规家法中的重要内容，如"节俭当崇""邪巫当禁"等。

（3）衡水地区儒学深入人心，积淀成不少家族的优良家风家训。儒家学说的重心在社会人生，重视人伦，主张修身、齐家、治国、平天下，干一番惊天动地的事业，立千古不朽的功勋，学为第一，为政第二。孔子提出"仁"，主张"礼"，孟子主张施行仁政，并提出"民贵君轻"思想；主张"政在得民"，反对苛政。西汉的董仲舒以儒学为基础，以阴阳五行为框架，兼采诸子百家，建立起新儒学，提出了"春秋大一统"和"罢黜百家，独尊儒术"。儒家哲学注重人的自身修养，要与身边的人建立一种和谐的关系。对待长辈要尊敬讲礼貌。朋友之间真诚守信用，为官者要清廉爱民。做人有自知之明，尽份内事，统治者要仁政爱民，对待其他人要博爱，对待上司要忠诚，对待父母亲属要孝顺，要尊重知识，善于吸取别人的长处。"见贤思齐焉，见不贤而内自省也。"提倡人要达到温、良、恭、俭、让的道德境界。

（4）董仲舒家风。董仲舒生活在2100多年前的西汉，董氏家族有无成文的家训、族规，或者治家格言，没有考证，但董仲舒修身齐家治国的情况，在《史记》《汉书》中都有相关记录。

第一，进退容止，非礼不行。董仲舒正身以率下，在门生面前他是效法的师范；在下属面前他具主官的威仪；在子孙面前，他有长者的尊严。长期"示范"而赢得了"天下师尊之"的美名。

第二，不治产业，修学著书。董仲舒面对浇薄浮躁的世相，不为金钱所动，不为物欲所淫，静心作学部，精修《春秋》，专心讲学，成为"修学好古，实事求是"的著名公羊学者。

第三，愤世嫉俗，清高自恃。董仲舒同年应制对策的公孙弘因谀上饰诈出卖同僚而骗取信任，拜爵封侯位至宰辅，董仲舒不仅不趋炎附势，反而在武帝主持的廷辩中，几次让其下不来台；董仲舒与发迹之后倒行逆施的主父偃水火不容。由于得罪两个小人险些丢了性命。虽因清高廉直而历尽坎坷，但其人品德行则永垂千古。

第四，直言谏诤，忠君爱国。董仲舒敢于直面现实，上疏朝廷陈述个人意见。在应制的策论中亦毫无顾忌地直面社会现实，向上提出个人见解。多次直言谏诤充分体现了其忠君爱国的赤胆忠心。

第五，明哲保身，归居避祸。董仲舒决非莽夫，为了保全其身不作无谓牺牲，也为了完成著述传之后世，而"数谢病去"。进退始终，不失其道。

第六，言传身教，惠泽子孙。董仲舒学为人师，行为世范，对家庭、家族是无形的教育和熏陶，对后代产生了重大影响。唐代董晋家族，宋代江西流坑广川董氏家族，明代江西雪溪"三策堂"董氏，民国时期江西仙溪"广川堂"董氏，都是董仲舒后世家族，其家风家训和治家格言，培养造就了董氏族人。

（5）多氏家风家训。多氏家族文化是载入地方史志的贤德望族。中国多氏家族全国联谱庆典于 2015 年 10 月 3 日至 5 日在河北阜城召开。中国多氏家族具有深厚的文化底蕴，丰富的人文遗存，厚重的历史传承，优秀的传统家风。家族以忠孝传家，仁爱宽宏、诗书纪世、勤奋敬业、崇德尚贤、敬老慈幼、爱党爱国、以德治家、以德善事、遵纪守法、为国尽忠、团结友爱等良好家风传承至今。同时好的家风也为多氏家族培养出一大批对社会做出特大贡献的爱心人士，他们在不同的工作岗位上为国家的建设做出了历史性的贡献。多氏家风家训：忠孝传世、仁爱宽厚、勤奋敬业、严谨治家；质朴木讷，重行轻言；勤而务实，贫而不吝；拙逢迎而恶张扬，工计划而喜节减；处逆境而坚韧，抗压迫而敢斗。有致富之愿，乏追求之勇。遵祖训，有温饱平安而知足。闯新路，惧风险吃亏而却步。性情朴实刚烈，富于正义感；勤劳节俭，富于艰苦创业精神；尊老爱幼、助人为乐、立志成材、热爱教育、见义勇为、移风易俗、拾金不昧、帮人致富、修桥铺路。

读书以品行为先,立身以孝悌为本,从业以自强为念,立业以勤奋守成;热爱祖国、舍己救人、克己奉公、爱护公物、热心公益、捐资助学、敬老爱幼、助人为乐、拾金不昧。

15.3 传统民俗现代化

15.3.1 传统与现代文明的结合

风俗文化植根于人民群众的生活中,每个地区因为地区环境、群众基础、饮食习惯的差异有其不同的风俗文化。因此,风俗文化呈现多样化,独特性的特点。衡水市风俗文化品种繁多,各种各样的风俗文化都是历史文化留下的宝藏。人们群众应当认识到当地的风俗文化都是独一无二的宝藏。但是目前,不少县的风俗文化面临传承上的难题。例如冀州区,越来越多的年轻人外出打工,不再重视传统风俗文化的继承,也没有新鲜的血液对冀州风俗文化进行改造提升,使其与现代文明相融合,破除旧时的陋习、封建思想,保留人们心中依旧存在的对未来的美好期望。冀州风俗文化如工艺穗子、烙画等都面临失传的危险。大力发掘冀州风俗文化产品,促使其与文化产业的相结合,在促进全市精神文明建设,丰富群众的课余生活,实现经济效益等方面有着重要的意义。

15.3.2 风俗文化与风俗旅游结合

衡水市在风俗旅游方面,已经有多条路线可供参考,如饶阳—深州—安平—武强形成的北部重点区,主要以特色类资源和产业类资源串联的民俗旅游。以枣强和顾城一线的以产业资源和红色旅游资源为主的商务旅游和红色旅游。冀州可以以风俗文化旅游为重点,开展特色旅游线路。利用合理开发和合理保护相结合的原则,推进冀州地区风俗文化旅游业的发展。通过多种形式将风俗文化转化为旅游资源,让当地居民尝到风俗文化的甜头,意识到风俗文化旅游的价值,让群众们自发地保护冀州风俗文化。当然,发展风俗文化也离不开政府的支持,如武强年画博物馆就是目前中国年画专业规模最大、藏品最丰富的博物馆,而冀州可以建立民俗博物馆,馆内涉及农耕、武术、饮食、婚嫁、手工艺等各类用品,不仅是了解冀州人民风俗文化的一扇窗,也有一定的旅游价值。

15.3.3　政策扶持风俗文化发展

为了加强对衡水风俗文化的挖掘和研究,衡水市各县区都做了大量建设性工作。例如,冀州文化宣传部门早在 2010 年就推出了《冀州民俗文化荟萃》一书,该书对冀州民间风物、节日、礼仪、饮食、手工业等民俗文化进行抢救,梳理历史文化碎片,这不仅是对民俗文化的肯定,也是对人民群众创造历史这一丰功伟绩的肯定。各县区扶持风俗文化的工作是衡水市委市政府落实科学发展观,一手抓经济一手抓文化建设的重要举措。尽管各级政府表示了对风俗文化的高度重视,但仍然缺乏相关的政策及资金扶持风俗文化的大发展。在风俗文化研究和发展方面,要进一步完善政策及文化产业制度,政府与广大群众一起开创衡水市文化大繁荣的新局面,推进衡水由文化大市向文化强市发展。

在漫长的历史长河中,衡水涌现出一批具有地方特色的风俗文化,与古代冀州人民"好教,好商,好客,好睦"的特性相辅相成。正是这些独具特色的风俗文化,表现了衡水人民的生活面貌,丰富了衡水人民的精神世界。

参考文献

[1]　宋占群等.《衡水文化概况》,河北人民出版社,2011 年 1 月出版.

[2]　中国人民政治协商会议冀州市委员会编,《冀州文史》,2011 年 6 月出版.

[3]　中共冀州市宣传部编,《冀州民间故事集锦》,北京:燕山出版社,2011 年 1 月出版.

［4］中共冀州市宣传部编,《冀州民俗文化荟萃》,北京：燕山出版社,2011 年 1 月出版.

［5］邓文华,董子修身治家及对后世家风的影响,《衡水晚报·大周刊·景县文化专刊》,2016.12.25.

第 16 章　土木建筑　古典堂皇

我国是一个拥有五千年农业文明的大国,村落在我国分布广、数量多,有着突出的地域特色和极高的人文、历史、经济、社会价值。我们以衡水武邑县为考察点,对特色型土木建筑进行了考察。特色型土木建筑是指具有独特的自然、历史、人文资源,保存文物丰富,能够反映一定地区的传统风貌和地方土木建筑。它是我国历史文化遗产的重要组成部分,是一种精神文化和科学研究的资源,具有不可再生性和不可取代性。

16.1　衡水土木建筑的历史

16.1.1　武邑县

武邑县是河北省衡水市下辖县,位于河北省东南部,衡水市东北部,东邻阜城县、景县,西接桃城区、深州市,南与枣强县接壤,北与武强县毗连,地处京津都市经济圈和临港经济半径辐射范围之内,东北与泊头市为邻,北距北京 260 公里、天津 240 公里,西距石家庄 120 公里,东距黄骅港 170 公里,南距郑州 460 公里。东西最宽 27 公里,南北最长 42.5 公里,总面积 830.1 平方公里。

武邑县历史悠久,夏称武罗国,秦属钜鹿郡,汉高祖五年(前 202

年)始置武邑县,前汉属信都国,后汉属安平国。晋称武邑郡,属冀州,北齐废。隋开皇六年(586)复置武邑县,属信都郡。自唐至清,武邑县皆属冀州。武邑县库存历史文物 124 件。1993 年,在抢救性挖掘中角村汉墓时,出土了绿釉踏碓模型一件。2001 年 3 月 5 日,武邑镇苏正村清理挖掘出一座被盗掘破坏的宋代墓葬,清理出保存完好的白釉玩、灰陶罐、铜钱等一批珍贵文物。2001 年 5 月 10 日,在县城西街老礼堂前广场西南角发现石狮一对,初步鉴定为元代。2004年,在南大王村南发现春秋时代石质的文物"稻田图"。另外,还陆续发现"武邑修城记"石碑碑头和一些陶碗、陶罐、陶砖等。

名胜古迹有汉文帝皇后窦漪房的父亲窦青的坟墓窦氏青山墓;东汉中期武邑县豪强地主青冢汉墓;出土大量绘有形象生动的人物壁画、有字砖、白陶碗、陶盘的宋代龙店墓群;发掘出土汉代陶俑、陶禽、陶兽、陶器皿的中角墓群;战国名将乐毅墓;上古黄帝时封昌若于此的东昌故城;春秋战国时为名城的观津古城;汉成帝元延年间建造的七十五司之祠东岳行宫;先商遗址大谷口先商遗址等。

著名人物有西汉时期的一代女政治家窦太后、窦太后的侄子大将军窦婴、西晋文学家张载、张协和张亢史称"三张"等。

武邑县在衡水市属于不如冀州古老,但也是历史悠久、名人名胜不乏的中等县,其具有典型的汉代土木建筑特色能够代表衡水市各县具有的特色水平。对研究衡水市土木建筑的保护创新具有重要意义。2014 年以来武邑县提出的"绿洲水邑、汉韵新城"城市定位,在衡水市具有一定代表性。衡水市各县区就是要根据本地历史人文特色设计和构建现代公共建筑和民居建筑风格。

16.1.2 研究古代土木建筑的价值

近年来,党中央提出全面打造新农村,大力推动城乡统筹一体化的方针,这是党中央做出的一项与时俱进重大决策,是一项惠及亿万农民的重大利好,是社会主义现代化建设的重要使命。美丽的古村落土木建筑是新农村建设最坚实的历史文化基石。保护和创新特色型村落中的土木建筑是农村文化发展中走现代化与传统相融合、经济与文化相统筹、自然与社会相和谐之路的一种可行模式,是文化农村的最佳选择。

古村古镇是人类文明的结晶,也是历史的反映,具有丰富的文化底蕴,历经朝代的更迭,见证时代的变迁,反映独特的民风民俗,传承着文化的延续,是不可再生和不可替代的历史文化遗产,必须加以开发保护和继承利用。古村古镇保留着当地或者一定时期比较重要的建筑,通常有古墓、古桥、石墙、古寺庙、古院落房屋、牌坊、古道等等,它们显示了当时建筑艺术的精华和成就,蕴藏着传统优秀的民俗民风,反映一定历史时期的历史风貌、传承着历史的文脉和足迹,是人类的精神文明财富,我们通过发掘研究,可以利用其历史文明财富,古为今用,建设特色村镇,促进人类现代文明建设。

古村古镇的特色建筑不仅是人类宝贵的精神文明财富,还可以催生较大的经济效益和社会效益,可以通过村镇特色建筑保护来促进旅游业和村镇文化的发展。

16.2　武邑县土木建筑

16.2.1　武邑县古代土建遗存

武邑县地处冀东南,系黑龙港流域冲积平原,方圆 830 平方公里。古邑历史悠久,民风淳厚,人杰地灵。夏时后羿封其臣武罗于此,称武罗国。西汉高祖五年,始置武邑县。后虽经历代更替,几经废置,曾两次设国,一次置郡,但武邑之名除王莽新朝时改为顺桓外,从未变更,距今已二千二百多年。

(1) 武邑县旧城区是一座历史悠久的古城,城内建筑古朴典雅,设计造型不拘一格。自汉置县后,四周筑起城墙,总长 3.5 公里。后历代重修多次,并不断加宽,增高。明朝嘉靖二十一年(1542),城墙上筑起埠垛,四角各建一小楼,翻修东、西、南、北四门的城门楼,十分壮观。

解放初城内有二层小楼三座,为砖木结构。其余为一般平房。瓦房少许,多为五秉三间式。富者居瓦房,墙为"里生外熟"(里面是土坯,外面以砖挂面)式,贫者一般为土墙,或只有砖挂角的土墙。沿街各商户门店多为瓦房。

(2)县属。据清康熙三十三年(1694)《武邑县志》记载,县治旧在城内东北隅。清末旧县署废弃,移至西街路北原公安处。民国十七年(1928)移至西街原武装部处。城内西北隅旧县署,面南坐北,门前左右各立大石狮一座,门内是影壁,高约 3 米,长约 10 米有余,白灰抹面,作为张贴告示之用。东西各有厢房 3 间,称三班六房。再往北是大堂,是县署的中心建筑。东西约 25 米,南北约 15 米,蓝砖布瓦,朱瑛门窗。屋脊有鸟兽鱼虫的雕塑。屋顶四角高挑,飞檐斗拱、额枋、梁柱都装饰精巧,古色古香。大堂后面为后厅,是知县的居室。另外还有钟鼓楼、时辰坊、仪门、楼、库房等建筑。

(3)城隍庙。在城隍庙街(今称戏楼街)路北。明正统十年(1436)建成,后历代知县又重修多次。其建筑气势磅礴,正庙南北约16 米,东西约 30 米有余。四周各有大条石垒成的高台,前有台阶,墙面以磨砖对缝垒筑,砖面平滑光亮,缝道细直匀称,有金瑛窗,朱漆门。有各种鸟兽雕于四角和正脊。庙内有"城隍爷爷""城隍奶奶"的雕像各一座于左右。仰望庙顶,纵横交错的斗拱、木梁、梁柱、额枋,其间吻合紧密,做工精巧,使人感叹不已。

(4)孔庙。孔庙是祭祀孔子的殿堂。文庙是孔庙的另一名称,起源于唐。唐玄宗开元二十七年(739)封孔子为文宣王,因此,称孔庙为文宣王庙。明永乐年间,因武庙多建于文庙旁,民间就把与武圣人并列的文圣人孔子的庙,称为文庙。建于元延祐元年(1314),在县城东街路北。曾多次整修,最后一次翻修是在清朝光绪二十年(1894)。整体建筑仍采用传统庙宇建筑形式,它和城隍庙的建筑有异曲同工之妙。其庙南北宽 20 米左右,东西长 35 米有余,全建筑有24 根红漆柱子,直径约 40—50 公分。建筑风格仿故宫三大殿,四角高挑,形成飞檐,屋顶黄绿琉璃瓦相间,屋脊鸟龙飞舞,远看飞阁流丹。晴天丽日,日照瓦上,碧绿片片,金光闪闪,气势壮观。庙内孔子塑像居中,东以复圣颜子、述圣子思子雕像配,西以宗圣曾子、亚圣孟子雕像配。正迎门有匾,上书"万世师表"四字,字大二尺见方,色艳醒目,书法精湛,为文庙平添了许多风韵。以文庙为主体的建筑群还包括文昌祠、魁星阁、戟门、忠义祠、孝文祠、明伦堂、尊经阁、崇圣祠、两学等。都造型古朴优美,用工精巧,各有不同情趣。享有八景之一的莒宫文石,在尊经阁前,高 5 尺,面目玲珑,秀润天然。石中有一拳大之石,形似人心,风吹则动,这更增添了文庙的传奇色彩。

(5)东岳庙。在县城外东南隅,建筑规模宏大,气势雄伟。内有古碑异梅,为邑中风景之一,其东有李孝子祠。此外,县城内外还有关帝庙、玄帝祠等。

(6)古牌坊。县城内有三座石坊,北街有李孔阳(明进士)牌坊,南街有节烈牌坊,东街属功名牌坊。均以石头垒砌,雕刻精细,高约5 米。

(7)窦氏青山。又称"窦父冢"、"安成侯墓"。清康熙三十三年《武邑县志(卷一·八景)》载:"窦氏青山,在县东三十里,即窦后父青隐钓处";清同治十一年《志(卷八·人物)》载:"窦青,清河观津人,孝文皇后之父,少遭秦乱,隐身渔钓,坠泉而死。景帝立,追封安成侯。太后遣使者填父所坠渊,起大坟于观津城南,人间号为窦氏青山"。现位于县城东 14 公里处青冢村村南,占地 36582 平方米。曾有民谣广为流传："沧州狮子景州塔，比不上武邑土疙瘩。"秦末汉初，这一带为沼泽。窦青为避战乱曾在此以渔猎为生，后不慎落水溺亡。其女窦漪房于公元前 179 年被汉文帝刘恒封为皇后，并追封窦青为安成侯。公元前 156 年，汉景帝刘启封窦皇后为皇太后。窦太后为纪念父亲，于当年令有司在其父溺亡之处，填平水泽，建成一座高 30 余丈、周 1000 余步的大冢，冢周植有松柏槐榆。其后各代相继在南坡山腰平台建有宋王奶奶庙、三仙姑庙、龙王庙、送子观音庙等，墓冢前逢农历三、八月间均有庙会，届时商贾云集，热闹非凡。抗战期间，此处成为中共武邑地方党组织与敌伪开展斗争的主要阵地。党组织多次借庙会之机，组织抗日救国、破除封建迷信等宣传活动。抗战胜利后，武邑县人民政府将青山上原有庙堂改造为学校，名为青冢高级小学。"文革"期间，学校迁至西桑村人民公社驻地，冢上原有建筑拆毁。1982 年 9 月 29 日，该处经河北省政府确定为省级重点文物保护单位。窦氏青山虽历经多年风雨冲刷，但至今仍高 22.9 米，周长 490 多米，宛若一座小山，方圆十几里内仍能看到。

（8）古碑异梅。古碑异梅原址位于东岳行宫内，为汉白玉石碑，建于元延祐年间。清康熙三十三年《武邑县志（卷一·八景）》载："古碑异梅，在东岳行宫，即孝子李璋建庙纪事碑"；清同治十一年《武邑县志（卷二·营建）》载："东岳庙，在县南关……古传异碑在焉。"古碑高 2.43 米，宽 0.89 米，顶部雕有"二龙戏珠"图案。碑正面书"东岳行宫之记"（篆书），碑文约 500 余字（楷书），为元代翰林张仲寿撰写，记述了县人李璋的孝行及建宫庙事宜。碑正面天然黑色纹理，酷似一枝腊梅，枝上一对喜鹊，梅鹊相映，活灵活现，月光下尤为明显。清康熙三十三年《武邑县志》载"至今碑中隐隐有梅影，枝干宛然如绘"，故称"古碑异梅"。元朝以后历代文人屡有吟咏，后经长期风雨侵蚀，至民国期间渐自倒塌。武邑中学建校后收存，"文革"期间遭到破坏致残。因曾做石阶所用屡遭践踏,碑文字迹业已模糊不清。1984年,该碑收藏于武邑县文化馆内,现仍存。

(9)龙堂圣井。龙堂圣井原位于武邑县西北 35 里,现孙家村、何家村一带。孙村、何村为县域外边界,古时称为孙家龙堂村、何家龙堂村。清同治十一年《武邑县志》载:"龙堂圣井,在武邑县西北三十五里龙堂村。每旱祷雨以瓶悬井之半,瓶中有水,雨即应。"后经历代变迁,各村逐渐扩展,圣井被填平,现已无旧址。旧志载清知县许维梃(武进人)诗题圣井以为证:武遂深州亦有堂,观津圣井独留芳。传闻灵应思请祷,恰会甘霖自降康。斥卤不堪多掘地,滹沱未可蓄方塘。何年耕凿师轩后,尽变膏腴产稻粱。

(10)观津遗址。古城观津于春秋战国时期就是有名的城邑。清康熙三十三年《武邑县志(卷一·八景)》载:"观津遗址,在县东南三十里,赵(惠文王)封乐毅于此,号望诸君。窦太后生于此地。"汉高祖始设观津县,属信都国。观津一名,于《史记·平准书》有载:"河决观,其地临河津,亦曰观津。"后经汉、晋、南北朝、隋数代几置几废,于唐贞观元年(627)归入武邑县,时近 800 余年。观津县于史上有两次短期变更:一为王莽新朝改制时,称朔定亭。二为北魏时,改称灌津。由于观津县设置时间长,辖区变化较大,史籍记载,其县域包括现今的阜城西部、景县西北部、武邑县东部,方域数十里。后经历代变迁,古城逐渐演化为村,仍沿用域名,称观津村。1948 年划为三个村:前观津、东观津、西观津,同属武邑县审坡镇所辖。历代文人对古城多有吟咏,摘明知县成文诗作以为证:赵国山河几变迁,观津遗址旧谁传。乐家封爵归尘土,窦氏遗墟入陌阡。落日西风闻牧笛,断烟衰柳集啼鹃。繁华瞬息成终古,厌听旁人说往年。

16.2.2 武邑县民居土木建筑

(1)武邑县土木建筑技术。由于武邑县地处北方半干旱的河北冲积平原,大面积潮土土类,土层深厚,质地多变,但以轻壤土为主,部分为砂质和黏质。适合种植农业作物,适宜杨树、柳树、槐树、榆树等,能够作为制作家俱和房屋建设的木材生长。劳动人民就地取材生产和生活。所以,传统民居多为土木结构。

武邑县内土质多含盐碱,盖房先"打碱",砌 13、15、17 层不等,上面用芦苇或者麦秸"侧碱",厚 2—3 寸,以防返碱。再用土坯垒墙,一横一竖,俗称"一丁一条"的大墙,墙厚约 0.6 米。有的也只有一横坯墙,俗称"小墙",墙厚约 0.4 米。房较矮,墙较厚,因而坚固耐久,冬暖夏凉。营造土坯房只需瓦刀、抹子等简单工具,技术要求较低。少数较好的民房外面挂砖,俗称"砖挂面",也有"砖挂角"的。砖挂面者技术要求较高。线缝要求整齐美观,垒砌要有一定的规矩,尤其垒墙角要求更高,在垒砌中要时常用"线坠"垂视以免歪斜。盖房前根据面积购置大梁、檩条、椽子、苇箔等建筑材料,大梁是最重要的构件,起支撑房顶的作用。房墙垒砌好后要封顶,先固定较直、够粗、够长的木梁,叫上梁;然后用多根檩条将梁和四面墙搭建成距离均等的框架结构,檩条与大梁、边墙固定好,檩条间距小于椽子的长度;第三步是往每两根檩条间钉椽子,房顶结构完成。最后铺上苇箔,上面用麦秸泥或石灰泥将房顶泥平。如果再铺上砖叫砖顶,如果铺上瓦叫瓦房。多是条件好较富裕家庭的建筑。

解放后房屋建筑变化很快很大。70 年代前还是土坯房为主;70 年代后建设的民房,全用土坯者已经很少,一般为"砖挂面"。80 年代逐渐向"全砖墙"过渡。90 年代出现了一些砖混凝土结构的民居。在烧铸混凝土大梁圈梁或顶板时,一般农民建筑队不具备电力震动条件,多以人工捣固,铸件强度较低。90 年代,对建筑物的要求质量更高,样式也较为新颖,各地新建筑队伍大量涌现,竞争激烈。农村民居不仅建筑材料和工艺先进,并且向着特色设计、楼台样式、内设卫生间等现代化方向发展。

（2）武邑县土木建筑材料。70 年代以前,农民自制土坯;县内无大型砖厂,建筑用砖主要是靠土窑以柴烧制,砖多为蓝色。房屋门窗、房顶的素材主要以榆树、杨树为主,或购旧房之木料。国家调拨的木材、钢材、水泥、玻璃等都由物资部门按照计划拨给供应,多用于水利、公产房建设,一般民居不予供应。

70 年代起陆续建立了许多转盘窑厂,缓解了用砖供不应求的矛盾。砖厂多为机制砖坯,此砖比人工制砖坯耐压力强,主要用于公产房及楼房的建筑。到 1993 年,县内有县办砖厂一家,乡镇村及户办砖厂 17 家,基本满足了民用及公用建筑需要。过去民居建房用瓦,皆为传统蓝色布瓦,许多瓦房是拆除旧房的旧瓦。80 年代始,红色平瓦及水泥瓦逐步走向农村。80 年代中期,村办及户办水泥瓦厂家纷纷兴起,通过几年的观察实验,水泥瓦的耐久程度终不及其他瓦片,所以到 1993 年底,水泥瓦生产厂家已剩寥寥无几,大都关停并转。农村民居瓦房用蓝色布瓦者仍多,余皆红色平瓦及水泥瓦,而公产瓦房大多都是外地产的红色平瓦。

80 年代随着改革开放的深入和交通条件的改善,建材市场开始兴起。

（3）武邑县院落建筑特色。武邑县内大村镇少,村小而密集。各村均有大街小巷。旧时盖房以土坯为主料,一般全土。富户砖包角,以梁、椽做骨架,多不用柱。绝大多数是平房。城南房顶多弧形;城西北房顶多向前倾斜。城东南瓦房较多,城东北横排檩较多。门为厚板木门,窗为八棱木窗,冬季为内糊窗纸。农户住宅皆为单门独院。北方为正,东西为厢,俗称下房。无厢房者,拉垣墙圈院,大门多东西向,留正南门者,院内皆设"影壁",少有北门。门口有门洞、门楼。北房多为三间,一明三暗,有的两边有半间小屋。北房靠大门一侧为上房,一般为老人居室。北屋正门两侧砌锅台。上房一侧为正灶,灶口直开东西向,另一侧为偏灶,灶口朝北,暗间靠南侧盘灶,灶炕想通,炕烧墙上有灶筒。人多的户,在炕稍垒小灶。

16.2.3 武邑县现代土木建筑

(1)城市规划。城建滞后是武邑最大的短板,更是最大的潜力。2014年以来,县委政府大力实施"小县大县城"战略,优规划、促提升,城镇承载力大幅增强,城镇化进程明显加快。高起点抓规划。编制了《武邑县2013—2030年城乡总体规划》,确立了"绿洲水邑、汉韵新城"的城市定位,科学调整了各专项控制性详规,县域空间布局全面优化;谋划实施了产城互动1+1,提升城区2+2,生态景观3311,县城向着"一核三城"目标大步迈进。将建设一批经得起历史检验的精品工程、承载现代文明的传世之作、塑造城市形象的点睛之笔。把道路景观、公园、广场都作为精品去打造和雕琢。新建小区的屋顶、立面、色彩上都要有武邑的风格特色。强调绿色、生态、人文气息,全面规划,合理布局,形成古代、现代和未来相结合,点、线、面相结合,美丽、舒适和实用相结合的景观格局。

(2)城市建设。桥梁。武邑古旧县城没有较好的桥涵。抗日战争前四门均有砖拱桥。日本侵略军侵入县城后,在四门设吊桥。解放后,四门护城沟均修成砖拱。1978年开始,陆续改建、新建了许多桥梁及通水涵道。到1993年,县城区有大小桥涵10座,大部为钢筋混凝土结构。

现代城区建设。武邑对县城总体规划进行修编,规划面积由12.43平方公里增至24平方公里。以规划上水平确保建设上水平,带动城市管理上水平。在城镇建设上,武邑打好生态牌,把生态理念渗透到各个领域,落实到每个乡镇、每个单位、每个家庭,打造一批绿色乡镇、绿色村庄、绿色社区、绿色庭院,力争形成生态建设与经济建设相互促进的局面。

主城区按照"一街一景，景物交融，美观协调"的原则设计，突出浅灰色调城市色彩，衬托出县城深厚、朴实、宁静的文化底蕴。建设路提升改造工作作为该县城镇上水平的主打工程，沿街建筑按规划进行立面提升改造，广告牌匾统一规范，两侧建筑全部穿衣戴帽，按中等城市标准打造样板路；宏达路、富达路两条断头路打通工程全面启动，腾达大街南延工程各项前期平行推进，成效显著；与此同时，宁武路、学苑大街等几条主干街道的畅通工程也已经着手开工建设，这些集绿化、美化、亮化于一体的路网建设，绘织起一幅路网便捷、红绿相映、景色秀丽的城市图画，彰显出武邑"生态宜居"的魅力和活力。

以"城市让生活更美好"目标，武邑新开工建设了长城国际住宅小区、名门华都二期等 6 个住宅小区，启动实施了银座大酒店、温州步行街等 15 项综合开发工程。同时，建设民生市场、县城公厕、污水处理厂二期，综合整治背街小巷，整治复新武罗公园，推进滏东排河县城段景观工程建设，加强保障性住房、3 所寄宿制小学、县医院综合楼、老年公寓建设等十大民心工程，一系列城建工程的实施有力地扩大了县城容量，营造了繁华时尚的现代城市气息。纵横交错的道路横贯城中，一座座风格各异的花园式住宅小区与蓝天、碧水浑然一体。武邑，犹如化蛹的蝴蝶在明媚的阳光下翩翩起舞。

（3）建设目标。第一，提升道路通畅水平。以打通断头路、改线穿城路、打造环城路为重点，构建以县城为中心的"核心放射、外围环状、局部格网"的交通结构。加快推进东风路、宁武路改造提升，东昌街、窦后大街南延，富达路、宏达路东延，东昌街、新华街北延等 6 项路网完善工程，提高城区道路通畅能力。积极推进 106 国道改线项目，构建新、旧 106 国道围合的县城大外环。第二，提升市政服务水平。规范"政府引导、市场运作、多元投资、共同开发"的县城建设投融资体制,统筹抓好教育园区、排水管网、保障性住房、集中供热供水、城乡垃圾综合处理厂、工业污水处理设施、中医院搬迁、文体综合馆、商贸综合体等市政综合和公共服务工程。稳步推进旧城区和棚户区改造工程,五年内完成拆迁 50 万平米,新增建筑面积 300 万平米。第三,提升环境质量水平。加快创建国家级园林县城,依托滏东排河、索泸河及周边景观资源优势,规划建设万亩森林公园、孔雀生态公园、滏东排河生态走廊等项目,打造道路绿化、公园绿地、生态廊道绿色生态体系。第四,提升城市管理水平。以管理网格化、运行规范化、设施数字化、服务人性化、品位特色化"五化"建设为目标,健全完善数字化城市管理平台和公安天网,探索建立集视频监控、媒体监督、市民举报、执法巡查于一体的监管体系。

16.3　衡水市土木建筑

16.3.1　衡水土木建筑建设中的困境

衡水市各县特色型村落和建筑积淀了丰富的历史价值、社会价值和美学价值。近年来,由于受到经济发展、旅游业冲击、现代生活方式改变及自然力破坏等多种因素的影响,特别是随着新农村建设的推进,大批特色型村落及其承载的文化景观正在迅速消失,村落的保护与发展面临着前所未有的挑战。

(1) 生态环境破坏

环境的整体性受到破坏。任何一个村落都不能脱离环境而存在,生态环境是村落不可分割的组成部分,它以山脉、水系、植被和生物等自然环境为生命依托。在城市化过程中,为了政绩工程侵占农田,为了"新农村建设"大拆大建,使乡村环境完整性受到破坏,使生态环境被破坏。

靠近山边的古代建筑、传统村落房屋,因山体的破坏而在迅速消失。由于长期对山体林木的滥砍滥伐,造成山体水土流失严重,不仅破坏了山体的生态环境,还堵塞了河道,增加了自然灾害的发生频率;同时,一些小型企业在当地开山采石,也在一定程度上破坏了山体植被,加剧了各种地质灾害的发生。

水体污染严重。有些古老村落邻近工业区、商业区、新型楼群住宅,功能区分布不合理,污染源众多,难以集中处理,古老村落水体污染严重。强大的水资源利用强度,大量垃圾和污水排放污染了河水,污染了整个村落。化肥、农药的大量使用,以及塑料薄膜、垃圾污染、水产养殖污染等,也已经对村落周边水体环境带来严重威胁。

(2)传统建筑衰退

第一,自然影响。很多古老建筑和村落房屋随着社会的发展和时间的流逝而破败。受国家保护的古代文物级建筑,由于有人保护,有一定资金修护,情况较好。没有列入国家保护的古老村落命运堪忧。乡村传统建筑大多修建年代较早,而且建筑为砖木或石木结构,受气候、风化、环境等诸多因素的影响,其结构和设施多已经腐朽陈旧。由于多数成年村民都进城定居,村落成了空心村。不少古民居建筑已经无人使用,屋顶塌陷,无人管理,显得更为破落,古旧房屋面临大面积自然毁坏和消失。

第二,社会影响。民居的布局要适应社会文化、生活习俗等社会背景。传统民居建筑的主体是村落居民,随着时代进步,家庭结构和生活方式的改变使传统民居与当今的现实生活之间存在矛盾。自己已经不住,政府不出钱维护,群众没有保护积极性。

第三,人力影响。即使还住人且以后还要居住的村落房屋,也在"喜新厌旧"思维驱使下,"破旧立新","旧貌换新颜"。特色型村落传统建筑多已经超过使用年限,结构破损、设施陈旧、内部通风和采光条件及卫生设施不能满足现代生活要求,已经不太适居。随着社会进步,各地农村亟待更新增建居民房,改善较差的卫生环境条件。面对基础设施落后的传统建筑,人们有经济能力就会对其更新改建。新房屋比传统房屋大而且整洁,然而,各种新型房屋砌筑材料,如铝合金、切割整齐规整的石块、水泥、红瓦、空心砖等,风格与传统民居形成鲜明的对比,导致村庄整体风貌的破坏,民居整体风貌的消褪,这种建设性的破坏对特色型村落的保护非常不利。

（3）居住质量下降

第一,公共活动空间不足。公共活动空间不足,缺乏儿童老人的活动场所。人的需求随着物质生活的提高,提出更高要求,运动、休憩、交往场所要有所增加。调查发现很多农村的孩子们在乡间街道上踢球、游戏,在来来回回的车辆混杂的交通干道上,不安全。

第二,配套基础设施落后。配套基础设施落后,供水、排水、排污等基础设施严重缺乏,影响居住环境质量。尤其是,排水和电力设施的配套建设最为重要。许多村落的排污水管道布局不合理,生活污水从一些明沟排出,有强烈臭味散出。村落的排水和垃圾处理,特别是生活污水的处理与排放问题比较难解决,严重污染环境,损伤景观。

第三,环境景观观赏性差。环境景观观赏性差。村落由于受到自然因素和社会因素的影响,没有呈现出独特文化特色。很多村落建设缺乏系统性统一规划设计的指导,房屋住宅和街道越建越乱,没有保留古老特色景观,新的人造景观商业味太重(有些后建的寺庙也是为了庙会的商业效益而粗制滥造),村落零乱无味,缺少传统文化信息。

16.3.2　问题析因

衡水市武邑县古代建筑和古村落建筑保护方面存在的问题,在衡水市乃至全国都具有普遍性,这方面我国专项保护研究深度不够。

我国对于村落的重视起步比较晚，对传统建筑的研究技术手段还不先进，对其保护与利用的系统理论研究和专业技术指导不足。

（1）保护规划不够严格。古老建筑和特色型村落的保护规划中，不能够以保护对象（传统建筑、街巷、广场、水系、民俗文化景观小品等）的真实性、完整性为保护依据，不能够反映村落的发展历程。如推倒旧建筑新建假古董的现象还时有发生。

（2）传统建筑有机更新少。古老建筑和村落特色建筑的有机更新，应该将传承和创新相融合作为保护手段。村落的发展，更要注重有机更新的实践。然而，目前传统建筑有机更新的实践应用较少，不能够充分挖掘村落文化的内涵，延续历史文脉。因此，政府应高度重视、学术界应加大研究力度，加强专项研究是特色型村落实行有效保护的关键。

（3）民众参与主动性弱。由于村落经济发展的相对滞后，村落中大多年轻人去城市打工留在城市。村内人口年龄结构中老龄化严重。老人大多经济收入微薄，行动不便，思想保守，修缮房屋的意识弱，更无修缮房屋的能力，而在我国社会保障制度尚未健全的情况下，修缮房屋的经济需求是远远不能够在居民自主自愿的情况下达到。因此，对于偏僻的村落，传统房屋在格局和形式延续了多年，虽然亟需修缮，但是由于经济的原因，房屋修缮滞后仍然严重。

（4）保护意识弱。目前旅游业带来的经济效益与居民切身利益脱节，居民对村落保护的意识弱，参与性不强，却对改善生活条件、增建新房有强烈意愿。通常主观认为保护和修缮工作是国家和政府的责任，保护与传承工作是专家的责任。

（5）修缮经费不足。相关专家统计，我国古老建筑和特色型村落很多，保护工作的任务繁重。仅靠国家财力不过是杯水车薪，另外村落经济水平低下，村貌大多依旧为旧貌，多数有宝贵价值的文化遗产得不到及时修缮,其文化景观的影响力也非常有限,整体风貌破败,也是特色型村落保护与利用中存在的新问题。修缮特色型村落对政府依赖性与巨额修缮费用之间的矛盾,导致了这样的结果:保留越完整、价值越高的村落,受外界干扰越小,经济越落后,修缮工作越不能落实。财政困难、资金短缺成为制约特色村落保护与发展的瓶颈。

16.3.3 结论

我国正处于城市化的快速发展进程中,在城乡统筹一体化、城市化飞速发展的今天,对村落的保护与利用成为当前文化遗产抢救工作的重中之重。探求特色型村落在社会发展中存在的问题,为探求一种更为符合实际、可操作性强、又有前瞻性的保护与利用模式奠定基础。这对特色型村落的保护与利用、新农村建设和城乡统筹一体化有着重要实际操作意义。

参考文献

［1］李根旺.武邑县地方志纂委员会.武邑县志［M］,方志出版社,1998.

［2］方明.公共环境整治［M］,北京:中国建筑工业出版社,2010.

［3］方明、邵爱云.新农村建设村庄整治研究［M］,北京:中国建筑工业出版社,2006.

［4］刘曙生.沂源民俗［M］,北京:人民日报出版社.

［5］薛锋、郑湘竹.历史文化风貌保护在青浦的实践［J］,历史城市保护规划与设计实践,2006(4).

［6］李伟.民族旅游地文化变迁与发展研究［M］,民族出版社,2005(9).

［7］叶齐茂.用村庄规划正确引导社会主义新农村建设［D］,2005.(8).

后　记

《衡水文化印象》是集体智慧的结晶。

2015 年暑期,冯石岗、贾建梅、贾万森、许文婷、王宝林,带领河北工业大学马克思主义学院社会实践小分队,主要是冀文化研究方向的研究生,在衡水滨湖新区管委会尚金亮副主任和冀州市(现衡水市冀州区)文广新局张庆振局长、梁亮副局长的大力支持下,深入冀州市各乡镇,开展文化普查活动,取得了县级文化普查的大量信息和经验。

在此基础上,2016 年暑期扩大了文化普查范围,带领包括冀文化方向的研究生和思想政治教育专业本科生等 30 多人庞大的社会实践文化普查队伍,在衡水市宣传部肖福正副部长、衡水滨湖新区管委会尚金亮副主任、衡水市各县文广新局和方志办领导的支持下,深入衡水市各县区开展了全市范围的文化普查活动。

两次文化普查活动,都做到了事先策划考查方案,讨论考查内容形式,制定考查提纲细则,落实考查任务到人,布置考查报告内容、格式和质量等要求。

本书部分采纳了以下同学的考查报告:许文婷:衡水市民族变迁;汤庆慧:冀州商邦文化;信国芳:衡水生活方式研究;袁媛:衡水

宗教文化研究；王儒：衡水科技发展概况；苏艺伟：衡水民间借贷对商业借贷的影响；王静涛：衡水古代军事文化考略；刘畅：衡水市旅游文化资源概述；李政：廉政文化思想的探析——以河北衡水地区为例；王茜：衡水村落房屋特点研究——以衡水市武邑县为例；王柔健：冀州市风俗文化研究；刘立华：冀州婚丧嫁娶文化的变迁。

本书在编著过程中参考了 2016 年《衡水晚报·大周刊》各县文化专刊中的部分文章和资料。因查证和完善需要，大量引用了 360 百科、360 导航上的信息资料。对所有作者都表示深深感谢！尽管每章都标注了参考文献资料，但仍有疏漏，在此深表歉意。

衡水滨湖新区管委会副主任尚金亮同志多年来对冀文化研究报以极大的热忱，对我们到衡水进行的多次文化普查给予了大力支持和帮助，在此特别表示诚挚的谢意！

图书在版编目(CIP)数据

衡水文化印象/冯石岗,贾建梅主编.—上海:上海三联书店,2017.9
ISBN 978 - 7 - 5426 - 5937 - 8

Ⅰ.①衡…　Ⅱ.①冯…②贾…　Ⅲ.①文化史—研究—衡水
Ⅳ.①K292.23

中国版本图书馆 CIP 数据核字(2017)第 125617 号

衡水文化印象

主　　编 / 冯石岗　贾建梅

责任编辑 / 郑秀艳
装帧设计 / 一本好书
监　　制 / 姚　军
责任校对 / 张大伟

出版发行 / 上海三联书店
　　　　　(201199)中国上海市都市路 4855 号 2 座 10 楼
邮购电话 / 021 - 22895557
印　　刷 / 昆山市亭林印刷有限责任公司

版　　次 / 2017 年 9 月第 1 版
印　　次 / 2017 年 9 月第 1 次印刷
开　　本 / 890×1240　1/32
字　　数 / 250 千字
印　　张 / 10.125
书　　号 / ISBN 978 - 7 - 5426 - 5937 - 8/K·426
定　　价 / 40.00 元

敬启读者,如发现本书有印装质量问题,请与印刷厂联系 0512 - 57751097